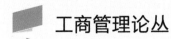
工商管理论丛

本书出版得到以下项目资助:
　　1.湖南省自然科学基金项目：高技术服务业创新机理及绩效研究（2019JJ40074）
　　2.湖南省社会科学成果评审委员会项目：高技术服务业高绩效纵横创新网络的构建机理研究（XSP17YBZZ033）
　　3.湖南省教育厅重点项目：创新生态系统下企业家精神对高技术服务业创新绩效的影响关系研究（19A142）
　　4.湖南省哲学社会科学基金项目：包装产业创新人才成长的影响因素与评价体系研究（18JD25）

高技术服务业创新机理与绩效研究

刘中艳　肖遗规　著

RESEARCH ON INNOVATION MECHANISM

AND PERFORMANCE

OF HIGH-TECH SERVICES

WUHAN UNIVERSITY PRESS
武汉大学出版社

图书在版编目(CIP)数据

高技术服务业创新机理与绩效研究/刘中艳,肖遗规著.—武汉:武汉大学出版社,2019.12

工商管理论丛

ISBN 978-7-307-21407-1

Ⅰ.高…　Ⅱ.①刘…　②肖…　Ⅲ.①高技术产业—服务业—创新管理—研究　②高技术产业—服务业—企业绩效—研究　Ⅳ.F719

中国版本图书馆 CIP 数据核字(2019)第 295116 号

责任编辑:林　莉　沈继侠　　责任校对:李孟潇　　　整体设计:马　佳

出版发行:**武汉大学出版社**　(430072　武昌　珞珈山)

(电子邮箱:cbs22@whu.edu.cn　网址:www.wdp.com.cn)

印刷:广东虎彩云印刷有限公司

开本:720×1000　1/16　　印张:14.25　　字数:254 千字　　　插页:1

版次:2019 年 12 月第 1 版　　2019 年 12 月第 1 次印刷

ISBN 978-7-307-21407-1　　　定价:45.00 元

前　言

高技术服务业是服务业中的高端新业态，在一些发达国家，该产业已成为重要的经济增长点。然而，高技术服务业在包括我国在内的很多发展中国家才刚刚起步。要实现服务业内部产业结构的优化和升级，就要大力发展服务业的高端环节或业态。因此如何又好又快地发展高技术服务业是促进我国经济发展的一项巨大工程。在实践探讨方面，我国高技术服务业的发展尚处于初期阶段，其在发展和创新中存在的问题还很多。服务企业的创新意识较弱，创新动力不足，企业所提供的服务产品的技术含量、附加值都不够高，这已影响到企业或产业的竞争优势。在理论研究方面，目前已有研究中缺乏专门针对创新机理的系统性探讨，在创新评价时缺乏对环境绩效及产业渗透性的考察，尤其缺乏对影响创新绩效的关键性因素的实证分析。鉴于此，本书将系统性地对高技术服务业创新的机理、绩效及其提升策略展开较为深入的研究。主要内容及相关结论如下：

第一，探讨了包括驱动力机理、实现机理及支撑机制在内的高技术服务业创新的内在机理。从分析创新的主体构成及其关系中得出：服务企业和客户是最关键的直接主体，两者的互动程度要超过其在其他行业中的表现；供应商，竞争者，政府部门，高校及科研院所，中介及行业协会组织也是重要的参与主体，是创新知识或技术的重要来源；政府部门对创新也发挥着不可或缺的支持作用；各类主体间存在着相互作用和联系。创新的驱动力来源于内外两个方面，内部主要是企业的领导战略、营销和研发部门及员工的支持；而高新技术发展、相关政策制度的变革、客户需求是关键性的外部推动力量。创新过程体现出线性与非线性的辩证统一，各个环节间存在着反馈作用。创新不仅包括技术维度的创新，也涉及其他维度的创新，如战略的调整与选择、文化的创新、组织结构的变革、客户界面的改善、新服务概念的产生等。更大创新收益的获取需要遵循共生原则，服务企业和客户间的合作共生非常重要。创新目标的实现需要相应的支撑机制，包括学习、信任、客户互动和知识共享机制等。

第二，测度了湖南省高技术服务业及其子行业的创新效率，并依据测度结果获得了相关管理启示。从实践现状考察，湖南省高技术服务业在固定资产投资、行业发展规模等方面表现得都不太理想；产业对社会就业的促进方面存在较大的提升空间；产业发展所需的高端人才比较缺乏，制约了整个产业创新的能力。通过采用数据包络分析法对产业效率的测度表明，在考察期间，高技术服务业的创新效率总体上呈现提升的趋势，但也呈现出明显的波动。DEA 无效的年份存在投入可适当节约、产出可进一步提高的空间，企业应尽力追求资源投入与产出的协调性。考虑环境因素情况下的创新效率总体水平要低于未考虑环境因素情况下的相应水平，这表明环境效益没有得到充分关注。从创新领先度的测度结果考察，科学研究与技术服务业的创新领先度相对最高，这与该行业在专利申请量、科研论文发表数及课题项目立项数等中间产出方面表现得相对更好有关。

第三，从环境、主体、关系、过程的综合角度实证分析了影响创新效率的关键性因素及作用路径，并获得了相关管理启示。通过构建影响创新绩效的概念模型，提出若干待验证的假设，并采用问卷调查获得基础性数据，再基于结构方程模型对假设进行验证，获得相应实证结果。研究表明：创新基础与动力、创新风险与障碍、企业服务、顾客参与、合作关系对知识共享与管理以及服务创新绩效都产生了程度各异的直接影响，知识共享与管理也对创新绩效产生了直接的积极作用。从对绩效的作用强度考察，合作关系的影响系数相对最强。需要指出的是，创新风险和障碍的增加对创新绩效是不利的；政府与中介支持对知识共享与管理的影响不显著；除政府与中介支持外，知识共享与管理在其他解释变量对绩效的影响中发挥着一定程度的中间作用。实证结果为绩效提升策略的提出提供了可靠的依据。

第四，依据国内外实践、理论分析及实证结果，结合湖南省的实际情况提出了提升高技术服务业创新绩效的若干策略。在创新环境营造方面，应该加强信息通信基础设施的建设力度，优化创新的环境。在主体建设方面，确立起高技术服务企业的创新主体地位；服务企业要勇于开展服务创新以积累相关经验；应持续地变革和完善企业的组织结构以便快速响应客户的需求；应积极地储备创新所需的各类高技术资源，以便为服务创新提供基础性的准备。政府应该在高技术产业发展规划、财政支持、融资渠道疏通、政策采购政策倾斜、税收减免等方面发挥重要的作用。另外，政府应积极推动中小高技术服务企业集群式发展，形成集群创新的格局。高技术服务创新中应重视服务企业与客户间合作关系的营造与维护，促进新知识新技术在企业内部以及企业与客户间的流动与共享。

目　　录

第一章 绪 论

第一节 研究背景及问题提出

一、研究背景

自从 20 世纪 80 年代以来，世界范围内的资本、人力、知识、技术等生产要素流动和再配置推动着国际宏观经济形态正逐渐从工业经济向服务经济转变，全球产业结构由第二产业向第三产业转变。第三产业，即服务业的发展水平逐渐成为衡量一个国家经济发展潜力的重要衡量指标。美国早在 20 世纪 60 年代就进入了服务经济主导的产业经济结构时代。英国自 1985 年起，其服务业附加值达到了本国 GDP 总值 60% 以上的比例。随后德国和日本分别在 1989 年、1990 年实现了同样的目标。在经济合作与发展组织 34 个成员国中，服务业增加值占 GDP 的比重均达到 70% 以上。[①] 与此同时，我国的服务业乘着改革开放之风开始快速发展，中央政府于 2014 年 11 月提出经济发展的"新常态"，明确了经济增速由高速转入中高速，减轻"增长"压力，经济发展方式的转变由要素驱动型向创新驱动型转变，由规模扩张型向提质增效型转变。我国经济在转入中高速增长的新形势下，加快转变经济发展方式，注重服务业的发展。我国服务业增加值总量从 2014 年的 308082 亿元增加到了 2018 年的 469575 亿元，增幅 52.42%，服务业增加值占国内生产总值的比重由 2014 年的 48.0% 持续上升到了 2018 年的 52.2%。[②] 由此可见服务业在国家经济发展中的地位越来越高。

---

① 参见国家统计局. 2018 年国民经济和社会发展统计公报 [EB/OL]. (2019-2-28)
[2019-7-13]. http://www.stats.gov.cn/tjtj/zxfb/201902/t20190228-1651265.html.

② 齐芮. 科技服务业集聚与区域经济增长关系研究 [D]. 广州：华南理工大学,
2018.

高技术服务业的发展在我国还刚刚起步，其产业规模及各类资源的投入量在整个第三产业中所占的比重依然相当有限。为此，我国政府颁布了一系列政策性文件来落实高技术服务业的发展。2003 年，我国政府发布了《年度科技型中小企业技术创新基金若干重点项目指南》，文件中第一次提出"高技术服务业"这一名词，代表着我国推动高端服务业发展的步伐开始加快。2007 年国家发展和改革委员会发布的《高技术产业发展"十一五"规划》中，高技术服务业首次被明确列入电子信息、生物与新医药、航空航天、新材料、新能源节能、资源与环境、高新技术改造传统产业技术等八大高新技术产业中。2011 年 12 月，国务院发布的《关于加快发展高技术服务业的指导意见》明确指出，加快发展高技术服务业对国民经济的发展和经济结构转型具有重大的作用。2013 年国家推出高技术产业(服务业)分类试行方案。2013 年，湖南省颁布了《关于加快发展高技术服务业的实施意见》，明确了加快信息技术服务、数字内容服务和生物技术服务三大优势领域的发展，并且提出要积极推动包括研发设计服务在内的五大新兴领域的发展。2018 年国家推出高技术产业(服务业)分类方案。2018 年 2 月，国家标准公告(2018 年第 2 号)中发布了 GB/T 35966-2018《高技术服务业服务质量评价指南》。2018 年，国家市场监督管理总局、国家发改委联合下发《关于支持湖北、湖南、重庆建设国家检验检测高技术服务业集聚区的函》，批复同意湖南建设国家检验检测高技术服务业集聚区。2019 年湖南省长沙市政府为促进当地高技术服务业发展，颁布《关于加快高技术服务业发展若干措施的通知》。

创新是引领发展的第一动力，创新驱动发展战略是我国社会主义新时代实现转型发展、建成现代化强国的重大战略。伴随着创新 3.0 时代的来临，创新生态系统成为当前全球经济发展的核心要义。面对全球创新格局的重大变迁，如何强化并构建新型创新生态系统成为健全国家创新体系、建设创新强国的重要问题。在创新生态系统中，企业是技术创新活动的主要承担者，是创新生态系统中创新成果转化为社会价值和经济价值的重要推动者、受益者和分配者，是构建国家新型创新生态系统的核心主体。故此，提升企业的创新绩效自然成为推进国家新型创新生态系统建设的重要问题。

加快高技术服务业发展，形成以服务业为主导的经济格局，是"十三五"时期我国经济社会飞跃的必要条件。在经济新常态下，服务业呈加速发展趋势，高技术服务业领跑整个经济发展已成新常态的显著特点。当前，基于高技术和支撑科技创新的新兴服务业态不断涌现，高技术服务业呈现出良好发展势头。但我国高技术服务业尚处于发展初期，存在体制机制不健全、政策体系不完善、创新能力不足、服务品牌匮乏、国际化程度不高、高端人才短缺等突出问题，不能适应经济结构战略性调整的需要。经济发展的长远支撑性因素是创新驱动。因此，就高技术服务业而言，如何培育和增强其创新能力和创新绩效、提升产业发展效率，进而促进整个服务业结构的调整和升级就成为了实践和理论研究领域面临的重要课题。

二、问题提出

高技术服务业是服务业中的高端新兴业态，是服务业内最具有创新性的领域，它不仅可以推动服务业本身的发展，更能促进服务与制造的融合并带动以高技术制造业为代表的其他产业的发展。但目前学术界对创新的研究还主要集中在制造业领域。由于制造业创新有形性特征明显，对创新的过程和结果进行考察相对容易，因此针对该产业的技术创新研究比较深入，也取得了丰富的研究成果。而在针对服务业的研究中，由于服务业无形性特征较为明显，对该产业进行定量研究的困难比较大；服务业非物质化的特征也使得对其展开相关统计工作也存在很多的障碍，因此理论研究所需统计数据的可获得性总体上远不及制造业，这必然阻碍了目前对整个服务业创新所开展的实证研究。

在理论研究方面，专门针对高技术服务业创新及发展的研究并不深入。首先，大多数学者仅从高技术服务业的概念、特征、分类、创新模式进行探讨，而现有研究缺乏专门针对高技术服务业创新内在机理的深入剖析。其次，业内研究范畴多围绕高技术服务业的产业特性对其未来发展趋向进行逻辑化推理，以及通过研究产业关联引起的涟漪式影响分析其对企业产生的正向态式作用，但对于高技术服务业本身创新特性的内在机理缺少系统化的研究，忽视了高技术服务业系统内在创新驱动力对产业演化发展的作用。另外，在理论研究方面尚未建立起真正适合高技术服务业特点的创新绩效评价体系，尤其是缺乏从"技术—经济—社会—环境"的综合性视角来考察评价对象。最后，由于影响创新绩效的很多因素具有相当程度的隐性特征，难以对其进行全面系统的考察和把握，这也导致了当前对影响创新绩效的深层次因素及其作用于绩效的路径或方式的研究深度不够。由于理论分析的不足和实证研究的缺乏，也使得当前的研究中未能基于某一整合性的框架提出系统地提升高技术服务业创新绩效的对策。

在实践方面，当前高技术服务业在发展与创新中仍然存在很多突出的问题亟待解决，这些问题概况起来涵盖以下五个方面：

第一，技术和经济指标表现不够理想。首先，产业的固定资产投资不足，这可以从该产业固定资产投资占第三产业的比重得到体现。固定资产投资是产业发展的基础，投资的缺乏会影响产业发展的后劲。其次，高技术服务业增加值在第三产业中的比重偏低。最后，该产业的 R&D 经费内部支出占 GDP 的比重也是很低的，这说明了高技术服务业创新的资金不够充足。创新资金的缺乏是阻碍创新活动开展的最为关键性的因素。总之，高技术服务业的各类技术经济指标表明，在我国该产业的发展尚处于初期阶段。需要特别指出的是，以上从产业发展方面所分析的种种问题在湖南省的高技术服务业发展中都得到了体现。

第二，认识上存在偏差。长期以来，政府和企业更为重视以制造业为集中代表的第二产业的发展，而对服务业发展的关注度则不够。高技术服务业在产业发展和国际服务贸易中所表现出的竞争力都不太理想。很多人认为只有制造业才存在技术创新而服务业不存在创新。这种认识观念的落后和偏差对于服务业尤其是高技术服务业的发展与创新是极为不利的。这使得创新资源主要被投入了制造业，而对资源大量需求的高端服务业却经常面临资源短缺的局面。

第三，创新意愿和动力不足。创新需要承担较高的风险，这些风险主要来自于技术研发的不确定性、资金的缺乏、创新人才的欠缺、创新成果易于被模仿、市场需求的易变性等方面。动力的缺乏必然影响企业对创新进行各种投入的积极性。

第四，对发展与创新的实际水平缺乏清晰的认识。只有对发展与创新的状态及水平有足够的认识，才能找到发展中存在的问题与不足，进而采取相应的改善措施。而当下缺乏一种有效地针对高技术服务企业创新的评价机制。同时，企业在试图采取激励创新行为的措施时，不能准确地把握着力点，找不准对创新绩效产生影响的关键性因素，因此所出台的措施往往缺乏针对性，其有效性也就大打折扣。

第五，创新多主体间的协调性有待提高。其中，尤其是服务提供商与客户间的合作关系有待改善。高技术服务业创新的主体包括服务企业、客户、竞争者、供应商、高校与科研院所、政府及中介组织等。然而，当前这些主体各自在创新中的职能定位还有待进一步明确，协同创新效应没有被充分挖掘出来。其次，高技术服务企业与客户的合作存在很多亟待解决的问题，双方之间的沟通交流并不充分，对目标的理解往往不一致，这对于创新目标的实现是不利的。

鉴于此，本书拟深入地对高技术服务业创新的机理、绩效及其提升策略展开系统性的研究。首先，通过理论分析探寻高技术服务业创新的内在机理，包括创新主体构成及其关系、创新的驱动机理、创新的实现机理及创新的支撑机制。其次，从相对效率角度测度所考察地区的高技术服务业创新绩效，以便企业和有关部门清晰地认识行业创新与发展的真实水平。再次，通过验证创新绩效的关键性影响因素及其对绩效的作用路径或方式，为相关创新主体改善决策行为提供实证支持。最后，从整合性的框架视角设计出旨在提高创新绩效的策略。

第二节　研究目的与研究意义

一、研究目的

本书确立高技术服务业创新机理和绩效作为研究的主题，通过研究旨在达到以下四个主要研究目的：

首先，服务业创新与制造业创新存在着很大的差异，且本书研究的服务业属于高技术含量、高人力资本、高附加值的高端业态。通过研究旨在把握高技术服务业创新的独有特点，系统性地探寻高技术服务业创新的内在机理，以便为行业管理者了解高技术服务业的创新机理，进而为改善管理决策提供理论依据。

其次，没有测度就没有管理，要想为管理实践出台科学合理的措施，就需要认清管理对象运行的实际状况或绩效。通过研究旨在获得考察范围内（湖南省）高技术服务业及其两个子行业的创新绩效，以便明确该产业整体上的创新水平及随时间推移的变化趋势，并且准确把握各子行业在创新方面所存在的差异性及改进的空间和方向。

再次，绩效是管理所指向的目标，为了实现目标需要准确掌握影响目标达成的各种关键性因素。通过研究旨在从实证的角度验证影响高技术服务业创新绩效的因素，包括相关因素的影响强度、作用方式，以便为针对性的管理改善措施的出台提供可靠性更强的依据。

最后，理论和实证研究最终都要面向管理实践。通过研究旨在系统性地设计出提升高技术服务业创新绩效、增强高技术服务企业竞争力的策略措施，以便为实践领域的管理者提供直接的参考和借鉴。

二、研究意义

本书选择高技术服务业作为研究对象，对其创新机理、创新绩效及绩效提升策略展开较为深入的理论与实证相结合的研究工作。本书的研究具有较强的理论价值和现实意义。

1. 理论意义

创新研究的理论与方法大多应用于制造业技术创新的研究领域，由于服务业的特殊性，针对服务业展开的创新研究相比制造业要少很多。尤其是对具有高技术含量、高人力资本、高附加值特征的高技术服务业的创新而言，目前还没有形成一个较为完整的理论研究体系。本书选择该领域来展开研究，在理论方面有一定的研究意义。首先，对高技术服务业创新进行研究能够进一步丰富和夯实创新理论的应用领域，也是对高技术服务业研究的进一步深化，对丰富高技术服务业创新研究的理论体系具有较强的价值。其次，本书拟从创新主体及其关系、创新驱动机理、实现机理及支撑机制等方面深入探析创新的内在机理，这对系统性深化创新机理的研究、进一步完善其理论层面的分析框架具有较大的意义。再次，在对高技术服务业创新绩效的实证测度中，运用了将环境残余当作投入的 DEA 法和超效率 DEA 法，这一方法的应用增强了绩效测度的科学性及测度结果的可比性，也是对该研究方法应用领域的拓展。最后，基于结构方程模型验证了影响高技术服务业创新绩效的关键性因素，这一方面拓展了结构方程模型方法的应用领域，又增强了研究结论的可信度。

2. 实践意义

通过本书的理论与实证研究，获得一系列的研究结论，这些理论层面的成果对于指导实践活动具有较强的借鉴与参考价值。首先，指出高技术服务业创新与制造业技术创新相比有着明显的差异和自身的特殊性，前者既强调服务产品本身的高技术含量，又重视客户参与。这对该类企业创新的开展具有一定的指导意义，能让其明确自身创新行为的定位。其次，通过对高技术服务业创新内在机理的深入探讨，从理论上阐明了创新主体及其之间应有的合作关系、创新的驱动机理、实现机理与支撑机制，对机理的深入剖析能够为服务企业的管理实践提供系统性的行为指导，为其选择相应的旨在促进创新发生、创新绩效提升的策略提供支持。再次，通过对高技术服务业及其主要涉及的两个子行业的创新绩效进行测度，能够让产业或行业乃至高技术服务企业的管理者准确认知本行业创新的实际表现情况，从而为其采取针对性的绩效提升策略提供有现实意义的指导。复次，通过验证高技术服务业创新绩效的关键性影响因素，包括相关因素的影响强度、显著性水平及对创新绩效的作用路径，能够指导管理实践者依据实证结果针对性地设计出对策措施，从而获得事半功倍的效果。最后，通过系统地对创新绩效提升策略的设计，尤其是针对湖南省高技术服务业创新及发展的策略优化，能够为实践领域工作的展开提供更为直接的指导。

总而言之，通过本书的研究，能够在理论与实践层面解决一系列的问题，研究的成果在理论与应用层面皆具有较强价值。

第三节　国内外研究综述

一、高技术服务业及其发展研究现状

当前，国内外对知识型、技术型服务业的研究与制造业相比要少很多，有关高技术服务业发展的研究主要集中在对高技术服务业内涵及其发展现状的分析方面。

（一）高技术服务业的内涵

学者们普遍认为高技术服务业是高新技术产业与知识型服务业相互融合的产物，由知识密集型服务业演变而来，具有高技术和高知识含量的特点。① 知识密集型服务业是服务业中的高端业态，对拉动投资，促进区域经济增长及技术创新，增加社会就业具有重要作用。② 高技术服务业高技术含量、高人力资本存量以及高附加值的特征，使得其对其他产业具有明显的拉动效应，为工业尤其是高技术制造业的发展提供了重要支撑。

王仰东、杨跃承（2007）对高技术服务业的内涵进行了比较权威的界定。他们认为，高技术服务业是现代服务业与高新技术产业相互融合、相互促进下的产物。该产业有别于一般的传统服务业。创新是该产业发展的灵魂，通过产业创新促进服务业的结构升级。信息技术和先进管理经营模式的运用是高技术服务业发展的必备条件。高技术服务业的生成和发展可以归结为创新驱动和集聚共生两大原因，其发展离不开专业性的人才队伍，应该加强高技术服务企业人才资源的建设力度。③

2018 年国家标准公告对高技术服务进行了定义，国内学者对于高技术服

---

① Paton R A, Mclaughlin S. The services science and innovation series［J］. European Management Journal，2008，26（2）：75-76.

② Muller E, Doloreux D. What we should know about knowledge-intensive business services［J］. Technology in Society，2009，31（1）：64-72.

③ 王仰东，杨跃承，赵志强. 高技术服务业的内涵特征及成因分析［J］. 科学学与科学技术管理，2007（11）：10-13.

务业的研究也是基于此定义。国家标准公告（2018 年第 2 号）中发布了 GB/T 35966-2018《高技术服务业服务质量评价指南》，提出高技术服务业（High-technology Service Industry）是采用先进技术手段为社会提供服务活动的集合。高技术服务业包含研发设计服务、科技成果转化服务、专业技术服务业、信息服务、电子商务服务、知识产权服务、环境监测及治理服务等。[①]

（二）高技术服务业的发展现状

随着高技术服务业的概念不断地发展和拓宽，高技术服务业也在不断发展壮大。国内外学者对高技术服务业的发展现状进行了研究。

在国外，学者认为高技术服务业已成为经济增长的重要引擎，并为社会就业作出越来越大的贡献。Metcalfe J S，Miles I（2000）认为知识密集型服务业对于优化服务业的产业结构及提升服务产品的附加价值具有重要的作用。[②] Ming-Chih Tsai，Chieh-Hua Wen（2006）研究得出服务成本和附加值是决定工业需求选择的重要因素，高科技供应商更倾向于通过高技术服务业企业来进行合作。[③] Hsin-I Wang，Der-Juinn Horng（2006）认为高技术服务业的发展能促进传统商业行业由垂直整合到分离（虚拟整合）的转变。[④]

而国内，学者主要认为高技术服务业正处于快速发展阶段，相对于其他行业来说存在较大的发展空间。赵弘、谢倩（2008）认为随着高技术服务业增加值在整个服务业中比重的持续提升，高技术服务业成为了推动服务业结构调整的重要力量。同时，国内丰富的战略性资源，如高端人才资源和先进的技术资源，为高技术服务业奠定了厚实的产业基础，这些优越的条件都为高技术服务业的发展创造了有利条件。[⑤]

[①]　高技术服务业服务质量评价指南［J］. 中国质量与标准导报，2018（4）：40-41.

[②]　Metcalfe J S，Miles I. Innovation systems in the service economy：measurement and case study analysis［M］. Dordrecht：Kluwer Academic Publishers，2000.

[③]　Ming-Chih Tsai，Chieh-Hua Wen，Chiang-Shin Chen. Demand choices of high-tech industry for logistics service providers-an empirical case of an offshore science park in Taiwan［J］. Industrial Marketing Management，2006，36（5）：617-626.

[④]　Hsin-I Wang，Der-Juinn Horng. Creative business model for high-tech industry-service driven style：An example of IC design service industry［J］. International Journal of Electronic Business Management，2006，4（3）：239.

[⑤]　赵弘，谢倩. 北京高技术服务业发展环境与比较优势分析［J］. 中国科技论坛，2008（4）：52-59.

但随着高技术服务业的发展，其发展问题也逐渐显现出来，主要表现在地区差异发展不平衡问题上。孔祥（2009）以环境、资源、创新经济绩效和能力的成长性为指标，对知识型密集服务业的创新能力进行了研究分析，得出结论：我国的知识密集型行业发展的势头喜人，但是地区间的差异性比较明显，而且创新能力的差异性在行业间也体现得比较明显，其中北京和上海等发达地区的创新能力在全国处于领先水平，而其他地区呈现出行业分散，结构不合理，区域发展失衡，科技含量偏低，产业发展所需高层次人才匮乏，产业发展所需的基础设施不完善等问题。① 同时，通过高文婷（2012）②、杜永飞（2014）③、王正新、朱洪涛、陈雁南（2016）④以及史安娜、潘志慧（2018）⑤等学者的研究发现，我国的高技术服务业产业规模在不断扩大，但在整个第三产业中的比重偏低；高技术服务业对社会就业的贡献还有很大的空间；高技术服务业研发投入强度要普遍低于韩美日等发达国家。

对于湖南省来说，周景林（2013）研究发现，湖南省的生产性服务业增加值在全国处于较低水平，尤其落后于沿海地区。其中信息传输、计算机服务与软件业科学研究与技术服务业的增加值占第三产业增加值的比重比较低，说明湖南省的服务业发展还是以传统服务业为主，服务业的产业结构亟待优化升级。研究认为应该采取多层次的系统性措施才能有效促进湖南省生产性服务业的发展。从政府角度来说，主要是为该行业发展营造政策环境，加大研发扶持力度，加强人才培养，同时应放松对市场的管制。⑥

高技术服务业是一个包含了大量异质性生态位重叠企业的生态系统，企业呈现碎片化、同质化经营与发展，竞争激烈，竞合关系更为复杂，对高技术服务业发展趋势的研究还任重道远。

---

① 孔祥. 中国知识密集型服务业创新能力研究：基于区域数据的分析[D]. 大连：大连理工大学，2009：17.

② 高文婷. 高技术服务产业测评理论与方法研究[D]. 上海：上海交通大学，2012：11.

③ 杜永飞. 中国三大区域各省市高技术服务业竞争力研究[D]. 合肥：安徽大学，2014：25.

④ 王正新，朱洪涛，陈雁南. 我国高技术服务业区域发展水平综合评价——基于因子分析与改进聚类分析的实证研究[J]. 科技管理研究，2016，36(15)：70-76.

⑤ 史安娜，潘志慧. 长江经济带核心城市高技术制造业与知识密集型服务业共生发展研究[J]. 南京社会科学，2018(6)：33-38+46.

⑥ 周景林. 湖南省生产性服务业影响因素研究[D]. 湘潭：湘潭大学，2013：19.

二、服务创新驱动力研究现状

高技术服务企业在创新过程中应该清晰地认识到动力要素的构成，以便在实践中对一些存在相对显著作用的因素进行强化，这样更利于加速企业的创新与优化。① 胡松、蔺雷等（2006）以企业为边界进行研究，认为创新的动力可以分为企业内部动力和企业外部动力两个类型。企业的战略选择、高层领导和员工都是推动创新的内部重要力量，而竞争者、顾客、供应商以及企业所面临的技术、制度、社会环境都是影响创新不可忽视的外部因素。② Hipp，Grunp（2005）认为内部驱动力在服务业创新方面显得更为重要。③ 而根据对创新的影响作用，服务创新驱动可以分为负向驱动力和正向驱动力。

（一）负向驱动研究

Riplett J E，Bosworth B P（2003）指出创新资金是确保创新成功的关键性因素，如果服务企业创新资金缺乏，那么将会严重阻碍创新的进程和效率。④ Ina Drejer（2004）从熊彼特的视角对服务创新进行了研究，认为服务创新和制造业中的技术创新虽然存在明显的不同，但是服务创新成果中的一些因素总是能够比较容易地被其他行为者所复制，这种较强的复制性会对原创者的创新积极性产生挫败的作用。⑤ 高强、蔺雷（2006）对服务创新的障碍和保护进行了研究，认为服务业创新障碍与制造业的创新障碍存在很大差异，这些差异是由服务业及其创新本身的特性所造成的。服务创新的障碍包括很多种，其中政治与法规对某一行业准入的限制就是典型的障碍；服务企业难以从银行等金融机构获得创新所需资金便形成了金融障碍；市场客户在短期内难以接纳创新的服务

① Jose Albors，Jose Luis Hervas，Patrcia Marquez. Application of the KISA concept to innovation dynamics and its impact on firms performance［J］. Management Research News，2008（31）：404-417.

② 胡松，蔺雷，吴贵生. 服务创新的驱动力和模式［J］. 研究与发展管理，2006，18（1）：33-39.

③ Christiane Hipp，Hariolf Grupp. Innovation in the service sector：The demand for service-specific innovation measurement concepts and typologies［J］. Research Policy，2005，34（4）：121-129.

④ Triplett J E，Bosworth B P. Productivity measurement issues in services industries：Baumol's disease［J］. Economic Policy Review，2003（2）：23-33.

⑤ Ina Drejer. Identifying innovation in surveys of services：A schumpeterian perspective［J］. Research Policy，2004（33）：86-99.

产品导致服务创新面临较大的市场风险则是市场吸收能力障碍；服务企业难以获得创新所需的技术支持，这便是技术障碍；服务企业对创新过程难以做到有效的协调和控制，这就是创新管理障碍；缺乏创新所需的专门化人才以及缺乏创新的企业文化等都是常见的创新障碍因素。①

(二) 正向驱动研究

Nabil A，Landr R 等(2008)从对创新成果的保护角度分析了知识密集型服务业的创新动力与障碍。研究认为对创新成果的有效保护能够在一定程度上激励创新活动。创新成果保护的手段可以分为正式与非正式两类，其中正式的手段主要涉及知识产权的法律手段、申请专利保护、对创新过程采取严格的保密措施等。而非正式的手段主要包括通过企业的形象、品牌等对创新加以保护。保护得力则成为促进创新的动力，保护不力则会变成创新的障碍。研究还认为，对服务业创新的保护要明显难于制造业。② Eelko K. R. E，Huizingh(2011)分析了创新网络成员的依赖关系，指出建立多样化的伙伴关系对开放式创新更有益。③

同时，高智、鲁志国(2019)利用系统耦合理论，构建了耦合评价模型，对我国 30 个省市 2007—2016 年装备制造业与高技术服务业融合的发展水平进行了测度。研究表明，我国装备制造业与高技术服务业在各省市都表现出密切的产业联动性，融合发展趋势明显。④ 李福柱、李倩(2019)运用中介效应分析方法实证检验了 3 种类型集聚在经济增长、绿色发展方面的创新驱动效应水平差异，认为知识密集型服务业集聚、高技术制造业集聚及二者协同集聚能够促进创新，进而驱动经济增长与绿色发展。⑤

三、服务创新绩效测度研究现状

国内外学者对于服务创新绩效测度的研究主要集中在创新绩效的影响因素、测度指标的选取和测度方法的运用三个方面。

①　高强，蔺雷. 服务创新的障碍与保护[J]. 商业研究，2006(18)：30-33.

②　Nabil A，Landr R，Traor N. Managing the protection of innovations in knowledge intensive Business services[J]. Research Policy，2008(37)：1530-1547.

③　Huizingh EKRE. Open innovation：State of the art and future perspectives [J]. Technovation，2011，31(1)：2-9.

④　高智，鲁志国. 系统耦合理论下装备制造业与高技术服务业融合发展的实证研究[J]. 系统科学学报，2019，27(2)：63-68.

⑤　李福柱，李倩. 知识密集型服务业集聚、高技术制造业集聚及二者协同集聚的创新驱动效应[J]. 科技进步与对策，2019，19(1)：1-9.

(一)创新绩效影响因素

Daniel I,Prajogo(2006)对制造业与服务业公司之间的创新绩效(在产品和流程方面)与业绩绩效(销售增长,市场份额和盈利能力)进行了比较分析,结果表明制造业和服务业公司在产品和流程创新绩效方面没有显著差异。但制造企业与创新企业之中的服务企业两者之间呈现出更强的相关性。[①]

颜建军、寥丹等(2016)基于开放式集成创新理论,通过回归分析验证了企业集成能力、外部创新源和环境等五个影响因素与创新绩效之间的关系,并寻找出关键影响因素。[②] 对于创新绩效影响因素的研究,学者一般从企业内部与企业外部的角度进行研究。企业内部包含企业的品牌影响力企业文化、行为等,而企业外部则从客户关系、政策、外部环境等方面进行分析。

1. 企业内部影响因素

企业规模。Daniel I. Prajogo, Christopher M. McDermott 等(2013)对中小型服务公司进行研究,认为企业规模与创新导向对企业绩效的影响存在显著差异。与中型企业相比,开发创新对小企业的经营业绩有较强的影响,与小企业相比,勘探创新对中型企业的经营业绩有较强的影响。[③]

企业文化。Kashif Hussain, Rupam Konar(2016)研究了团队文化和知识共享行为对服务创新绩效的影响。研究表明团队文化和知识共享行为对服务创新绩效有显著影响。酒店需要发展强大的团队文化和知识共享行为,以加快服务创新绩效的过程,同时为消费者提供更好的体验。[④] Sarvnaz Baradarani, Hasan Kilic(2018)重点关注服务创新文化(SIC)在一线员工(FLE)创新绩效形成中的作用。研究表明,SIC 的发展与 FLE 的创新绩效正相关。研究强调了管理者需要营造安全和信任的工作环境,因此 FLE 将通过表达他们的新颖想法,热切

① Daniel I. Prajogo. The relationship between innovation and business performance——a comparative study between manufacturing and service firms [J]. Knowledge and Process Management, 2006, 13(3): 218-225.

② 颜建军,廖丹,谭伊舒. 企业开放式创新资源配置的研究现状与展望[J]. 世界科技研究与发展, 2016, 38(5): 1113-1119.

③ Daniel I. Prajogo, Christopher M. McDermott, Margaret A. McDermott. Innovation orientations and their effects on business performance: Contrasting small-and medium-sized service firms[J]. R&D Management, 2013, 43(5): 486-500.

④ Kashif Hussain, Rupam Konar, Faizan Ali. Measuring service innovation performance through team culture and knowledge sharing behaviour in hotel services: APLS approach [J]. Procedia-Social and Behavioral Sciences, 2016, 224(5): 35-43.

地参与服务创新过程。管理人员还应该考虑员工选拔程序的重要性,并充分发挥大学毕业生到一线服务工作的优势。①

品牌。Bang Nguyen,Xiaoyu Yu 等(2016)通过研究影响企业级品牌创新和提高市场绩效的关键因素,整合了中国工业服务市场的四个关键变量:创新、国际化、市场导向和组织学习,开发并测试了关键品牌创新因素(CBIF)模型。该研究表明,当品牌更具创新性时,其绩效会提高;品牌创新在市场导向和组织学习对市场绩效的影响方面起着全面的中介作用,但对国际化和市场绩效没有中介作用。②

企业氛围。高孟立(2018)以双元学习能力为中介变量,构建了创新氛围对服务创新绩效影响的概念模型,并以212家知识密集型服务企业的数据样本为基础进行了实证研究。结论表明,政策氛围、知识获取、知识利用、竞争氛围和合作氛围均能对服务创新绩效产生积极的正向影响;知识获取在政策氛围、竞争氛围与服务创新绩效之间起到完全中介作用,而合作氛围对服务创新绩效的影响需要通过知识获取和知识利用的完全中介作用实现。③

2. 企业外部影响因素

外部知识源。张晓芬、刘强(2017)发现了外部知识源化战略、现实与潜在吸收能力均对突破性创新绩效有显著性正向促进作用,潜在吸收能力和现实吸收能力为外部知识源化战略与突破性创新绩效关系间的部分中介变量。④ 屠兴勇等(2018)以创业者为调查对象,基于网络关系理论和资源基础理论将外部知识获取和反应型市场导向纳入研究框架,构建了一个有调节的中介效应模型,并实证分析了创业者网络能力与渐进式创新绩效之间的内在关系。研究结果显示:创业者网络能力与渐进式创新绩效之间具有显著的正向关系;外部知识获取在创业者网络能力与渐进式创新绩效之间扮演(部分)中介作用;反应

---

① Sarvnaz Baradarani, Hasan Kilic. Service innovation in the hotel industry: Culture, behavior, performance[J]. The Service Industries Journal, 2018, 38(13): 897-924.

② Bang Nguyen, Xiaoyu Yu, T. C. Melewar, Suraksha Gupta. Critical brand innovation factors(CBIF): Understanding innovation and market performance in the Chinese high-tech service industry[J]. Journal of Business Research, 2016, 69(7): 2471-2479.

③ 高孟立,范钧. 外部创新氛围对服务创新绩效的影响机制研究[J]. 科研管理, 2018, 39(12): 103-112.

④ 张晓芬,刘强. 外部知识源化战略、吸收能力对突破性创新绩效的影响[J]. 首都经济贸易大学学报, 2017, 19(6): 63-69.

型市场导向正向调节了外部知识获取与渐进式创新绩效之间的正向关系。[①]

客户关系。张童(2013)探讨了顾客参与服务创新对于创新绩效的影响作用。[②]吴莹(2015)构建了基于跨国战略联盟的资源共享与网络关系的中介效应模型。研究结论表明,基于跨国战略联盟的高技术服务企业的创新研发能力对于新产品市场绩效具有显著的正向影响;联盟项目合作频度会加强创新研发能力与新产品市场绩效之间的正向关系强度;联盟项目合作期限会加强高技术服务企业资源共享与新产品市场绩效之间的正向关系强度,但是跨国战略联盟项目合作频度会削弱这种关系。[③] 胡有林、韩庆兰(2018)认为组织顾客参与、产品和服务组合是影响产品服务系统(PSS)创新绩效的关键因素。研究构建了破解 PSS 绩效增值黑箱的"顾客参与—价值共创—创新效应—创新绩效"理论模型。研究显示,包括个体参与、组织参与在内的组织顾客参与对 PSS 创新绩效中的财务绩效、战略绩效具有显著的正向作用。Oscar F. Bustinza, Emanuel Gomes 等(2019)探讨了外部协同服务的开发、提供以及工业研发强度是否有助于解开产品服务创新(服务化)与绩效之间的复杂关系。研究认为,实施服务的制造企业可以从与知识密集型商业服务(KIBS)公司的战略合作伙伴关系中受益。KIBS 合作伙伴提供缩小规模、外化风险和分享知识的机会。此外,由于行业动态和客户不确定性降低,研发密集型行业的制造商比其他行业的公司更有可能从实施服务提供中受益。通过对全球 370 家大型制造商的高管的调查,同心战略合作伙伴关系对高研发行业成功的产品服务创新非常重要。[④]

政府政策。随着政府对于绿色生态环境的呼吁,企业也向着绿色发展努力。Yu-Shan Chen, Yu-Hsien Lin(2015)研究结果表明,绿色吸收能力对绿色动态能力,绿色服务创新和企业绩效有正向影响,绿色动态能力对绿色服务创

---

① 屠兴勇,赵紫薇,王泽英. 渐进式创新绩效的影响因素研究[J]. 科研管理,2018, 39(8):72-79.

② 张童. 现代服务业顾客参与服务创新机制研究——基于感知利益与感知风险权衡视角[J]. 财经问题研究,2013(9):14-20.

③ 吴莹. 基于跨国战略联盟的高技术服务业自主创新能力提升机理研究[D]. 武汉:武汉理工大学,2015.

④ Oscar F. Bustinza, Emanuel Gomes, Ferran Vendrell-Herrero, Tim Baines. Product-service innovation and performance:the role of collaborative partnerships and R&D intensity[J]. R&D Management, 2019, 49(1):33-45.

新和企业绩效有积极影响。① 周恩德等(2018)运用层次分析与回归分析法分析了我国技术研发政策对新型研发机构创新绩效的影响。结论表明：研发经费支出、政府专项补贴和政府税收减免均对新型研发机构创新绩效有显著影响。② 刘中艳、史鹏飞(2019)指出创新是引领发展的第一动力，是现阶段国家发展的一项基本国策。

　　外部环境。Thomas Anning-Dorson(2018)将创新视为客户参与能力与公司绩效之间的必要调解因素，评估了企业级客户参与能力在英国和加纳两个国家两种经济环境下对服务公司绩效的影响。认为公司层面能力的影响可能是针对具体情况的，因此其发展必须与公司运营的背景保持一致。另外，在这两种情况下，产品和流程创新是能力与企业绩效中介变量。③ Yudi Fernando，Charbel Jose Chiappetta Jabbour 等(2019)提出了服务创新能力对可持续组织绩效与环境创新之间的关系具有中介作用。研究结果表明：生态创新可以实现更好的可持续绩效；服务创新能力具有部分显著的积极中介作用；服务创新能力最终使企业通过强调价值创造来实现差异化，从而使企业受益；服务能力也可以作为一种商业策略，为竞争对手的新进入设置障碍。因此，生态创新和服务创新能力往往代表着重要的无形资源，使组织能够实现长期目标，竞争优势和业务可持续性。④ 赵武、刘伟(2019)指出环境动态性在知识获取与服务创新绩效之间起正向调节作用；稳定动态环境条件下，更有利于关系管理通过知识获取对服务创新绩效产生影响。⑤ 而创新绩效是高技术服务业生存与发展的关键。刘中艳、史鹏飞在现有研究基础上，归纳出了影响高技术服务业创新绩效三个方面

　　① Yu-Shan Chen, Yu-Hsien Lin, Ching-Ying Lin, Chih-Wei Chang. Enhancing green absorptive capacity, green dynamic capacities and green service innovation to improve firm performance：An analysis of structural equation modeling(SEM)[J]. Sustainability, 2015, 7 (11)：15674-15692.

　　② 周恩德，刘国新. 我国新型研发机构创新绩效影响因素实证研究——以广东省为例[J]. 科技进步与对策, 2018, 35(9)：42-47.

　　③ Thomas Anning-Dorson. Customer involvement capability and service firm performance：The mediating role of innovation[J]. Journal of Business Research, 2018, 86(4)：269-280.

　　④ Yudi Fernando, Charbel Jose Chiappetta Jabbour, Wen-Xin Wah. Pursuing green growth in technology firms through the connections between environmental innovation and sustainable business performance：Does service capability matter[J]. Resources, Conservation & Recycling, 2019(141)：8-20.

　　⑤ 赵武，刘伟. 服务企业关系管理对服务创新绩效的影响研究[J]. 软科学, 2019, 33(1)：68-71.

的因素：自主创新、外部环境因素和合作创新，并提出了相应的对策。[1]

（二）绩效测度指标的选取

对服务创新绩效的衡量，所采取的指标经历了一个变化的过程。首先，有些学者采用单一指标来体现创新的绩效。随着研究的深入，学者们发现仅采用某个单一指标具有明显的局限性，因为单一指标很难全面系统地表现评价对象的绩效状况，也难以据此结果提出有价值的管理改善决策。现有测度指标的选取大致分为两派，以结果为导向和以过程为导向。以结果为导向注重投入与产出指标的选择，而以过程为导向，则更注重非财务指标。

1. 以结果为导向

Avlonitis G J，Salavou H（2007）从多个方面对服务业的创新绩效展开了研究。通过研究发现财务指标是创新绩效的重要考核依据。然而财务指标具有一定的局限性，过重地依赖于这类指标会使得企业创新行为局限于对可观测效益或短期利益的追求，而忽略了对创新其他表现形式的关注，如企业内部服务流程、员工学习以及客户的满意度，等等。研究提出，对服务创新绩效的评价应该尽可能地做到全面客观。[2] 王玉梅、罗公利（2012）从投入产出的角度设置出若干创新测度指标，投入的指标如高校 R&D 经费规模，产出指标如高技术服务业专利申请数等。研究从知识溢出的视角对高技术服务业的创新绩效进行了定量化测度。高技术服务业创新的成功离不开知识的创造和溢出，知识的溢出对于该行业技术创新能力的提升起到了举足轻重的作用。知识的溢出效应导致知识的创造者不能独占其所创造的新知识，新的知识和技能在整个产业内扩散，便会有力地激发该产业的技术创新活动，并且能有效地降低创新的成本，从而提高创新绩效。[3]

高婷婷、卫平（2010）对广东省科技服务业创新能力进行了评价。研究将科技服务业的创新能力分解为投入能力、产出能力、员工的能力和科研开发能力。指标体系中诸多指标数据从全社会统计口径来获得，其测度的结果具有较强的可信度。研究认为，广东省的科技服务业创新能力在全国范围内的排名比

---

① 刘中艳，史鹏飞. 高技术服务业创新绩效的影响因素研究［J］. 企业技术开发，2019，38（5）：1-3+13.

② Avlonitis G J，Salavou H. Entrepreneurial orientation of SMEs, product innovativeness, and performance［J］. Journal of Business Research，2007，60（5）：566-575.

③ 王玉梅，罗公利，田恬. 知识溢出对高技术服务业技术创新能力影响的评价指标体系研究［J］. 情报理论与实践，2013，36（2）：60-64.

较靠前，但也存在了一些不容忽视的瓶颈，如科研机构的科技活动人员偏少等。有效提升广东省科技服务业创新能力，需做好三个方面的工作：一是要尽力为该行业的发展营造良好的创新氛围，鼓励创新，宽容失败；二是要加快公共信息平台的建设力度，以便促进技术和知识的流动和共享，从而加快创新的步伐；三是要充分发挥榜样的力量，努力培育一批优秀的高端科技服务企业，从而为整个行业的创新与发展树立典范。另外，科技服务企业自身也要加强建设，改善内部流程和管理，加强人才队伍的建设，并且要积极寻求与其他科研服务企业的交流和沟通。①

申静、孟越（2014）对北京市的高技术服务业创新能力进行了测度，其设置的评价指标包括了创新环境、创新投入和创新产出；投入主要涉及人员和研发；产出涉及专利申请、技术市场交易额、高新技术产值等指标。研究认为，北京市 2008 年的创新投入效用值相比 2004 年有所下降，而产出效用值下降得更为明显，创新环境效用值也呈现出下降趋势。研究提出，其所采用的评价指标体系具有较强实用价值，能够满足高技术服务部门统筹管理该产业发展的需要。要提升北京市的高技术服务业创新绩效就应该从优化投入结构、增强产出的数量和质量水平、营造和完善服务创新环境三个方面入手。②

2. 以过程为导向

Ramani G，Kumar V（2008）通过对服务创新绩效的研究，指出绩效的考核应该既关注结果也要重视过程。尤其是对于服务业而言，服务的生产和消费常常是同时进行的，故很多情况下过程和结果难以绝对地区分。研究认为采用平衡记分卡的思想来衡量服务企业的创新绩效是可行的，在评价中不仅要关注企业的现在，也要放眼企业的未来；不仅要注重企业的内部，也要兼顾企业的外部客户；不仅要重视财务绩效的改善，也要兼顾对非财务指标绩效的追求。服务企业的创新应从财务绩效的获得、员工的学习和成长、服务流程的改善以及企业客户的满意等几个方面来努力，实现了这些综合性目标才能意味着服务企业创新的成功。③ Xue Tian，Chen Wang（2016）通过对 210 家物流企业的实证研究，发现纵向关系资本能促进增量服务创新，横向关系资本能促进突破性服

①　高婷婷. 广东省科技服务业创新能力评价研究[D]. 武汉：华中科技大学，2010：24.

②　申静，孟越，杨保珠. 中国高技术服务业服务创新能力评价[J]. 技术经济，2014，33（1）：39-47.

③　Ramani G，Kumar V. Interaction orientation and firm performance[J]. Journal of Marketing，2008，72（1）：27-45.

务创新，社会关系资本则能促进两种服务创新。① Markus Chiahan Tsai,
Chunhsien Wang(2017)研究双重创新(探索和开发创新)和市场导向能力(市场
传感和客户链接能力)如何塑造服务创新与公司绩效之间的关系。通过最小二
乘回归和零膨胀泊松回归检验5个假设，发现灵巧创新和市场导向能力的好处
可以在服务创新部署中共存。②

　　同时，以过程为导向，使得学者更关注中介变量与调节变量的影响。
Zhaoquan Jian, Yun Ke(2016)以服务科学理论、价值共创理论和服务创新为基
础，结合现有文献对服务创新绩效进行深入分析。研究从珠江三角洲161家服
务企业抽样，采用结构方程模型，深入探讨联合生产和创新导向在关系属性与
服务创新绩效之间的中介效应和调节作用。结果表明，关系属性对服务创新绩
效有积极影响；联合制作在关系属性和服务创新绩效之间具有调节作用；创新
导向对关系属性和服务创新绩效具有部分积极的中介作用。③ Ching-Hsun
Chang(2018)通过绿色服务或绿色产品的创新绩效作为中介变量，探索外向和
内向能力对竞争优势的影响。在这项研究中，环境扫描被认为是外向能力，地
点规划被认为是内向能力。研究表明，在服务业，如果企业希望提高绿色服务
创新绩效，就应该提高环境扫描能力和地点规划，但在制造业，如果公司希望
提高其绿色产品创新绩效，他们只要提高环境扫描能力即可。④

　　3. 绩效测度方法的运用

　　目前，国内外学术界对服务业创新绩效的测度所采用的方法基本上和在制
造业中所运用的方法相类似。总体来看，测度与评价的方法可以分为参数估计
方法和非参数方法两大类。在非参数类方法中，用得比较多的是因子分析法和
数据包络分析法。

---

　　① Xue Tian, Chen Wang, Xiaoyi Li, Pengfei Niu, Weipeng Si. The Relationship among
social capital, service types and service innovation performance in logistics enterprises [J].
American Journal of Industrial and Business Management, 2016, 6(8): 900-913.

　　② Markus Chiahan Tsai, Chunhsien Wang. Linking service innovation to firm performance
[J]. Chinese Management Studies, 2017, 11(4): 730-750.

　　③ Zhaoquan Jian, Yun Ke, Guangfa Wang. The impacts of relationship property, co-
production on service innovation performance [J]. American Journal of Industrial and Business
Management, 2016, 6(3): 305-314.

　　④ Ching-Hsun Chang. How to enhance green service and green product innovation
performance? The roles of inward and outward capabilities[J]. Corporate Social Responsibility and
Environmental Management, 2018, 25(4): 411-425.

孔祥(2009)采用客观熵值法对所选择的样本地区的知识密集型服务业的创新能力进行了评价，并通过聚类分析发现从创新能力角度来归类，北京属于一类地区，上海、浙江、江苏属于二类地区，其他地区属于三类。高婷婷、卫平(2010)运用了因子分析法对广东省的科技服务业创新能力进行了评价，认为广东省的科技服务创新能力在全国范围内处于上游水准。曾婷婷(2010)运用因子分析法从创新支撑、创新基础、创新储备和创新绩效四个方面对湖南省知识密集型服务业的创新能力进行了评价，认为湖南省的创新能力在我国中东部15个省市范围内处于中下游水平。①

韩东林、云坡(2012)采用经典DEA方法，基于我国第二次R&D资源清查的数据，对我国高技术服务业的R&D资源配置效率进行了实证测度。研究表明我国地区间的R&D资源配置效率存在着明显差异，并非经济越发达的地区效率就越高，比如，北京、上海、广州等经济发展水平相对高的地区其效率反而较低。研究认为，那些效率较低的地区大多出现资源配置不合理的现象，要么投入出现冗余，要么产出水平没有达到应有高度。高技术服务企业应该优化资源的投入结构。另外，应该切实拓宽高技术服务创新主体的融资渠道，完善高技术服务创新的人才培养机制；各地区应该积极培育高技术服务市场需求；地方政府应该积极引导形成有效的高技术服务产业集群，并通过集群式发展来提高资源的配置效率。②

周冬冬、韩东林(2013)从知识管理的三个阶段，即知识的获取、知识的应用及知识的转化，对高技术服务业研发机构的创新能力进行了定量的测度。研究中采用了模糊综合评判法和DEA方法。通过模糊综合评价法得出的结论显示，我国的高技术服务业研发机构的创新能力属于中等水平，这个结果从现实看来并不理想。通过DEA方法所测度的结果显示创新效率总体较高。研究提出，要想有效提升创新的效率和能力，就应当确保创新资源的投入量，同时应该秉承协同创新的理念加强研发机构间的协同合作。政府还应采取优惠的政策措施鼓励研发机构发展与创新。③

韩东林、刘全清(2013)收集了我国2010—2011年高技术服务业所属子行

①　曾婷婷.湖南省知识密集型服务业创新能力研究[D].长沙：湖南大学，2010：27.

②　韩东林，云坡.中国高技术服务R&D资源配置效率的省际比较分析：基于2009年第二次全国R&D资源清查数据[J].统计与信息论坛，2012，27(7)：47-51.

③　周冬冬，韩东林，杜永飞.基于知识管理的中国高技术服务业研发机构技术创新能力评价[J].中国科技论坛，2013(11)：5-10.

业研发机构的创新数据，并运用 DEA 方法对各个行业的创新效率进行了测度，再采用理想点模型对效率进行了排序。研究认为，研发机构创新效率在各子行业中存在明显的差异性。在考察期内总体而言，效率均值并未达到有效状态，但是 2011 年比 2010 年有所改善。要有效提升创新效率，一是要优化创新资源的投入产出结构，提高资源的利用效率，减少资源投入的冗余；二是要加强科技成果的转化工作，促使科研成果转化为现实的生产力，并且还要完善科技人才的培养和激励机制，建立起支撑创新的人才队伍。[①]

王玉梅、罗公利(2013)运用因子分析法对全国 29 个省份的高技术服务业创新能力进行了实证测度。实证结果表明，长三角省份的高技术服务业创新能力最强；东北老工业基地地区的创新能力并没有明显优势；西部地区从总体上而言，其创新能力不足，应该进一步加大投资的力度，同时加强创新人才的引进。[②]

张健、李沛(2016)运用灰色关联分析法对京津地区高技术服务业协同创新融合度进行了评价。[③] 魏建良、梦非(2018)认为科技创新服务平台是我国落实创新驱动发展的关键组成部分，具有重要的战略地位。按照浙江省科技创新服务平台分类方式，制订了 3 套绩效评估指标体系，并运用 DEA-Malmqusit 指数分析方法对 2014—2016 年平台资源投入产出绩效进行了测算，并从创新驱动发展战略落实、分类管理机制建立、平台自主创新和服务能力提升三个方面提出了对策建议。[④]

四、服务业创新影响因素研究现状

国内外对服务业创新影响因素的研究还是比较多见的，从行业范围来考察可以分为以下两个角度：一是不区分具体的行业，仅就服务业总体层面对影响因素进行分析；二是从具体的内部行业出发来研究，如对知识密集型行业或是金融业等。但专门针对高技术服务业的这一研究并不多见。另外，从影响因素

---

① 韩东林，周冬冬，刘全清. 我国高技术服务业研发机构科技创新效率评价[J]. 技术经济，2013，32(6)：46-51.

② 王玉梅，罗公利，田恬. 知识溢出对高技术服务业技术创新能力影响的评价指标体系研究[J]. 情报理论与实践，2013，36(2)：60-64.

③ 张健，李沛. 京津地区现代服务业协同创新融合度评价：灰色关联分析[J]. 现代财经(天津财经大学学报)，2016，36(1)：13-21.

④ 魏建良，梦非，纪浩，蒋芬. 面向分类的科技创新服务平台绩效实证研究——以浙江省为例[J]. 科技进步与对策，2018，35(13)：49-56.

的来源考察，可以分为非政策性因素和政策性因素两大类。

1. 非政策性影响因素的研究

知识与技术。Muller E, Zenker A(2001)在研究知识密集型服务业中对其功能也进行了分析，认为 KIBS 一方面为客户企业带来了外部的新知识和技术，另一方面也促进了客户企业内部的创新，从而加速了整个区域或上下游产业中新技术和知识的扩散步伐。① Riplett J E, Bosworth B P(2003)指出创新资金是确保服务业创新成功的关键性因素。Czarnitzki D, Spielkamp A(2003)认为在众多影响知识密集型服务业创新的因素中，服务提供商与客户企业的合作是不容忽视的因素。应该将 KIBS 企业与客户企业的互动制度化。从方式角度考察，知识密集型服务业创新的实质是合作创新。② De Jong J P, Vermeulen P A(2003)从组织的角度考察了影响企业服务创新的因素。服务企业的组织特征对创新绩效存在一定程度的影响，那些结构柔性、能够随着环境的改变而及时变更和调整组织的企业要比那些结构刚性的企业更适合服务创新活动的开展。③ Leiponen A(2005)提出，在影响服务企业创新的众多因素中，员工的作用非常重要，超过研发投入。影响服务创新的知识来源主要是竞争对手和客户，客户企业对服务创新成功有着重要影响。④ Howells J, Roberts J(2006)在对 KIBS 进行研究中，指出 KIBS 在区域创新系统中发挥着创新桥梁的功能。KIBS 通过对服务的创新，将创新的成果向客户企业扩散从而促进了知识和技术的扩散，进而促进了下游客户企业的创新活动及创新成果的涌现。⑤ Jaw C(2010)认为要实现服务创新的目标，就应该确保投入充足的人财物等创新资源。创新资源的投入是影响创新活动及其绩效的一个关键性要素。⑥ CY

---

① Muller E, Zenker A. Business services as actors of knowledge transformation the role of KIBS in regional and national innovation systems[J]. Research Policy, 2001, 30(1): 1501-1516.

② Czarnitzki D, Spielkamp A. Business services in germany: bridges for innovation [J]. Service Industrial Journal, 2003, 23(2): 1-30.

③ De Jong J P, Vermeulen P A. Organizing successful new service development: a literature review[J]. Management Decision, 2003, 41(9): 844-858.

④ Leiponen A. Organization of knowledge and innovation: the case of finish business services[J]. Industry and Innovation, 2005, 12(2): 185-203.

⑤ Howells J, Roberts J. From innovation systems to knowledge systems[J]. Prometheus, 2006(18): 17-31.

⑥ Jaw C. The determinants of new service development: Service characteristics, market orientation, and actualizing innovation effort[J]. Technovation, 2010(30): 265-277.

Tseng，DC Pai 等（2011）认为服务企业的知识管理能力对创新绩效会产生影响，尤其是企业对知识的吸收能力。服务企业在创新过程中需要对来自外部的新知识和技术进行消化吸收，并将其整合到自身的知识库中，再创造出能够为客户解决问题的技术服务方案。整个创新过程需要企业具备良好的知识吸收和转化能力。① 姜骞（2018）认为知识积累与服务创新绩效之间具有显著正相关关系，知识基对知识积累与创新绩效关系具有显著正向调节作用。②

创新网络关系。贾平（2007）认为影响高技术服务业创新的主要因素是供应商、设备商、竞争者和顾客等。③ 而相关主体交流合作形成了创新网络。Kavoos Mohannak（2007）对澳大利亚的高技术中小企业的创新网络及能力建设展开了研究。学者认为创新网络的构建和完善对于高技术服务企业的发展非常有利。对于中小企业而言，其资金和技术实力都有限，通过企业之间的联合与创新网络建设能够减少中小企业的创新风险和成本。这对于鼓励企业创新、培育企业创新能力进而提升创新的绩效大有裨益。④ 王晓亚等（2015）人运用复合系统协调度模型和回归模型对影响知识密集型产业协同度的因素进行了实证分析，研究结果表明，人均 GDP、教育水平与协同度存在正向影响，产业结构与协同度的关系呈"倒 U 曲线"，工业规模与协同度的关系呈"正 U 曲线"。⑤ 孙耀吾、王雅兰（2016）发现创新网络的最优平台开放度与高技术服务企业创新能力并不是显著的正影响或显著的负影响关系，其呈现一种 U 形关系，即当高技术服务企业的创新能力不强时，企业处在一个低创新状态；其最优平台开放度与创新能力呈负相关关系，最优平台开放度越大，企业的创新能力反而越低，此时若一味只关注最优平台开放度问题，反而会阻碍企业创新能力的提升；而当企业创新能力很强时，这时创新能力越强其最优平台开放

① CY Tseng，DC Pai. CH Hung. Knowledge absorptive capacity and innovation performance in KIBS［J］. Journal of Knowledge Management，2011，15(6)：971-983.

② 姜骞，唐震."资源—能力—关系"框架下网络能力与科技企业孵化器服务创新绩效研究——知识积累的中介作用与知识基的调节作用［J］. 科技进步与对策，2018，35(5)：126-133.

③ 贾平. 基于供应链动态联盟的农产品物流组织设计［J］. 农村经济，2007(10)：34-36.

④ Kavoos Mohannak. Innovation networks and capability building in the Australian high-technology SMEs［J］. European Journal of Innovation Management，2007，10(2)：236-251.

⑤ 王晓亚，翁国阳. 知识密集型产业协同度及影响因素研究［J］. 中国科技论坛，2015(11)：47-53.

的反而越小。① 周剑(2018)从创新网络内的主体角度分析发现,创新网络中政府政策的支持对创新效率负向影响显著,而信息化水平和专业化水平对创新效率正向影响显著。②

市场导向作用。Koellinger(2008)针对电子商务的研究表明,互联网技术是创新的重要推动力。③ Colin C. Cheng, Dennis Krumwiede(2010)研究探讨了市场导向如何影响公司的服务创新,从而影响公司的市场和财务业绩,并提出渐进式和激进的服务创新可以带来更好的市场表现,从而提高财务绩效。④ 李春成(2008)认为服务业物化知识、市场竞争和开放、信息化和 ICT 状况、体制创新四个因素对天津市的服务业创新结果产生了显著性的影响,天津市应该进一步加强信息化技术应用和 ICT 投资,因为这一自变量对该市的服务业创新有着明显的促进作用。另外,天津市应该进一步加强创新体制的改革和完善,强化市场机制在优化配置服务创新资源中的基础性地位,这样能最大限度地减少创新的各种交易费用和风险,从而有力地提升创新的积极性。还应该加大对服务创新的物化基础投资,因为这些物化的基础能够为激发服务创新的热情提供坚实有形的硬件基础。⑤

研发经费支出。Tor Helge Aas, Per Egil Pedersen(2011)实证研究了专注于服务创新的公司是否比不关注服务创新的公司在财务方面表现更好。利用3575 家挪威企业在制造业中的财务业绩分析数据,研究发现专注于服务创新的企业比不关注服务创新的企业具有明显更高的经营业绩增长。⑥ 李佩(2012)对影响现代服务业创新的关键性因素展开了研究。通过实证研究发现,研发投入在一定程度内的强化能够对创新绩效产生积极的影响,而且这种影响在统计

① 孙耀吾,王雅兰.高技术服务创新网络主导企业最优平台开放度选择研究[J].研究与发展管理,2016,28(6):19-26.

② 周剑.我国高技术产业创新效率影响因素分析[J].中国高新区,2018(4):1-6.

③ Philipp Koellinger. The relationship between technology, innovation, and firm performance—Empirical evidence from e-business in Europe[J]. Research Policy, 2008, 37(8):110-116.

④ Colin C. Cheng, Dennis Krumwiede. The effects of market orientation and service innovation on service industry performance:An empirical study [J]. Operations Management Research, 2010(3):161-171.

⑤ 李春成,马虎兆,和金生.区域服务业创新影响因素的实证分析:以天津市为例[J].中国科技论坛,2008(9):46-50.

⑥ Tor Helge Aas, Per Egil Pedersen. The impact of service innovation on firm-level financial performance[J]. The Service Industries Journal, 2011, 31(13):2071-2090.

上是显著的。有研究指出，研发因素并非影响服务创新最为主要的因素，这可能与服务业创新的属性相关。人力资源在江苏省现代服务业创新中的贡献还不是很突出，而信息化水平和物化投资对于创新的影响却十分显著而且作用力很强。信息化技术和物化投资正处于规模报酬递增的阶段，对创新的影响比较突出。[①] 赵公民(2013)指出高技术服务企业应该适当加大技术投入、创新服务内容、努力提高自身的服务能力和服务质量，这样便能持续地改善服务创新的绩效。彭华涛、吴莹(2017)认为跨国战略联盟项目合作频度会加强高技术服务企业研发创新能力与新产品市场绩效之间的正向关系；跨国战略联盟项目合作期限会加强高技术服务企业资源共享与新产品市场绩效之间的正向关系强度，但是跨国战略联盟项目合作频度会削弱这种关系。[②]

行业融合影响。随着与其他行业的融合，高技术服务业受其他行业的影响越来越显著。吕民乐、金妍(2016)利用2005—2013年的省际面板数据，定量分析研究了知识密集型服务业(KIBS)对高技术制造业创新的影响，得出的结论是，整体上KIBS发展有助于高技术制造业创新；KIBS发展对高技术制造业创新影响存在行业间和地区间差异，并且积极引导西部地区劳动密集型服务业的转型，加速了KIBS的发展；引进了外商投资，培养了高素质KIBS人才，为中国制造业提供了创新动力。[③] 许陆军(2016)研究了高技术服务业FDI、技术创新能力与制造业效率三者之间的关系。提出了高技术服务业FDI对制造业效率提升的作用明显；高技术服务业FDI会促进技术创新能力的提升，而技术创新能力的提升整体上不利于制造业效率的提升；经济发展水平越高的地区，反而不利于技术创新能力对制造业效率的提升；人力资本水平越高的地区，反而不利于技术创新能力对制造业效率的提升。[④] 张萃(2017)构建了一个高技术服务业与工业企业创新的综合理论分析框架。理论研究表明，合作创新的净效应最终取决于创新收益与问题成本之间的权衡。在成本与收益的交互作用下，高技术服务业与工业企业创新之间存在着S形的三阶段动态演进关系：在高技

---

① 李佩. 现代服务业创新的影响因素研究：以江苏省为例[D]. 南京：南京财经大学，2012：19.

② 彭华涛，吴莹. 高技术服务企业跨国战略联盟的研发创新能力、资源共享与新产品市场绩效研究[J]. 科研管理，2017，38(1)：54-61.

③ 吕民乐，金妍. 知识密集型服务业对中国制造业创新的影响——基于高技术制造业的实证分析[J]. 工业技术经济，2016，35(4)：17-24.

④ 许陆军. 高技术服务业FDI与技术创新能力对制造业效率的影响研究[D]. 合肥：安徽大学，2016：23.

术服务业发展初期和成熟期，两者合作创新收益递增：而在中间的调整转型期，两者合作创新收益递减。因此，如何运用政府的调控手段，在充分发挥高技术服务业创新支撑效应的同时，减少合作创新过程中出现的问题以缩短调整转型期，将是中国未来高技术服务业发展面临的另一个挑战。①

2. 政策性影响因素的研究

王霞(2011)对山西省的旅游服务创新进行了较为深入的研究。研究采用调查问卷的方式获得各测量项目的相关数据，并运用结构方程模型对旅游服务创新的绩效影响因素进行了验证。研究从创新驱动及障碍、创新投入及创新的活动过程几个方面来考察相关因素对山西省旅游服务创新的影响。结果发现，创新的驱动力对企业创新活动确实存在积极的正向影响，创新的障碍对创新活动的开展产生明显的负面效应。加大对创新所需资源的投入会有利于创新活动的开展，对创新活动过程的有效控制也有利于创新绩效的改善。不同的潜变量对创新活动的影响程度存在差异。其中创新资源的投入对创新活动的影响最大，而组成创新资源投入的若干指标中，政策法规环境的影响程度最强。因而要确保旅游创新资源的投入力度，优化创新的政策法规环境。② 政策性影响因素主要体现在财税政策与知识产权保护政策上。

财税政策。Pilat(2007)认为政府有关部门首先应该改变观念，在观念上重视服务业创新，不能仅倾向于给制造业发展出台相关政策。政府要通过政策的出台降低服务创新的各类费用，比如降低行政审批成本、降低企业使用基础性信息技术的成本、减少对服务贸易的限制及对外资的限制；政府应该加大对创新服务产品的采购力度，这样便能提高服务企业的市场容量；政府应该出台相关政策，旨在强化服务创新所需人才的培训和教育；政府部门需要加强服务业的数据统计工作，这样便于对服务业展开相关研究或实践工作。Oswald Jones，Fiona Tilley(2007)认为知识型或技术型创新常常伴随着较强的不确定性，如技术研发的不确定性、市场需求的不确定性等，这些不确定性增加了中小服务企业创新的风险或失败的可能性，因此政府要采取有效的措施，如采取直接支付或税收优惠的政策来扶持中小服务企业的创新活动，以提升其综合竞争优势。③ 董

---

① 张萃. 高技术服务业与工业企业合作创新——成本收益、模式特征与动态演进 [J]. 现代经济探讨，2017(8)：1-9.

② 王霞. 山西旅游服务创新调查研究[D]. 太原：中北大学，2011：20.

③ Oswald Jones, Fiona Tilley. Competitive advantage in SMEs: Organizing for innovation and change[M]. New York: John Wiley & Sons, 2007: 5-12.

蕾(2013)认为我国的知识密集型服务业还处于初始发展阶段，财税政策尚未形成完整的政策体系，政策方面存在一些缺陷。这些问题已经成为阻碍知识密集型服务业进一步发展、服务产业结构升级的突出障碍。其中，财税政策的缺陷主要体现在四个方面：一是政府研发投入明显不足，尤其是针对知识密集型服务业的研发投入的绝对额和比重都不足；二是财政扶持方式单一；三是政府的采购政策引导性不够；四是缺乏对服务企业创新的成果型优惠。针对这些问题应该着重采取以下六项措施：一是政府应该积极化解服务企业创新的风险和降低其成本，加大对基础性和公共性的服务创新投入力度；二是政府应该以其直接财政扶持为引导，促进政府资金、企业资金和社会资金的融合，从而拓展服务企业创新的融资渠道；三是变革扶持的方式，重点依据服务企业的创新成果和创新水平给予其税收的优惠；五是完善政府的采购政策，发挥其引导作用；六是加大对创新型专门人才的引进、培养和激励力度，为知识密集型服务业创新提供人才支撑。① 严舒(2016)剖析了财税政策影响高技术服务业发展的作用机制，论证了财税政策不仅会直接对高技术服务业的发展产生影响，扩大产业规模，同时还可以通过促进产业集群发展，推动专业化分工和产业关联性，促进创新型人才的发展，间接促进高技术服务业的发展，为第三产业的发展提供动力，加快产业结构调整的步伐，为国民经济发展注入新的活力。②

知识产权保护政策。Pim De Jong, Brouwer(2006)通过研究发现，服务企业员工的流动性比较强。而随着员工的流失，隐含在员工大脑的隐性知识就会因此随着流失。这对于公司的创新不利，尤其是当员工将原有企业的创新成果外泄给其他竞争对手时。因此政府部门应该完善对服务业创新成果的保护措施，通过法律法规的方式确保原创企业的合法权益和员工的创新积极性。Cristina Chaminade, Jan Vang(2008)提出政府应该在服务创新中有所作为。政府部门的政策所产生的效果主要是对服务创新进行引导、监督、激励及保护等方面。政府应该制定和完善有效的创新成果保护法规，以调动原创者的积极性。③ Daniel Berg, Norman G(2009)对服务创新中的知识产权保护制度进行了研究。研究指出，服务业中很多行业的创新成果都表现出非物质性或无形性，要对这些创新

---

① 董蕾. 促进我国知识密集型服务业创新的财税政策研究[J]. 当代经济研究，2013(12)：72-75.

② 严舒. 财税政策对高技术服务业发展的影响研究[D]. 苏州：苏州大学，2016：25.

③ Cristina Chaminade, Jan Vang. Globalisation of knowledge production and regional innovation policy：Supporting specialized hubs in the Bangalore software industry[J]. Research Policy，2008，37(10)：1684-1696.

成果进行有效的保护相比制造业中的成果保护要困难得多。服务企业通过采用一些诸如商标、企业商誉和内部保密的措施来保护自身的创新成果，然而这些方式的效果很有限。①

已有的研究主要是从企业自身因素如企业规模、企业文化、企业氛围和品牌，企业外部因素如外部创新源、客户关系、政策与环境等方面分析了服务创新的影响因素，并在此基础上分析了创新绩效的影响因素。现有学者对于创新绩效影响因素的研究主要是归结于知识与技术、创新网络关系、市场导向作用、研发经费支出、行业融合影响以及财政性政策与知识产权保护政策。然而现有研究对于创新绩效的研究不具有系统性和完整性。因此，本书在已有研究的基础上着重来研究高技术服务业创新绩效的影响因素。

五、国内外研究评述

纵观国内外学者对有关服务业创新的研究成果，还存在诸多问题。这些问题的产生有其深层次的原因。这与服务业的特点以及对服务业研究的难点有密切联系，加之针对服务业创新的研究目前还只是出于起步阶段。本书在此对现有研究的特征及其所存在的一些问题进行梳理，以便为本书研究工作的开展找到适当的切入点。

第一，从研究的范式来考察，很多学者对服务业创新的研究都借鉴制造业技术创新的研究范式来展开。当然，目前的现有研究也出现了另外两种范式，即服务范式和整合范式。但是，有些学者没有很好地选择合适的研究范式，有过于模仿制造业技术创新研究范式的倾向，这是不合适的。因为整体而言，服务业提供的是无形的服务产品，尤其是一些知识密集型的服务业，需要与客户充分互动，并致力于为客户提供系统性的解决方案，这些行业就不能机械模仿制造业的技术创新。至于到底要采用哪一种范式来展开具体的研究工作，这要根据研究对象的特征以及研究所预期实现的目的来确定。

第二，目前一些学者对服务业创新的研究缺乏实证性。当然，这与服务业本身的特点有关系。服务业所提供的是服务产品，存在很强的非物质化特征，因此对其像制造业创新一样进行深度的定量研究比较困难。然而，任何管理改善策略的出台都要有实证的结论作为支撑，否则其策略的设计将缺乏科学依据。加强服务业创新的实证研究工作应该是今后研究的重中之重。当然，缺乏

---

① Daniel Berg, Norman G. Einspruch. Research note: intellectual property in the services sector: Innovation and technology management implications[J]. Technovation, 2009(29): 387-393.

实证研究有一个客观的原因，那就是针对服务业领域的一些创新数据的统计不健全，而制造业的创新数据则要完备很多。今后，在研究中尽力地完善服务业创新的相关数据，加强服务业统计体系的研究工作是急需的。

第三，直接针对高技术服务业创新的研究比较缺乏。已有的研究主要涉及与高技术服务业相关的行业，如现代服务业和知识密集型服务业等。而针对高技术服务业创新的研究则主要限于对其创新模式等的规范性探讨上，在定量的研究方面主要集中在关于创新能力的评价上。从研究的现状可以看出，对创新机理的深入探讨、创新绩效及其影响因素的实证分析方面还很薄弱。

第四，目前，在有关高技术服务业创新能力的评价中，其指标的设置过于宽泛，其统计的口径往往是就全社会范围而言的，适用性欠缺；对影响绩效结果的因素探讨过于粗略，没有理顺因素所属的类别以及各类因素之间内在的联系性及这些因素作用于绩效的方式和路径。

鉴于实践和理论研究的现状，本书拟系统性地对高技术服务业创新的机理、绩效及其改进策略展开较为深入的研究。通过理论分析探寻高技术服务业创新的内在机理，包括创新的动力及障碍、创新主体及其关系、战略性的创新维度、创新的实现机制等系统性问题；通过实证测度掌握所考察地区的高技术服务业创新效率，以便为有效措施的出台提供依据；通过验证创新绩效的关键性因素及相关因素对绩效的作用方式和路径，以便管理决策者找准影响事物的主要矛盾或矛盾的主要方面，最终为管理改善提供实证支持；通过设计出提高创新绩效的策略为相关地区的管理者提供有益的借鉴和参考。总之，本书的研究具有较强的理论价值和现实意义。

第四节　研究内容及研究方法

一、研究内容

本书的研究内容包括七章，内容如下：

第一章，绪论。本章首先对研究背景、理论与实践领域存在的问题进行了分析。然后指出了研究目的及本书的理论价值和现实意义。接着对国内外学术界在相关领域的研究现状展开了系统性梳理，主要包括高技术服务业及其发展、服务创新测度、服务业创新影响因素等方面的研究现状，并对现有研究进行了评述，找到了本书研究的切入点。最后，本章对研究内容、研究方法、研究思路和技术路线也进行了阐述，提出了本书的研究主题，即高技术服务业创新机理和绩效提升。

第二章，相关理论基础。首先，界定了与高技术服务业相关的若干概念。其次，梳理了熊彼特的创新理论并对技术创新系统的相关理论进行了分析。再次，探讨了服务创新理论研究的发展趋势，并比较了服务创新与服务业创新的异同。然后，对高技术服务业创新的特点与路径进行了探讨。最后，对知识管理的基本理论进行了归纳和梳理。

第三章，高技术服务业创新的内在机理。首先，系统性地剖析了高技术服务业的创新主体构成及其关系，其中服务企业和客户是最为关键的直接主体，而供应商、竞争者、政府部门、高校与科研机构、中介组织是创新的相关主体。主体间存在着各种不同的联系，有机地构成了创新的基石。其次，分析了创新的驱动力机理，包括创新的驱动力模型、内外部驱动力因素及障碍。再次，从创新过程模型、创新六维度协调模型、创新效益共生机理三个方面探讨了创新的实现机理。最后，从学习机制、信任机制、客户互动机制及知识共享机制的确立探讨了创新的支撑机制。创新内在机理的探讨为本书后续实证的研究铺垫了理论基础。

第四章，高技术服务业创新绩效的测度。首先，从创新的基础与环境、创新的资源投入以及创新的技术经济表现三个方面揭示了湖南省高技术服务业创新的现状。其次，选择将环境残余当作投入的 DEA 模型及超效率 DEA 法作为创新绩效的测度方法。然后，在适当的理念、框架、原则指导下设计出评价指标体系，并对湖南省高技术服务业创新的原始数据进行收集和整理。最后，采用 DPS9.5 软件测度了创新绩效，并用领先度模型获得了相关行业的创新领先度指数，进而对结果进行了较为深入的分析。测度与评价只是手段，最终的目的是基于评价的结果为管理决策提供依据以便改进相关工作。

第五章，高技术服务业创新绩效的影响因素分析。从理论角度分析，影响高技术服务业创新效率(或绩效)的因素可以从环境、主体、关系、过程四个方面把握。其中，将环境因素分为创新基础与动力、创新风险与障碍两个潜变量；将主体因素分为企业服务、顾客参与、政府与中介支持三个潜变量；从服务企业与客户之间的合作关系来考察关系因素；从知识共享与管理角度来考察过程因素，分为知识的获取、吸收与整合、应用、转移四个方面。从这些方面构建起影响创新效率(或绩效)的概念模型，并且提出若干待验证的假设。通过问卷调查获得相关一手数据，再采用结构方程模型及其实现软件 AMOS，对先前假设进行验证，实证得出影响创新效率的相关因素。实证的结果能够为旨在提升创新绩效策略的提出提供可靠的依据。

第六章，高技术服务业创新绩效的提升策略。依据理论分析和实证研究结果，提出了提升湖南省高技术服务业创新绩效的策略。从环境角度考察，主要涉及创新基础的完善、知识产权的保护、资金的投入、政府的政策支持等。从主体角度考察，服务企业应当建立和完善创新机制，大力引进高层次创新人才，确保创新资金的投入，加强与国内外优秀服务企业的交流合作以提升自身的服务能力。另外，顾客企业应当增强参与创新的意识和知识消化能力，成为服务企业重要的创新思想和来源。从关系的角度考察，各类创新主体应当构建和维持良好的合作关系，建立合理的信任和学习机制。从过程的角度考察，服务企业应当将知识共享与管理有效地融入创新过程，确保知识获取、吸收、应用各环节的顺畅。结合湖南省实情所提出的提升策略，同样对我国其他地区高技术服务业的发展及创新具有较强的参考和借鉴意义。

第七章，总结与展望。本章对全书的研究进行回顾，重点总结在研究过程中所得出的一系列结论。鉴于各方面条件的限制，指出本书的研究所存在的一些不足之处，并展望下一步研究的方向。

二、研究方法

根据本书的研究所需要达到的目标、研究的内容及研究方法自身的特点，在研究过程中拟采用以下四种研究方法。这些方法的运用对于最终完成本研究工作起到了有力的支撑作用。

1. 文献归纳法

本书的研究工作建立在国内外学者已有研究成果的基础之上。这些成果包括两个方面的内容：一是学者在相关领域的研究文献中所得出的研究结论或提出的观点，在从事相关研究工作中所采用的研究方法等；二是相关基础理论。本书在研究时首先要对这些成果进行梳理和归纳。从第一个方面分析，需要根据本书的具体研究内容对国内外相关文献进行综述，其中包括对高技术服务业及其发展、服务创新测度、服务业创新影响因素、服务业企业与客户的互动等方面的研究现状进行归纳和总结。从第二个方面分析，结合本书的研究，需要对技术创新理论、服务创新与服务业创新理论、高技术服务业创新相关理论、知识共享与管理理论等领域的相关研究进行归纳，以便为本书提供坚实的理论基础。

2. 比较分析法

在对湖南省高技术服务业的创新效率进行测度与评价中，选择了2013—2017年作为时间跨度区间，利用对比分析法比较不同年份创新效率的差异及考察创新效率随时间推移的发展变化趋势。另外，除了对高技术服务业整体上的创新效率进行考察外，还对该产业内部两个主要子行业的创新效率进行测度与比较，即比较了信息传输、软件和信息技术服务业，科学研究和技术服务业两个行业各自的创新效率在时间维度上的表现差异性及两个子行业间的效率表现差异。通过比较分析，能够为创新资源的进一步优化配置提供参考，也为某些管理改善措施的制定提供借鉴。

3. 非参数估计法：数据包络分析

本书在研究中的重要模块就是对高技术服务业的创新效率进行测度，以便让相关管理主体认清创新工作当下的绩效表现，从而为找到现实中存在的问题并采取改进的措施提供科学可靠的依据。本书在对湖南省高技术服务业创新效率进行测度时，将考察期内的每一年当作一个决策单元，在每一年内存在着多投入与多产出的现象，采用数据包络法对每一年的创新相对效率进行测度，并且运用对传统数据包络分析法改进之后的超效率模型对全体相对效率结果进一步地区分和排序。数据包络分析法的运用使得效率评价的目的得以实现。

4. 参数估计方法：结构方程模型

为了深入地对影响高技术服务业创新的关键性因素进行验证，具体地验证相关因素对创新绩效的作用力方向、强度、显著性水平，本书选择了结构方程模型方法。该方法能够同时处理多个被解释变量，并且在实证过程中允许解释变量和被解释变量含有测量误差。运用此方法能够增强所得结论的可信度与准确性。

第五节　研究思路与技术路线

一、研究思路

本书拟对高技术服务业创新的内在机理及创新绩效进行深入分析，研究过程中遵循的写作思路或技术路线是：文献回顾→理论铺垫→创新机理探讨→创新绩效测度→创新绩效影响因素验证→提升策略制定。具体研究思路如下：

首先，对高技术服务业创新的内在机理进行分析。剖析创新主体构成及其关系，构建起创新的驱动力模型并分析内外驱动力及障碍；从创新过程模型、创新维度及创新收益共生三个角度分析创新的实现机理，进而从学习机制、信任机制、客户互动机制及知识共享机制等方面分析创新的支撑机制。

其次，从相对效率角度测度高技术服务业的创新绩效。选择将环境残余当作投入的 DEA 法与超效率 DEA 法对湖南省的高技术服务业及其子行业创新绩效进行测度，进而对结果进行了较为深入的分析。

再次，验证影响高技术服务业创新绩效的因素。从环境（创新动力、障碍、创新基础)、主体(服务企业、顾客、政府)、合作关系、过程(知识的获取、吸收、应用)四个方面实证分析创新绩效的影响因素。

最后,提出高技术服务业创新绩效提升的策略。依据理论分析、实证研究结果并结合湖南省的实情,从环境、主体、关系、过程四个方面提出改善高技术服务业创新绩效的对策。

二、技术路线

本书的具体研究技术路线见图 1-1。

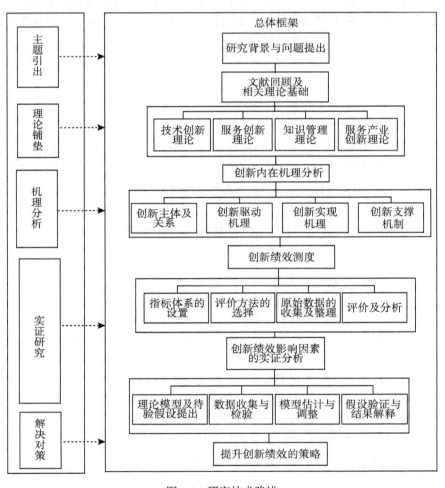

图 1-1　研究技术路线

第二章　相关概念界定与理论基础

本章为全书的研究铺垫理论基础。本书的研究主题是高技术服务业创新的机理和绩效，整个研究需要相应的基础性理论支持。本章主要从以下两个方面展开探讨。首先，对与高技术服务业相关的若干关键性概念及内涵进行界定，明确本书所研究的高技术服务业的范围及特征。其次，对高技术服务业相关理论进行梳理。第一，对创新理论进行了探讨，对其发展阶段进行回顾，进而对技术创新与技术创新系统的相关理论知识进行归纳。第二，对服务创新理论和服务业创新理论分别进行探讨，比较服务创新与服务业创新的联系及异同，对服务创新理论研究的发展趋势进行归纳。在对服务业创新理论的归纳总结方面，主要探讨服务业创新的类型、高技术服务业创新的特点与路径等。第三，从知识管理的角度考察，高技术服务业创新的过程其实就是对新知识技术的获取、吸收与整合、应用及转移的过程，故对知识管理的基本理论进行梳理。

第一节　高技术服务业相关概念

一、相关概念的界定

(一)现代服务业

现代服务业是与传统服务业相对应的一个概念。现代服务业突出"现代"的特点。这里的"现代"并非突出时间维度上的"当代"特征，而是要着重体现出"现代化"的内涵。现代服务业主要指的是那些技术和知识含量相对较高、管理手段较为先进、依托现代科学技术尤其是信息技术而发展起来的新兴业态。① 它既包括直接基于信息技术而形成的新兴业态，同时又包括由现代科学

① 吕维霞，赵亮. 我国高科技现代服务业集群创新优势的制约因素及提升策略[J].中国地质大学学报(社会科学版)，2010，10(5)：101-105.

技术尤其是信息技术对传统服务业进行改造之后所形成的一些新兴业态。"高人力资本含量、高技术含量和高附加价值(简称"三高")是现代服务业的标志性特点。从附加值的角度考察,传统服务业的服务或产品价值中转移价值占了相当大的比重,而劳动价值和剩余价值,即利润所占的比重相对较小,而在现代服务业中这种情况刚好相反。从具体的国民经济行业分类考察,现代服务业所涵盖的行业种类较多。北京市 2005 年印发了《现代服务业行业分类目录》界定了现代服务业所涵盖的行业范围(见表 2-1)。

表 2-1　　　　　　　　　　　现代服务业行业分类目录

行业门类	行业代码	行业名称
G		信息传输、计算机服务和软件业
	60	电信和其他信息传输服务业
	61	计算机服务业
	62	软件业
J		金融业
	68	银行业
	69	证券业
	70	保险业
	71	其他金融活动
K		房地产业
	72	房地产业
L		租赁和商务服务业
	74	商务服务业
M		科学研究、技术服务和地质勘查业
	75	研究与实验发展
	76	专业技术服务业
	77	科技交流和推广服务业
	78	地质勘查业
N		水利、环境和公共设施管理业
	80	环境管理业

续表

行业门类	行业代码	行业名称
P		教育
	84	教育
Q		卫生、社会保障和社会福利业
	85	卫生
	86	社会保障业
R		文化、体育和娱乐业
	88	新闻出版业
	89	广播、电视、电影和音像业
	90	文化艺术业
	91	体育
	92	娱乐业

数据来源：国家统计局官方资料。

(二) 生产性服务业

生产性服务业是与消费性服务业相对应的一个概念。生产性服务业的概念由 Hubbard, Nutter(1982) 和 Daniels(1985) 提出，专门将其与消费性服务业区别开来。生产性服务业突出体现其提供的服务产品是为了下游的企业生产运作而服务的。它是下游生产性企业的服务要素投入，是一种中间投入要素。在生产性服务业具体所涵盖的行业类型方面，Howells, Green(1986) 认为保险、银行、金融属于生产性服务业范畴。另外，职业科学服务，如会计、法律、研究与开发服务也可以包含在其中。总之，生产性服务业被认为是为了保障生产的连续性和生产效率的改进、产业的升级以及技术的进步而发展起来的服务行业。[1] 我国政府在《十一五规划纲要》中明确指出要大力推动生产性服务业的发展，并且将现代物流、金融与商务服务等五类行业列为生产性服务业的关键行业。与此相对应，《纲要》中也提出要进一步发展消费性服务业。

---

[1]　周丹，应瑛. 生产性服务业与制造业互动综述与展望[J]. 情报杂志，2009，28 (8)：200-206.

(三)知识密集型服务业

知识密集型服务业(KIBS)是与劳动力密集型服务业或技术含量、人力资本含量相对较低的其他服务行业相对应的一个概念。在知识密集型服务业的概念中重点突出知识在所提出的服务产品中的重要性。[①] 也就是说服务提供者对其客户所提供的服务产品是以知识为基础的。知识密集是其所提供的服务产品的显著特征。另外，KIBS 还有其他两个重要特征。一是具有咨询的功能，也就是服务提供商向客户提供服务咨询，帮助客户解决其所面临的一系列现实问题；二是服务提供商在向客户提供服务时要保持与客户的高度互动性，只有双方充分交流沟通才能最大限度地达到信息与知识的共享、矛盾和摩擦的化解。

KIBS 也可以从狭义和广义两个角度来划分。从狭义的角度也就是基于对知识的狭义定义，KIBS 可以分为金融业、租赁与商务服务业两大门类。比如商务服务业中的企业管理服务业、法律服务、咨询与调查等就属于典型的以知识为基础的服务行业。如果从广义的角度考察，技术也属于知识的一种具体体现形式。因此直接基于高技术而发展起来的信息传输、软件和信息技术服务业，科学研究和技术服务业两大门类也可以包含在 KIBS 范围之内，见表 2-2。

表 2-2　　　　　　　　　　知识密集型服务业行业分类

门类	代　码			类 别 名 称	说　　明
	大类	中类	小类		
I				信息传输、软件和信息技术服务业	本门类包括 63—65 大类
J				金融业	本门类包括 66—69 大类
L				租赁和商务服务业	本门类包括 71 和 72 大类
M				科学研究和技术服务业	本门类包括 73—75 大类

注：依据国民经济行业分类(GB/T 4754—2011)界定，表中数据来源于国家统计局官方资料。

(四)高技术服务业

高技术服务业是与技术含量低的服务业相对应的一个概念。高技术服务业

---

① 曹勇，贺晓羽．知识密集型服务业开放式创新的推进机制研究[J]．科学学与科学技术管理，2010(1)：59-64.

主要突出体现所属服务行业的高技术含量特征。① 在国外学术界很少见到用"高技术服务业"一词,但有"高技术服务"(High Technology Services)的说法。"高技术服务业"主要出现在我国政府相关的文件及学术研究领域。在我国政府正式的文件中首次出现"高技术服务业"一词的是《2003 年度科技型中小企业技术创新基金若干重点项目指南》。随后,2007 年在国家发改委的正式文件《高技术产业发展"十一五"规划》中指出,高技术服务业属于现代服务业的范畴,是现代服务业的子集。2011 年国务院颁布文件着重强调要大力推进包括研发设计、知识产权服务在内的八个领域的高技术服务发展。2013 年,国家统计局制定了《高技术产业(服务业)分类(试行)》。出台该文件的目的是为了制定该产业相关政策,完善该产业的统计体系以及进一步加强对该产业的宏观调控。《高技术产业(服务业)分类(试行)》对高技术服务业所下的定义为:"高技术服务业是采用高技术手段为社会提供服务活动的集合。"该文件对高技术服务业进行了分类,指出该产业应该包括信息服务、电子商务服务等九个大类。

根据国家颁布的国民经济行业分类(GB/T 4754—2011)(表 2-3),同时也考虑到当前国家统计局及各省统计局在统计行业相关经济数据时实际所依据的行业分类指标情况,本书认为高技术服务业主要涉及两个门类,即 I(信息传输、软件和信息技术服务业和 M(科学研究和技术服务业)。I 类中包括 3 大类:电信、广播电视和卫星传输服务、互联网和相关服务、软件和信息技术服务业。M类中包括 3 个大类:研究和试验发展、专业技术服务业、科技推广和应用服务业。

表 2-3　　　　　　　　　　**高技术服务业行业分类**

代　码			类 别 名 称	说　明
门类	大类	中类	小类		
I				信息传输、软件和信息技术服务业	本门类包括 63—65 大类
	63			电信、广播电视和卫星传输服务	

注：表头「代码」下方依次为「门类 | 大类 | 中类 | 小类」四列。

① 陈元山,姚山季. 江苏高技术服务业加快发展的对策研究[J]. 科技管理研究,2012(20):13-16.

续表

门类	大类	中类	小类	类别名称	说明
	64			互联网和相关服务	
	65			软件和信息技术服务业	指对信息传输、信息制作、信息提供和信息接收过程中产生的技术问题或技术需求所提供的服务
M				科学研究和技术服务业	本门类包括73—75大类
	73			研究和试验发展	
	74			专业技术服务业	
		746		环境与生态监测	
			7461	环境保护监测	指对环境各要素，对生产与生活等各类污染源排放的液体、气体、固体、辐射等污染物或污染因子指标进行的测试和监测活动
			7462	生态监测	指对森林资源、湿地资源、荒漠化、珍稀濒危野生动植物资源的调查与监测活动；野生动物疫源疫病与防控以及对生态工程的监测活动
		747		地质勘查	指对矿产资源、工程地质、科学研究进行的地质勘查、测试、监测、评估等活动
	75			科技推广和应用服务业	
		751		技术推广服务	
			7511	农业技术推广服务	
			7512	生物技术推广服务	
			7513	新材料技术推广服务	
			7514	节能技术推广服务	
			7519	其他技术推广服务	
		752	7520	科技中介服务	
		759	7590	其他科技推广和应用服务业	

注：依据国民经济行业分类（GB/T 4754—2011）界定，表中数据来源于国家统计局官方资料。

　　综合国内外学者的观点，并结合我国政府在服务业方面的正式文件，本书认为高技术服务业是指以高技术(尤其是信息通信技术和网络技术)和先进的管理经营模式为支撑，专门提供高技术含量、高人力资本含量和高附加值的技术服务产品的服务业态。它融合了高技术产业和高端服务业的特点。

　　通过对现代服务业、生产性服务业、知识密集型服务业及高技术服务业内涵的分析，这些概念之间存在一定程度的交集或重合，其概念之间的差异主要体现在各自所突出的特点不一样。本书尝试从相关概念所涵盖的范围角度来对这些概念作出比较。现代服务业是一个比较宽泛的概念，而知识密集型服务业属于现代服务业的组成部分；高技术服务业又可以看作广义知识密集型服务业中突出高技术特征的一个子集。另外，学术界还有一个科技服务业的概念，这个概念从学术角度考察要比高技术服务业稍微广泛一些，但是如果将其作为国民经济行业分类中的一个门类，那么它又是高技术服务业中的一个子行业。图2-1是从学术角度对四类服务业的关系进行描述。

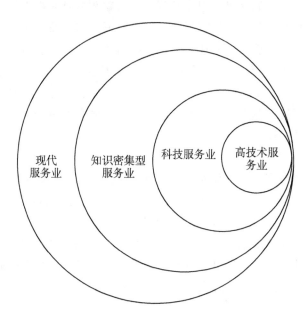

图2-1　四类服务业的包含关系

二、高技术服务业的特征

高技术服务业属于服务业中最高端的环节，它融合了高技术产业与高知识含量服务业的特征，同时又具备明显区别于传统服务业、一般意义上现代服务业的诸多特点。其特征主要表现在以下五个方面：

第一，创新性明显。高技术服务业是服务业中的高端业态，从产生开始就具有明显的创新倾向。① 之所以具有很强的创新性，一是具有明显的"遗传基因"，因此高技术产业和知识型服务业本身都具备较高创新性。高技术产业创新的关键维度就是技术创新，而知识型服务业创新的关键维度是服务创新。因此，高技术服务业创新性的关键创新维度既包括技术创新又包含了服务创新，呈现出一种倾向更加明显的创新特性。具体的表现形式是在高技术手段的支持下为客户提供个性化的、独特的技术服务产品，这种服务产品通常具有不可替代性的特征，其每一次技术服务产品的提供本身就是一次突破和创新。

第二，高技术性。高技术服务业的一个显著特征就是高技术性。这一特性可以从产业形成、服务内容和所采用的技术手段等方面来解释。从产业形成来看，高技术服务业主要是为高技术产业尤其是高技术制造业服务的。② 该产业的形成离不开高技术的支撑，因为其服务的对象领域具有很强的高技术性。该产业所提供的服务产品也就具有高技术含量特征。这一特征是高技术服务业区别于传统服务业、知识型服务业（如管理咨询业、法律、会计服务业）的关键性标志。高技术性具体表现在所提供的服务内容上，从国民经济行业分类（GB/T 4754—2011）可以看出，高技术服务业的两个主要门类中的六大类所提供的服务内容都具有明显的高技术属性。在提供服务的过程中所采用的工具性技术主要有互联网技术、多媒体技术和通信技术等。这些工具性技术也都具有高技术特性。

第三，高智力密集性。高人力资本含量是高技术服务业又一显著特征。这种高智力密集性有别于普通的知识密集型服务业。普通的知识密集型服务业（比如管理咨询业），在人力资源结构中对掌握高新技术手段的人才需求度远不及高技术服务业。高技术服务业除了对掌握相关领域高技术知识的人才具有相当高的需求外，对具有先进经营管理理念、善于设计出高效率商业模式和拥有丰富社会资本的高智力管理人才同样具有较高的需求。③ 高技术服务企业只

① 梅强，傅金辉，李文元．高技术服务业开放式创新的价值链模型构建[J]．科技进步与对策，2013，30(24)：65-69.

② 韩东林，曹晓禹，周冬冬．中国高技术产业对高技术服务业拉动效应分析[J]．科技进步与对策，2013，30(19)：68-72.

③ 李光，乔亚兰．高技术服务业：湖北跨越式发展的战略支撑[J]．科技进步与对策，2011，28(15)：22-25.

有具备这种复合性的人才结构，才能为客户企业提供高技术含量、高人力资本含量和高附加值的技术服务产品。

第四，高渗透和辐射性。制造业服务化和服务技术化是产业融合发展的集中刻画。高技术服务业通过提供高技术服务，不仅使得高技术产业的生产效率得到快速提高，同时高技术服务的应用也使得传统产业得到了有效的改造和升级，最终促进国民经济结构的调整与优化，这便是高技术服务业高渗透性特征的具体体现。另外，高技术服务业处于现代服务业中的高端环节。它除了对接受其服务的相关行业，如高技术制造业、金融业等具有提升生产效率、改善经营管理的功能外，由于其高技术手段(如现代通信技术)的应用还使得很多行业的经营突破地理空间的限制。总之，高技术服务业对相关行业和区域经济发展具有很强的辐射功能。

第五，两型性：低消耗、低污染。高技术服务业是通过高技术手段支撑发展的高端服务业态。其所提供的高技术服务产品本身对环境往往是友好的，同时该产业在发展过程中对资源的消耗量也相对其他制造业要少得多，高技术服务业对煤炭、电力等能源的消耗量相对很少。另外，高技术服务业不仅自身具有低消耗、低污染的特征，同时通过为客户企业提供高技术服务，促进了下游企业生产技术水平的提升，进而使下游企业的资源消耗和污染物排放量减少。

第二节　高技术服务业相关理论

一、技术创新理论

(一)技术创新的内涵

最早对创新展开系统性研究的是经济学家熊彼特。依据熊彼特的观点，创新所包含的内容和维度是多元化的，它不仅仅是纯技术层面的创新或变革。熊彼特认为，创新涉及产品、过程、市场、供应渠道、组织五个方面的革新或改进。其中，向企业的生产系统引入一种新的或显著改进的产品，属于产品创新的范围；对生产工艺进行改进和完善，或者创造出一种新的生产工艺，这属于工艺创新的范畴；在已有的产品基础上开拓一个新的消费市场或对市场进行渗透，属于市场创新的行为；为企业的上游开辟原材料或半成品的新的来源渠道，属于供应渠道的创新；对企业内部的组织结构进行调整以降低组织内部的交易费用、提高工作效率，这属于组织的创新。熊彼特的创新涵盖了以上五种情形，因此属于对创新所作的比较广义的界定。虽然熊彼特所提出的创新概念所涉及的范围比较宽泛，但其对创新所展开的研究中还是主要侧重产品与工艺创新两个方面，而这两个方面是技术创新所主要包含的创新内容。

在熊彼特的研究基础上，国内外很多学者将技术创新当作一个重要的研究领域，对其展开了较为深入的探讨。从 20 世纪 50 年代以来，制造业在推动整个社会经济发展过程中起到巨大的作用，因此针对制造业的技术创新研究也受到了重点关注。总体而言，针对技术创新的研究总体上经历了三个发展阶段，这三个阶段也体现了理论研究的演化轨迹。

第一阶段，20 世纪 50—60 年代。这一时期是技术创新研究得到迅速兴起的年代。这与社会经济实践中制造业的发展及其对经济的巨大贡献是分不开的。实践中产生了很多的问题，比如如何提高生产中的投入产出效率等。技术创新研究能有助于解决生产中的一系列问题。在这一阶段，技术创新研究已经成为了管理科学中的一个专门研究领域。针对创新的动力、过程及创新中的信息共享及创新影响因素的探讨层出不穷。然而，这一阶段的研究并没有构建出一个完整的理论框架。针对某一对象的案例研究成为了主要的研究内容和手段。

第二阶段，20 世纪 70—80 年代。这一时期以来，对技术创新的研究逐步形成了系统化的理论体系。同时，研究的对象和范围也开始呈现出多层次的结构特征。学者们从企业微观层面、产业或区域中观层面及国家宏观层面对创新系统展开了较为深入的研究。另外，其他学科中的很多理论研究方法，如复杂性系统科学理论、耗散结构等理论都开始逐步应用到技术创新的研究中，开始形成了多学科交叉融合的局面。这一时期的研究开始呈现出理论探讨与实证分析相互促进的格局。

第三阶段，20 世纪 80 年代开始到现在。这一时期的研究已经呈现出系统化、综合化发展的趋势。技术创新研究的理论体系已经基本构建，创新内在机理、机制等理论分析已经比较成熟，各类实证研究也层出不穷。这一阶段的一个显著特点就是注重研究的应用价值。学者们开始关注创新实践中的热点、难点问题，对这些问题进行专题性的研究，这不仅加强了研究成果的应用价值，也进一步丰富了创新研究理论。

然而，需要指出的是学术界主要侧重于对制造业创新的研究，而对服务业领域的创新研究则关注度不够，服务业中的创新研究亟待加强。①

---

① 王玉梅，罗公利，田恬 . 知识溢出视角的高技术服务业技术创新能力评价研究 [J] . 情报杂志，2012，31(7)：110-115.

(二) 技术创新系统的要素及功能

技术创新是一项复杂的系统工程。首先要有创新的主体，而且主体不是孤立存在的，彼此间存在着复杂的非线性作用关系。其次，创新总是被置于一定的环境之中，如果离开了创新的环境就很难确保创新目标的实现。创新系统中的主体通常包括企业、政府、大学及科研院所、金融机构及中介组织等几类。其中企业、大学和科研院所是创新中的最为直接的主体，而政府、中介组织、金融机构属于相关主体。创新的多元化主体、主体间的关系及创新环境构成了创新系统。从空间范围考察，创新系统又可以被分为企业创新系统、产业或区域创新系统、国家创新系统三个层次。以下就创新系统中各主体的基本职能及其在创新中的作用进行归纳。

企业是最关键性的创新主体。企业在技术创新系统中始终居于核心地位。[①] 企业是创新的投资主体，创新的实施者，创新风险的承担者，创新收益的受益者。很多企业，尤其是大型企业内部设有专门的创新机构，如技术中心，研发中心等。这些创新机构在技术开发中承担了重要职责。它们是企业应用性技术的创造者，甚至还承担了一些基础性、关键共性技术的研发职能。企业在创新中除了开发技术之外，还要促进技术在企业内部的推广应用，从而创造出更多的、新的或改进的产品或服务，最终将这些新的产品推向市场以实现创新的商业价值。只有充分发挥企业的创新主体作用，才能促进整个创新系统的发展，从而区域及国家创新系统的发展才有可靠保障。

政府是重要的创新参与主体。政府不会对企业的具体创新过程进行干预，它主要承担着创新环境营造的角色。有学者认为政府参与创新的理论依据为市场机制失灵总是存在，尊重市场在创新资源配置中的基础性地位是必要的。如在基础性研究领域，创新资金的需求量往往很大，而创新的回报周期通常较长，这就增加了资源投入的风险，因此如果由市场来调节资源的配置，基础性研究领域的资金短缺问题会很突出。另外，对于一些小微型企业而言，其企业规模和信用等级往往都不够理想，从银行获得资金支持存在一定的难度。这些问题纯粹通过市场很难解决。此时，政府的职能就大有用武之地。政府可以通过政策供给来为企业的创新营造良好的环境。如，政府通过出台产业发展政策和规划引导企业技术创新的方向；政府利用采购倾斜政策，鼓励企业加大产品

---

① 汤坚玉. 我国信息服务企业技术创新风险评价体系实证研究[J]. 图书情报工作，2010(17)：61-65.

创新的力度；采用贷款贴息、担保、税收减免的优惠措施来减少企业创新的成本负担；政府通过直接性的资金支持来扶持基础性研发工作，等等。总之，政府在技术创新中大有可为，它为创新环境营造承担着重要的职责。

大学和科研院所是原创性知识的创造者。大学和科研机构在整个创新系统中占据了基础性科学研究的制高点，它们能够帮助企业解决其仅凭一己之力无法攻克的技术难题，尤其是面对一些重大关键共性技术的研发攻关，企业的科研力量往往不足，这时高校和科研院所的作用就不容忽视了。值得指出的是，高校和科研院所的科研成果与企业的实际需要相结合，这样才能促进科技成果的转化效率，否则产学研将不能很好地相结合，那么整个技术创新的目标将难以实现。

金融机构是创新系统中的重要参与主体。企业的技术创新离不开资金的支持，而很多技术创新项目尤其是重大技术攻关项目所需要的资金数额巨大。所需巨额资金的投入常常是企业所面临的一个难题，这也是企业创新中所面临的重要障碍之一。金融机构能够帮助企业尤其是中小企业克服资金短缺的问题。金融机构不仅指传统的银行类机构，也包括其他类型的融资平台。它们是企业和区域创新的重要推动力量。另外，企业技术创新的顺利开展还离不开中介组织的支持，如技术成果交易中心等。这类中介组织为促进科技成果的转化起到了桥梁和纽带的作用，在技术提供方和技术需求方之间发挥着中间人的功能。很多中介组织在创新系统中承担着促进技术知识转移、加速成果扩散及实现商业价值的作用。

二、服务创新理论

(一)服务创新的内涵

服务创新是相对于技术创新等其他创新形式而言的一个概念。服务创新和服务业创新是两个不同的概念。服务业创新是指发生在服务业，即第三产业部门内的创新行为及活动。服务业创新活动既包括技术性的创新，又包括非技术性的创新，而服务创新正是非技术性创新的表现形式之一。服务创新是一种过程性和概念性很强的活动，通过创新的实施最终提供的产品往往表现为无形的服务方式，这是与制造业中的技术创新存在着显著的区别。制造业中的技术创新通常表现为产品或工艺创新，其创新的结果是获得新的或性能得到明显提高的产品。需要指出的是，服务创新不仅只存在于服务业中，制造业中也存在服务创新，因此服务创新是一个比较宽泛的概念。服务创新具有一定的特征。

第一，服务创新的目的是获取商业利益。企业或产业中的任何创新活动都有其目的性。通过创新的开展获得服务效率的提高，服务成本的降低，最终获得可观的经济效益，这是服务创新需要达到的目标。当然，为了实现经济利益，首先必须确保创新的成果能满足消费者的需求，这是实现服务创新目标的前提和基础。

第二，服务创新的顾客参与性较强。服务创新的过程中需要对客户的需求进行详细的了解分析，在服务方案的设计中也需要顾客提出相应的意见以提高服务产品的客户满意度。另外，由于大多数服务具有生产与消费的同时性特点，需要与顾客发生交互关系，共同分享知识信息，从而提高服务效率。

第三，服务创新通常是就服务包中的相关构成要素的改变，最终实现服务的差异化。通过差异化服务的提供来吸引顾客，开拓市场从而提高企业的市场占有率及份额。服务创新的形式具有多样性特征，企业在服务创新中主要注重服务流程的改善和服务效率的提升。

(二)服务创新理论研究的发展趋势

服务创新的理论研究经历了一个不断发展的过程。在对服务创新研究的初期，缺乏专门的研究方法和框架体系，对其研究基本上是借用了对制造业中技术创新的研究方法。然而，制造业与服务业存在很大的差异，这就决定了纯粹套用技术创新的研究方法或思路来研究服务创新必然存在很多的问题。随着服务创新实践的深入，学者们开始探索其专门化的研究模式。Callouj(1991)为服务创新提出了专门化的创新模式。这标志着将服务创新的研究向前推进了一大步。伴随着经济社会实践的发展，制造业和服务业出现了逐步融合的趋势，制造业服务化、服务技术化的倾向越来越明显，两者之间的界面越发模糊。在这种实践情况下，客观上需要寻求一种新的模式来研究服务创新。顺应实践的需要，一种新的研究模式"整合方法"由此产生。所谓整合方法或模式是指在对服务创新进行研究的过程中除强调服务概念、传递方式、客户互动方式等创新之外，还兼顾技术因素的创新。在很多情况下服务的最终实现需要一定的技术手段支撑。Bilderbeek，Hertog(1998)提出服务创新的"四维度模型"就是整合方法的典型体现。该模型中将服务概念的创新、与客户互动界面的创新、组织模式的创新、技术的创新当作服务创新的四个维度，其中技术维度是可选项。下面将具体地对服务创新理论研究的发展路径进行阐述。

第一，服务创新的技术性研究视角。起初，学者们认为用于研究技术创新的理论方法可套用在服务创新的研究中，这属于服务创新研究的技术范式。也就是说在这一阶段服务创新并没有自身独特的理论研究框架和研究方法。国外学者 Djellal(2003)在对服务创新展开研究时就采用了这种研究范式。该学者明确提出了一个观点，即服务业中也存在着创新，并且指出服务创新事实上不仅存在于服务行业，在非服务行业的某些服务性环节也存在创新空间及活动。①在一些学者看来，将制造业的技术创新研究范式简单地移植到服务创新研究中是有一定的现实依据的。有学者通过对制造业和服务业企业进行实地调研后发现，在很多创新的内容方面，制造业企业和服务企业拥有诸多交集，比如创新的动力、障碍、创新的资源等方面，两类企业存在很多的共同点。由此，学者们认为基于这些共同点，服务创新的研究采用制造业技术创新的方法体系是可行的。

第二，服务创新的服务特性研究视角。纯粹将制造业技术创新研究的逻辑思路和方法移植到服务创新的研究中是存在很多问题的。这主要是因为服务企业和制造企业间存在着很多的差异。制造企业所生产的产品通常都是有形的，而服务企业的产品通常表现为一种概念设计、服务方案，具有很强的无形性、个性化特征。服务企业为某一客户企业提供的创新性服务产品通常只适合该客户企业，对于其他企业很难适用。正是由于服务产品及创新的特殊性，因此国外一些学者指出不能直接照搬技术创新的研究模式和方法，有必要为服务创新开创出独特的理论框架体系和方法。在这种背景下，国内外学者从服务创新自身的特点出发对其展开了较为深入的研究，而不再将视野局限于产品或工艺的创新上。企业内部的组织创新、服务提供商与客户的互动交流、服务提供商与其他创新相关主体间的相互关系成为了学者们关注的热点。在这一阶段，服务创新研究方法不再是技术创新领域的复制品，服务的特性成为了关注点。Djellal(2001)对法国的一些服务企业进行了实地调研，研究了服务性企业创新的诸多特点，并且指出服务企业的创新中应该更加重视对客户关系的管理。

第三，服务创新的综合性研究视角。服务创新研究的第三个阶段就是构建综合性理论研究框架的阶段。理论研究上呈现出这种特征是与实践分不开的，在实践方面出现了制造业服务化与服务业技术化两者相互交融的局面。一方面，信息技术及其他高新技术的发展促进了制造业的升级，也推动了生产性服务业的发展与创新；另一方面，服务业在信息通信等技术手段的支撑下，创新

---

① Djellal F, Francoz D, Gallouj C, et al. R&D in services: Revising the definition of research and development in the light of the specificities[J]. Science and Public Poliey, 2003, 30 (6): 415-429.

的表现层出不穷。实践的发展需要理论的支撑，对服务创新的研究视角需要进一步作出调整。Miles，Coombs（2008）对服务创新的两种研究视角进行了综合审视。① 研究认为既不能纯粹地套用技术创新的研究逻辑，也不能将服务创新与技术创新截然分开，即将服务创新孤立起来。而应该构建一个整合性的研究框架，在创新的维度方面既要充分体现服务创新本身的特点，又要兼顾技术层面的创新活动。该学者认为，在服务创新研究中一些非技术创新的维度很重要，如服务企业的组织创新、与客户间的交互关系改进、服务传递方式的变革等；高技术服务业技术维度的创新尤其重要。随着服务业的技术化趋势，技术维度创新已不再是可有可无的选项了。

第四，三种研究视角的对比。从技术范式到服务范式再到整合范式，体现了理论研究的演进轨迹或路径，同时也是理论研究深入化、全面化的体现。纯粹地照搬技术创新研究逻辑的技术范式，以及完全将服务创新与技术创新割裂开来的服务范式都存在一定的不足之处，两者的视角都有失周全。整合性的研究视角或框架积极挖掘服务创新独有的特性，尤其是强调组织、服务传递方式、服务理念等方面的创新特点，同时又不忽略技术维度的创新特色，使得这样的研究范式在该理论的发展中越来越占有重要的地位。然而需要指出的是，整合性的研究框架或视角用来研究服务创新尚处于初期的阶段，并没有实际上形成完整的理论框架体系。在这方面需要国内外学者不断地持续加以探索。

高技术服务业的发展需要高技术手段的支持，如高新技术的装备、先进的信息与通信技术、互联网技术、计算机技术等。因此高技术服务业的创新必然具有很强的技术性特征。同时，高技术服务产品也具备一定的无形性、个性化、独特性特点。② 它往往表现为开发某种技术服务方案并将其导入客户企业的生产运营过程。每一个技术方案的成功实施本身就是一次创新活动，项目实施中需要服务企业组织的配合、与客户的交互关系的维持、服务传递方式的改进，这些都充分体现了服务创新的特点。因此，对高技术服务业创新的研究应该采用整合性的综合视角。

①　Miles I. Patterns of innovation in service industries［J］. IBM Systems Journal，2008，47（1）：115-128.

②　王仰东，安琴，窦君鸿. 我国高技术服务业发展对策研究：基于2005—2009年创新基金的数据［J］. 科技进步与对策，2010，27(20)：52-55.

三、服务业创新理论

服务业创新理论属于产业创新理论的范畴。[①] 服务业创新与服务创新存在着明显的区别，前者指的是发生在服务业内的创新行为或活动，而服务创新指的是创新的一种表现形式。对产业创新理论首次展开系统性研究的学者是Freeman，该学者认为产业创新的内容是多样化的，既包括产品和工艺的创新，也包括组织方面的调整，还涉及市场的开拓。产业创新对于产业的可持续发展及产业综合竞争优势的获取具有重要意义。但到目前为止，对于产业创新并未形成一个明确的统一的定义。各位学者的专业知识背景存在着较大差异，同时各自的研究目标也有所不同，因此对产业创新所下的定义也各不相同。就不同的行业而言，产业创新的具体侧重点不同，这与相关产业的生产运营特性密切相关。如，石油化工行业的产业创新的侧重点可能表现在工艺和流程的创新上，而机电行业的创新主要体现在产品设计方面。

(一) 服务业创新的内涵和分类

所谓服务业创新，是指发生在服务业内部的创新活动。服务业属于第三产业，因此服务业创新是与制造业创新、农业创新等相对应的概念。[②] 至于服务业内部的创新活动，从创新所表现的具体形式考察，其涵盖的范围是相当广泛的，既包括针对服务提供方式、与客户互动模式的服务创新，同时还涉及技术改进、组织变革、市场战略调整、管理方式或制度等若干方面的创新活动。以上这些创新的具体形式都包含在服务业创新之中，但服务业创新中往往技术维度的创新所占的比重较小，非技术因素的创新尤其与服务提供方式等相关的创新占有相当大的份量。另一方面，与服务业创新相对应的一个典型概念是制造业创新。制造业创新中对技术维度的创新非常关注，当然该产业中也存在着服务创新、组织创新、制度创新、市场创新等非技术维度创新形式。图 2-2 揭示了制造业与服务业创新的联系与区别。

国内外学者对服务业创新的分类进行了研究。蔺雷、吴贵生(2006)认为服务业创新包括技术、产品、过程、市场等方面的创新形式，同时还涉及服务

---

① 李春成，和金生. 当代服务业创新特征初探：基于四大创新调查的综述[J]. 科学学与科学技术管理，2008(3)：64-68.

② 白鸥. 刘洋. 服务业创新网络治理研究述评与展望[J]. 外国经济与管理，2012(7)：69-74.

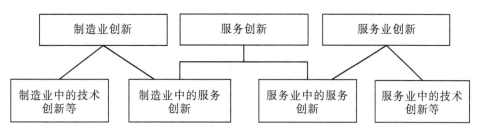

图 2-2 服务创新与服务业创新的逻辑关系

的传递方式创新、形式化创新的内容。① 总体而言，服务业创新涉及两个大类，一类是技术性的创新，另一类就是非技术性的创新且非技术性的创新在服务业创新中所占的份量通常要大于技术性创新。以下对服务业创新的具体类型或内容进行较为详细的分析。

1. 技术性创新（Technological Innovations）

服务业中也存在技术性的创新，尤其是当前制造业与服务业出现的相互融合发展的局面，制造业服务化、服务技术化的趋势较为明显。服务业尤其是高端服务业的发展需要现代技术手段的支撑，如信息与通信技术、计算机及其软件技术。这些技术创新成果的推广应用能够有效地提高服务业的生产率。另外，这些技术性的行业本身就是技术密集的服务业，技术创新是这类行业典型的创新表现形式。

2. 非技术性创新（Non-technological Innovations）

非技术性创新在服务业中更为普遍地存在。这类创新往往涉及服务理念的革新、思维方式的产生，因此无形性是其显著的特征。具体而言，非技术性创新的类型主要涉及组织变革、市场战略调整、服务方式革新，等等。以下就这些具体的创新类型展开分析。

第一，管理创新（Management Innovations）。对服务企业而言，管理创新具有相当重要的意义。管理创新所包含的范围较广，实际上组织、市场营销、服务流程的改善都属于管理创新的具体表现。但是，从较为狭义的角度考察，管理创新主要指对一些企业管理方式的改进，如服务企业加强服务质量管理，通过革新或设立相关的服务标准来提升服务产品的竞争力，通过客户关系管理方

① 蔺雷，吴贵生. 服务创新调查数据库的构建及其应用［J］. 科学学研究，2006，24（12）：661-667.

面的改进来快速响应市场需求等。

第二，组织创新（Organization Innovations）。组织创新是指服务企业对内部组织方式进行持续的调整。组织的调整依据是服务企业的发展战略，而战略又需要根据市场环境的变化而确定。组织创新的目标应该是持续地构建出一个具有足够柔性的、有利于提高组织运营效率和客户满意度的企业组织。组织创新是服务企业创新的重要内容，也为其他形式的创新提供了有力的组织保障和依托。

第三，市场创新（Market Innovations）。市场创新对于服务性企业而言非常重要。市场创新的行为可以从四个方面来考察：一是采用适当的促销手段将现有的服务向现有的顾客市场加大推广力度，挖掘客户的潜在需求；二是开发出新的服务，并向现有的市场推广；三是将现有的服务推向新的客户群体，从而实现市场的开发；四是将新的服务推向新的客户市场，这属于多角化的经营。市场创新的行为事实上包含了以上四类中的一类或其组合。通过市场创新促进服务企业市场份额的提高，商业价值的实现和综合竞争优势的获取。

第四，过程创新（Process Innovations）。很多情况下，服务的生产和消费是同时进行的。因此，服务的产品创新和过程创新往往交织在一起。在过程创新方面，专门化创新是其典型的表现方式。专门化创新就是针对客户的个性化需求而展开的创新行为。这种创新形式常见于知识型服务业的创新过程中。如，在管理咨询服务业中，服务提供商给客户企业所提供的服务产品就是关于企业运营方面的某一改善方案，这种方案是在与客户充分沟通、了解客户的需求后才得以完成的。因此，这种管理服务方案具有个性化和独特性的特征，难以再次复制到其他的客户企业。这样的服务创新就属于专门化创新的范畴。另外，在设计行业、文化创意产业中，专门化的创新经常出现。在这种创新形式下，应该把握的最为关键的一点就是服务提供商应该与客户企业进行充分的交流，因为客户的参与在创新中具有重要价值。

就技术性与非技术性创新的关系而言，随着制造业与服务业的融合发展，服务业中的技术性创新越来越重要。尤其是在一些技术密集型的服务行业，技术性创新甚至成为了这些行业创新特征的重要表现。

（二）高技术服务业创新

1. 高技术服务业创新的特点

高技术服务业内部的行业间存在着较为明显的差异，但是它们在行业创新方面都具有一些共同的特征。具体表现在以下三个方面：

第一，高技术服务业创新是连接高技术服务企业创新和国家层次创新的桥梁与纽带。从创新的层次考察，包括微观企业层次的创新、中观产业或区域创新以及宏观的国家层次创新。高技术服务业创新属于产业创新的范畴，该产业创新一方面对微观企业的创新产生了推动作用，如产业内部的信息与通信技术发生重要的改进，则这种产业层次上的技术创新成果会在产业内的企业间进行扩散，从而有效地推动着相关企业技术水平的提升及其创新能力的改进；另一方面，高技术服务业创新能够为企业创新营造良好的土壤和环境，整个产业的创新为单个企业的创新指明了方向，从而影响着企业创新战略的制定。就产业创新与国家层面创新间的关系而言，高技术服务业的创新为国家层面的创新目标实现提供了重要的支撑，如为国家创新提供了有力的技术、人才、资金支持，等等。

第二，高技术服务业创新受市场拉动和技术推动的双重作用。高技术服务业的发展本身就需要有足够的市场容量，否则产业发展缺乏相应的市场环境。产业创新的根本目的是通过创新提高服务产品对客户的吸引力，从而获得更多的市场份额和商业价值。然而，创新是要付出代价的，包括各种成本的支出以及创新必须面对的风险。因此，只有在具备足够的市场需求量时创新才能发生，否则企业对创新的投入很难获得相应的回报。市场需求的拉动是高技术服务业创新得以进行的重要推动力量。另外，高技术服务业创新在很大程度上依赖于科学技术的突破。[①] 比如，现代信息与通信技术、计算机与软件开发技术的发展为产业的创新提供了重要的技术支持，同时这些技术行业本身也成为了高技术服务业的组成部分。

第三，经验性知识在创新中发挥着至关重要的作用。高技术服务业创新过程中涉及了两类知识。一类是以自然科学和工程类技术为集中体现的硬性知识，其通常的表现形式是技术设备系统、技术图纸等；另一类是存在于员工大脑中的经验性知识。国内外学者认为，对于技术密集型服务产业的创新而言，硬性的技术知识固然重要，但经验性知识对于创新目标的实现也产生重要的影响。[②] 经验性的知识属于一种隐性知识，它不便于直接采用书面的方式进行表达，而需要通过员工之间以及员工与客户之间的互动交流而实现共享和转移。

---

① 孙耀吾，贺石中. 高技术服务创新网络开放式集成模式及演化[J]. 科学学与科学技术管理，2013，34(1)：49-55.

② Aslesen H W, Isakesen A. Knowledge intensive business services and urban industrial development [J]. The Service Industries Journal, 2007, 27(3)：321-338.

很多经验性的知识来源于对客户业务流程及其个性化需求的把握。如技术服务企业帮助客户企业导入 ERP 系统，服务企业需要对客户企业的运营流程、技术要求有清晰的掌握才能最终推动技术服务项目的成功实施。而在与客户交流的过程中所积累的客户知识便构成了服务企业难以被其他竞争对手所复制的经验性知识。这种经验性知识无论是在本次技术服务项目的开展中，还是在往后的技术服务提供活动中都是服务企业重要的知识资源。

2. 高技术服务业创新的路径

高技术服务业创新的路径主要表现在制造业服务化、服务业技术化和服务业结构优化升级三个方面。

第一，制造业服务化。制造业服务化的趋势在目前表现得比较明显。实际上，制造业服务化倾向的产生经历了一个过程。起初的制造业是一种粗放式发展的业态，主要依靠自然资源和普通劳动力的投入来支撑其发展。随着技术的进步，制造业内部的产业结构获得了调整，尤其是信息技术的发展带来了制造业的革命。信息化技术在改造传统制造业、提升产业结构的过程中发挥着重要的作用。为生产提供支持的服务性环节在高新技术的支撑下得到了长足的发展，这些生产性服务环节的持续发展的最终结果就是从制造业内部分离开来并形成了一种相对独立的服务业态，即生产性服务业。由此，制造业在发展过程中出现了服务化的倾向。① 同时，生产性服务业为了获得持续的发展空间必然采取各种创新的手段，因此，生产性服务业的创新就变成了常态。尤其是生产性服务业中依托高新技术而发展起来的战略性新型业态，即高技术服务业的创新层出不穷。图 2-3 揭示了制造业服务化的进程及在此基础上所产生的高技术服务业创新。

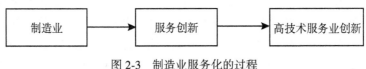

图 2-3　制造业服务化的过程

第二，服务业技术化。随着科技技术的突破，尤其是信息通信技术的发展，互联网服务、移动营销服务及电子支付领域的创新层出不穷。这些技术的发展及其创新一方面推动着传统服务业的改造和升级步伐，这些新兴的技术服

① 华广敏. 高技术服务业 FDI 对东道国制造业效率影响的研究：基于中介效应分析[J]. 世界经济研究，2012(12)：58-64.

务业态本身又构成了技术型的服务业。这些服务业态有别于传统的依靠普通劳动力和固定资产投入发展的服务行业。在新的技术支撑和改造之下，服务业呈现出显现的技术化特征。同时，通过包括技术维度的各类形式创新，推动着高技术服务产业的发展。图 2-4 展现了服务业技术化及其持续创新的过程。

图 2-4　服务业技术化的过程

第三，高技术服务业结构优化升级。制造业的服务化和服务业的技术化是相互促进的。随着生产性企业的发展，其对高技术服务的需求也逐步增加，这样就为高技术服务企业的发展提供了所需的市场机会。加入高技术服务的企业数量也逐渐增加。服务企业为了在日益激烈的市场竞争中取胜，就必须通过创新来实现这一目标，因此服务企业采用高新技术手段在内部持续地开展服务创新和技术创新。某一个企业的创新行为往往具有示范效应，它会促使其他服务企业也仿效，这样整个高技术服务产业的发展质量和产业结构便在创新的推动下初步改善。图 2-5 展示了高技术服务业的升级过程。

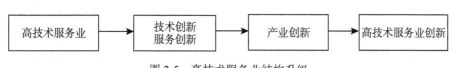

图 2-5　高技术服务业结构升级

四、知识管理理论

国内外学者对知识管理理论的研究给予了很大的关注，该理论的研究也日益深入。对于知识管理理论而言，基本上可以从两个层次来考察，一是知识管理的基本内涵，二是知识管理在具体的应用环境中和特定的管理模式相结合而在理论方面所得到的拓展。从知识管理的基本内涵来考察，国内外学者对知识管理的内涵给出了各种解释。实际上，学者们出于自身研究的需要和各自的知识背景对知识管理的内涵尚没有形成一个完全一致的界定。但是纵观国内外的研究文献和已有的成果，不同的学者对这一内涵的界定又存在着很多的交集。总的说来，学者们认为知识管理从内容或过程的角度考察至少要包含这样几种行为。首先要对来自各方面的知识进行收集和整理，也就是知识的获取。其次，要对获取的知识在不同层次的主体间进行交流和沟通。再次，要将经过共享、交流、沟通及整合的知识应用到具体问题的解决中。最后，在解决具体问题的过程中又产生新的知识，形成知识的创新，从而推动原有知识库的更新和升级，这样便能进一步推动下一轮的知识管理活动及企业管理实践。

(一)知识获取与整理

获取并整理相关的知识是知识管理的开始。依据知识来源考察，可以分为内部和外部两类知识，内部知识很多都由企业的员工产生，员工是内部知识创造的主体。这些知识来自于企业不同职能部门，如研发、生产、营销、人力资源和财务等职能部门。另外，从外部来源考察，范围比较宽泛。知识可以是来自于高校和科研院所。对于制造业企业而言，高校和科研院所是相当重要的知识来源渠道。而对于服务业企业而言，外部知识的来源渠道还有很多，如上游供应商、同行竞争者、客户，其中尤其是客户企业是服务企业的关键性外部知识来源。

从所获知识的特性来考察，知识可以分为两类，显性知识和隐性知识。显性知识是指那些可以直接用书面方式表达、易于编码的知识。而隐性知识是指那些难以直接用书面方式表达且难以编码化的知识。显性知识可以直接用相关的媒介来储存，如书面的报告、手册等。而隐性知识，通常体现为员工的经验、技术诀窍，很多只能储存于员工的大脑中。企业从不同知识来源获取相关知识之后将其储存在一定的载体内，并对其加以整理，以备需要时利用。

(二)知识共享与沟通

知识共享与沟通是知识管理中的关键性环节。对知识共享的研究也是国内外学者所关注的重要课题。国内外学者普遍认为，知识共享对于企业绩效的改善具有较明显的积极作用。知识的共享与沟通指的是企业从内外部获得相关知识并对这些知识进行必要的整理后，为了发挥知识对企业绩效的作用而通过很多方式将已有的知识在不同层次的主体间公开，适当时候采取有效措施促进相关主体对知识的学习与交流。只有共享增加组织成员自身所拥有的知识存量，才能通过交流促使组织成员对知识的理解，并从交流中产生新的知识。

在知识的共享中，对于显性知识的共享往往比较容易。但是对于隐性知识的共享却有一定的难度，这主要是由隐性知识的特性决定的。企业的员工可以通过对书面资料的学习获得显性知识。① 沟通与交流对于隐性知识的共享是相当必要的。隐性知识通常表现为员工的经验或技术诀窍，这些知识只有在主体间面对面的沟通中才能得到传递且被理解和领悟。企业相关管理者可以通过建立一种机制来确保知识共享目标的实现。这种机制一是要通过营造企业良好的文化氛围，促进员工之间的信任，这样促使掌握知识尤其是隐性知识的员工愿意将知识拿来共享；二是通过相应的制度安排，如定期开展交流会、研讨会的方式来确保知识共享与交流的效率。通过知识共享与交流能够使得企业员工间实现优势互补、扬长避短、互通有无，从而加快企业创新的进行，最终改善企业创新的绩效。

(三)知识应用与创新

知识应用是知识管理作用于企业绩效的关键着力点。国内外学者对知识应用的研究也比较多。在获取、整理知识并对知识进行共享与交流之后，最终的目的就是应用知识。② 对于制造业企业而言，其应用知识主要是解决企业自身内部的某些技术或管理问题，从而提高企业经营的效率和最终的绩效。对于服务企业而言，知识的应用目的可以分为两种类型。首先是应用知识解决企业自身内部技术或管理的问题，从而提升技术或管理的效率，这一目的和制造业企业应用知识的目的是一样的。还有一个更为关键的目的，就是运用知识帮助客户解决某些问题。对于生产性服务企业而言，其知识应用的过程中还有一个相当重要的环节，即和客户互动，努力促使客户参与到知识的应用环节中来。通过适度的客户参与，能够促使在服务企业展开知识应用的过程中产生出更多新的思想和知识，这将进一步增加知识的存量，并使得企业知识库中的知识持续不断地处于更新的状态，最终实现知识库的升级。

知识在应用过程中不应该是一成不变的，知识的应用过程是已有的知识和企业或客户所需要解决的问题相结合、相互作用的过程。在解决问题的过程中往往会出现各方主体思想的碰撞与交锋，从而形成新的概念和构想，这种新的概念和思想构想便构成了新知识的重要来源。这一过程无疑是对原有知识体系

①　Morten T Hansen, Marie Louise Mors, Bjorn Lovas. Knowledge sharing in organizations：multiple networks, multiple phases[J]. Academy of Management Journal, 2005, 48(5)：776-793.

②　Sundbo J. Customer-based innovation of knowledge-services：the importance of after-innovation[J]. International Journal of Services Technology & Management, 2008, 9(3)：218-233.

的进一步丰富，也使得原有的知识价值进一步提升。这种新的思想和概念的产生就是知识的创新表现。

(四)知识转移

知识转移实质上是知识的扩散。知识转移更强调不同组织之间的知识共享与重构。国内外学者对知识的转移给予了高度的关注。一些学者认为知识转移对于增进不同组织或企业间的合作很重要，同时组织间的相互信任能够促进知识在不同组织之间的转移。从服务企业与客户之间的关系来考察，知识转移是联系双方之间合作关系的重要方式。[①] 知识的拥有者向知识的接受方转移其所需要的知识，通过知识在不同组织之间的转移或扩散行为，能够增加知识接受方的知识存量。当然，在知识向需求方转移之后，还要实现对知识的消化吸收和再创新。要实现这些目的则取决于知识需求方对知识的吸收能力，而这项能力的提升与知识需求方以往在此项能力方面的培养是相关的。通过知识的转移及需求方对知识的吸收和重构，将会促进知识接受方所在企业的业绩的改善。

本章主要就研究所需的基础性理论展开了探讨。首先，界定了与高技术服务业相关的若干概念，包括现代服务业、生产性服务业、知识密集型服务业等。其次，梳理了熊彼特的创新理论，进而对技术创新与技术创新系统的相关理论进行归纳。再次，探讨了服务创新理论研究的发展趋势，并对服务创新与服务业创新的异同进行了比较。在服务业创新理论方面主要就其创新类型、创新特点与创新路径等问题展开了分析。另外，对知识管理的基本理论进行了梳理。本章对相关理论的探讨为后续的研究提供了理论基础。

---

① Chang T J, Wang C. New product development team practices, market orientation and customer knowledge development[J]. African Journal of Business Management, 2011, 5(18): 7702-7715.

第三章　高技术服务业创新的内在机理分析

创新机理的探讨属于理论层面的研究，它为实证研究工作提供理论分析的基础。要达成创新的最终目标，一是需要创新的主体及其相互作用关系的形成及维持；二是从行为过程来分析需要驱动力、创新过程以及支撑过程的各种机制或因素。故本章对高技术服务业创新机理的研究遵循如下思路：首先，明确创新的直接主体和相关参与主体，并且探讨各类主体在创新中所发挥的作用及它们之间的关系。创新所涉及的主体包括高技术服务企业，客户，供应商，竞争者，政府部门，高校及科研院所，中介及行业协会组织等，主体及其关系是一切创新活动的基石。其次，对创新的驱动力机理进行分析。驱动力来源于企业内部和外部，且创新中除了正向的驱动力量外，还往往存在某些障碍或阻力。创新行为的产生是正向的动力与负向阻力相互抵消后的净动力所引致的结果。再次，创新的实现机理是重点探讨对象，拟从创新过程、创新维度以及创新效益的共生三个方面展开探讨。最后，对实现创新的支撑机制展开探讨，包括学习、信任、客户互动和知识共享等机制。总之，本章将为后续的实证研究奠定坚实的理论基础。

第一节　创新的主体构成及关系

要剖析高技术服务业创新的内在机理，首先需要明确创新主体。高技术服务业创新主体不仅是服务企业，同时还涉及其他相关主体类型。本节主要就各相关主体对高技术服务创新的作用机理进行较为系统性的分析，并探讨系统结构中各主体在创新中应该发挥的协同作用。

一、创新主体构成及作用机理

对于哪些主体与高技术服务业创新相关的问题，可通过采用行为追溯法来找到答案。创新需要直接的实施者，在高技术服务业中创新的直接实施者是高技术服务企业。另外，创新的成果最终需要接受者，客户就是接受企业创新服务的主体，同时它对创新性服务产品的需求又拉动着服务企业的创新活动，因此客户也是重要的创新参与主体。高技术服务企业的创新活动需要一定的资源，这些资源通常来自于上游的供应商，故供应商是创新的资源支持主体。高技术服务创新具有高智力密集型、高技术密集型的特征，往往一些基础性、关键性的技术知识需要从外部获取，而高校和科研院所可以满足高技术服务企业的这种需求，因此高校和科研院所是创新中的重要知识创造和提供主体。另外，同行的其他企业既可能成为竞争者，又可能成为创新的合作伙伴，它们对创新也会产生影响。创新需要政府的配合，政府可以出台旨在促进创新的政策。而金融机构可以为创新活动提供融资支持。下文将从理论层面对高技术服务企业、客户、供应商、竞争者、政府部门、高校及科研院所，中介及行业协会组织在创新中的作用展开探讨。

（一）服务企业

高技术服务企业是服务业创新中最为关键性的直接主体，离开了服务企业的创新行为，整个高技术服务业的创新便无从谈起。高技术服务企业的创新是高技术服务业创新的直接体现，其他相关主体的行为最终要通过服务企业的创新行为来得以体现。高技术服务企业的创新主要围绕着以下内容展开：首先，企业的高层领导要制定和把控创新战略。战略层面的创新，决定了其他层面创新的性质和方向。其次，服务企业要注重对企业文化进行持续创新，即为企业营造一种积极向上的企业文化，让置身于其中的全体企业成员具有创新的积极性和热情度。再次，服务企业要非常注重技术维度的创新。最后，高技术服务企业的创新还应该包括对新的创新理念的构建、组织结构的调整和变革等维度。总之，通过创新，服务企业一方面要实现自身经济效益的提升和改善，另一方面又要追求客户企业效益的获取。高技术服务企业在整个行业的创新中始终居于最为核心的地位，它是创新投入的主体、创新风险承担的主体和创新收益享有的主体。

（二）客户、供应商、竞争者

对于高技术服务业创新而言，客户、供应商和竞争者对创新的影响程度往往超过了这些主体在制造业创新中所发挥的作用。客户在创新中的地位和作用非常突出，这是由服务业创新自身的特征所决定的。如在服务过程中，知识共享、知识转移就必须建立在知识发送方与接收方双方充分的交流与沟通基础之上。而要实现这样的目标，高技术服务的接收方，即客户，就需积极参与到创新过程中来。其次，供应商为服务企业的创新提供了相关技术设备的支持。另外，竞争者也是重要的创新主体，服务企业可以从同行竞争者处获得重要的创新信息。

以互联网服务业为例，在该行业的创新中用户对创新所产生的作用更是不言而喻的。互联网服务业创新中技术开发主要依靠服务提供商，但从服务产品的定位来考察，构建以用户为中心、以市场需求为导向的开放式应用创新平台是大势所趋。以 Web 2.0 为代表，"创新 2.0 模式"充分体现了大众创新、用户创新的创新民主化。

(三)政府部门

在我国，政府始终是推动产业结构升级的重要力量。在高技术服务业创新中，政府部门的作用非常突出。政府对高技术服务业创新的影响表现在诸多方面。政府对创新资金的直接支持是重要表现之一。首先，政府通过设立旨在鼓励高技术服务企业创新的相关基金为企业创新提供财政补贴和资金扶持，这在很大程度上缓解了企业创新的资金短缺问题，从而化解创新的风险和障碍。其次，政府还可以制定出针对高技术服务产品的采购政策，以市场主体的身份支持高技术服务企业的创新活动。政府采购将会有效地扩大市场需求，降低企业创新的市场风险。另外，政府还是知识产权等相关法律的制定者。通过出台保护创新成果的法律法规，可以充分地调动创新者的积极性，避免其创新成果被他人侵权，从而净化市场竞争环境。

(四)高校与科研院所

高技术服务业属于服务业中的高端业态，其技术含量、人力资本含量、附加值含量要明显高于服务业中的其他行业。高校和科研院所在高技术服务业创新中主要扮演着人才培养和知识创造者的角色。高校是人才培养的基地，源源不断地为高技术服务业的发展提供所需人才。离开了高校的人才输送，高技术服务业的创新是不现实的。另外，高校和科研院所通过科研活动创造出与高技术服务业相关的成果，这些成果成为高技术服务业创新中的重要外部知识。总之，高校和科研院所在高技术服务创新中的地位和作用是非常重要的，它们是创新系统中的重要相关主体。

(五)中介及行业协会组织

中介机构在高技术服务业创新中发挥着积极的作用。中介机构的具体组织有银行，风险投资公司，融资机构或平台，提供会计或法律咨询的组织、行业培训机构，等等。这些组织从行业的属性来看，本来就是服务行业内的机构，自身就是服务性企业。它们在高技术服务企业和客户之间的合作中起到了桥梁和纽带的作用，同时也为高技术服务企业或客户企业各自的发展提供某些专业性的服务支持。如风险投资公司为高技术服务企业的创新提供资金支持，培训机构为客户企业有效地吸收新的技术知识提供协助等。在整个创新系统内部，中介组织对于促进系统中各类信息的传播、技术的扩散起到了积极的作用。从理论角度分析，中介组织能通过促进其他创新主体间知识的共享，从而最终间接性地作用于创新绩效的改善。另外，行业协会组织在创新中也发挥着不容忽视的作用，如加强行业自律，推动服务企业与其他创新主体的合作与交流等。

二、创新主体间的相互关系

高技术服务业创新系统中存在着众多的创新主体，这些主体从参与创新的程度来考察可以大致分为两种类型，即直接主体和相关主体。其中，高技术服务企业和客户企业是创新的直接主体，它们对创新活动的产生及整个创新系统的发展起到最为核心和关键的作用。而客户、供应商、竞争者、政府部门、高校及科研院所、中介及行业协会组织是创新系统中的相关主体或参与性主体，它们为创新提供方式各异的辅助性支持。根据产业创新系统理论以及实践中高技术服务业创新所呈现出的特征，以下将对各创新主体相互之间的关系进行探讨。

首先，就高技术服务企业与客户间的关系而言，它们之间的关系围绕对高技术服务产品的供求而展开。高技术服务业通常是高新技术制造业向下游延伸或向上游拓展而形成的一种新业态。一些制造性企业是高技术服务企业重点服务的对象。通常情况下这些制造性企业本身拥有一定创新能力的研发部门。但对于某些企业尤其是中小型企业而言，其研发的实力往往比较薄弱，一旦需要解决一些关键性、复杂程度相对较高的技术难题时，自身的技术能力却不能匹配这一目标的实现。此时就需要借助外部的技术服务力量来帮助企业攻克技术难关。由此，这些生产性企业便产生了对高技术服务的市场需求，而需求的持续累积便会创造出一定规模的市场机会，成为拉动高技术服务企业提供创新性技术、服务和产品的力量。高技术服务企业凭借自身在相应领域独特的技术服务能力与客户企业通过正式的契约关系展开创新合作。在创新过程中，服务提供方与客户企业之间会出现互动交流，以便双方对创新的目标、创新资源的分配、创新的进度、所涉及的相关技术参数指标都有充分的掌握，最终为创新的成功创造条件。因此，创新过程中所形成的契约、相互学习、知识共享、信任便是双方关系的重要构成维度。①

---

①　De Vries E J. Innovation in services in networks of organizations and in the distribution of services[J]. Research Policy, 2006, 35(7): 1037-1051.

其次，客户，供应商，竞争者，政府部门，高校及科研院所，中介及行业协会组织等参与创新的相关主体在推动创新方面都各自发挥所长。对这些参与性相关主体而言，重要的工作是对各自进行明确的定位。而它们与创新直接主体的关系或它们彼此之间的关系只能用复杂的非线性关系来刻画。政府部门不仅对高技术服务企业的创新活动在政策方面发挥作用，而且还对行业协会组织的成立及规范运行施加影响，并对高校的专业设置、人才培养方向的确定给予相应引导。中介组织则在其他主体与高技术服务企业发生联系的过程中充当着桥梁及纽带的作用。

总之，高技术服务企业与客户是创新的关键性直接主体。供应商和竞争性企业为创新提供了重要的知识来源。地方政府是创新政策的供给者和环境的营造者。高校和科研院所对于高技术服务业创新的重要性要超过其在其他服务行业创新中所发挥的作用。服务行业协会组织在加强行业自律、促进其他创新主体间的交流方面发挥作用。各创新直接主体或相关主体之间存在相互影响和促进的关系。它们之间在相应的社会网络与制度环境下只有相互配合，采取协同创新的模式，才能实现创新的协同效应。各创新主体及其之间的关系如图 3-1 所示。

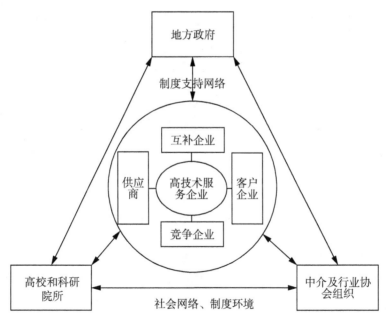

图 3-1 高技术服务业创新主体间关系

第二节　创新的驱动机理分析

一、创新驱动力模型

如果以企业为边界来考察推动高技术服务企业创新的各种力量或因素，可以将动力的来源分为企业内部和企业外部两个方面。企业内部的各种力量或因素是促使创新发生的内在根本性力量。企业之外的力量或因素只有通过内部的因素才能对创新产生作用。图3-2展示了高技术服务企业创新的驱动模型，此模型是以企业为边界构建的，它揭示了高技术服务企业创新的驱动力构成，反映了行业内推动创新行为产生的各种力量的集合方式和规则。

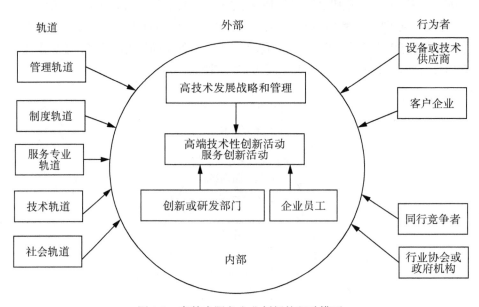

图3-2　高技术服务企业创新的驱动模型

在内部驱动性力量中，企业的创新战略起到最为关键性的作用。创新行为说到底是企业的一种技术经济行为，而创新行为的产生和持续开展需要受适当的企业战略的引导和激励。[①] 故制定和完善企业的发展战略，尤其是专门针对

---

① 张箐，谭力文. 网络服务创新的驱动力及其作用模式[J]. 科学学与科学技术管理，2011，32(12)：59-64.

创新的战略，对于推动企业的创新起到全局性的引领作用。从企业内部的微观个体考察，企业员工的创新精神和积极性是影响创新的重要因素。企业的创新最终都要切实转化为相关员工的具体行为，员工的创新意愿、精神风貌对激发其创新行为的产生具有根本性的作用。对于高技术服务业创新而言，技术维度的创新占有很大的分量，因此企业内部的研发部门在创新中起到了直接的推动作用。当然，创新的成功离不开对市场需求的把握，否则创新的成果难以实现其市场和商业价值，这就决定了企业内部的市场营销部门在对创新信息的收集、客户需求的了解等方面发挥着重要的作用。

从外部力量考察，驱动力量包括外部主体性因素和环境性因素两大类。[①]就外部主体性因素而言，高技术服务企业上游的供应商、客户、同行竞争者及行业协会等组织在促进创新过程中通常具有重要的影响。从环境因素考察，企业的创新总是被置于各种与之相关的轨道之中。企业的创新活动受整个社会技术发展方向与状态的影响，尤其是信息与通信技术、互联网技术的演化对依托此类技术而发展的高技术服务业而言更加重要，也深受其影响。社会制度规则的改变，特别是政府在高技术服务业领域的政策取向的调整将会对该行业的发展与创新产生深远的影响。另外，社会的文化、习惯、行为规范及消费观念等的改变会影响到高技术服务企业创新所面临的市场需求特征、结构及状态。产业或企业经营管理模式、服务管理系统的调整也会给企业的创新施加作用。最后，外部环境性因素只有通过企业内部因素才能对创新发挥作用。

二、外部驱动力因素

为了更加深入地把握驱动高技术服务企业创新的内外部因素及其作用于创新的机理，以下具体地对各类动力因素展开探讨分析。基于研究的需要，将外部驱动力因素分为外部环境因素和外部主体性因素两大类。

(一)外部环境因素

第一，资源环境。任何行业或企业的创新都需要具备相应的资源支撑，这是创新活动开展的前提条件。高技术服务企业所面对的创新资源环境的内在构成是多维度的。信息基础设施是企业创新所面临的最为基础的资源。这类基础设施的具备能够加速企业创新的效率，大大地缩短服务提供商与客户间的距离，为两者之间新技术、知识共享与转移提供快捷的途径和平台。另外，企业

---

① 申文青. 增加创新驱动发展新动力研究[J]. 科学管理研究，2013，31(4)：14-17.

的创新需要有足够的人才支撑，因此企业所处的人力资源环境会影响到创新工作的开展。为区域内部或高技术服务业发展提供人才支持的通常是高等院校，高校承担了培养创新人才的职责，通过合理安排专业设置、调整人才培养方向为高技术服务企业源源不断地输送人才。因此，高校培养人才的数量和质量会影响到高技术服务企业创新工作的开展及创新效率的获取。

第二，政策环境。对于国家鼓励发展的行业，尤其是战略性新兴产业、服务业中的高端业态，高技术服务业的发展和创新离不开政府的支持。尤其是在我国，政府部门是推动产业结构调整和升级的关键性推动力量。[①] 高技术服务业对于优化服务业的产业结构、提高服务业的附加值具有重要的作用。在该产业的发展和创新中，政府部门通常会给予支持和扶持，政府的政策供给形成企业创新的政策环境。为了激励企业的创新行为，政府往往从以下几个方面来出台措施和政策：一是设计出合理的产业发展规划，为微观企业的创新明确总体的方向，在很大程度上能起到资源的调节作用。二是通过出台直接性的财政资金支持政策，解决或缓解企业创新面临的资金短缺问题。另外，融资担保、贷款贴息补助也是创新资金支持政策的内容构成。三是完善法律法规，有效地保护企业的创新成果。企业的创新成果往往易于被竞争者复制，这就会严重地挫伤企业创新的积极性。政府通过出台旨在保护企业创新成果、激发创新积极性的知识产权保护法规，能够为企业创新消除许多后顾之忧。当然，除了以上三个方面以外，政府也会在促进在岗人员培训和规范行业发展等方面发挥积极作用。

第三，技术环境。高技术服务企业的创新始终是处于一定的社会技术轨道之中，社会范围内的技术发展水平，尤其是与高技术服务业直接相关的技术发展状况对该产业的创新产生深远的影响。高技术服务业发展所需的基础性支撑技术主要是通信技术、多媒体技术、互联网技术等，这些技术的发展和进步状况决定了该产业所能利用的技术手段，进而影响创新的实施。高技术服务主要涵盖计算机服务、软件服务、电信服务、检测服务、卫星传输服务等方面，在这些方面的创新同时又带动了社会范围内技术水平的提高，从而进一步地优化和升级了整个社会的技术环境。这为高技术服务企业未来的创新活动又提供了更加坚实的技术基础。

以信息服务业中的电子支付业为例，该行业的产生受到信息通信技术的直接推动。基于信息通信技术的支撑，电子支付服务商在商家、客户、银行之间

---

① 李春成，和金生．完善我国区域服务业创新的政策体系研究［J］．科学学研究，2009，27（5）：721-727．

构建起了便利的桥梁，能够确保资金支付的及时性以及交易的安全性。信息通信技术不仅支撑着电子支付服务商的创新，而且还推动着整个电子支付产业链的创新，包括为支付服务商提供物流、软硬件等服务的企业创新活动。图 3-3 揭示了信息通信技术支撑下电子支付产业链的创新及其产业结构的变化。

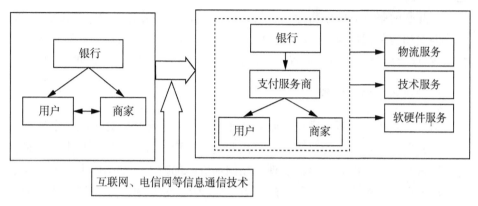

图 3-3　信息通信技术支撑下电子支付产业链创新

第四，文化环境。文化属于社会因素，文化环境对于高技术服务企业的创新是相当重要的。良好的文化氛围有利于创新行为的产生和持续开展。① 所谓社会文化，就是社会或某一区域范围内长期以来所形成的一种价值观念、行为准则和规范。如果全社会都鼓励创新，形成了积极学习的氛围，社会成员对于创新失败给予最大限度的理解和宽容，并且对个人、组织的创新行为给予制度化的激励，那么，它将有利于微观经济主体文化的培育，最终会影响企业创新行为发生的频率和持续性，因为微观企业的文化是置于整个社会的文化中并受其影响的。

第五，中介服务环境。高技术服务企业是为客户提供技术服务的，但其自身也存在诸多服务需求。整个服务业创新系统中存在很多的中介服务机构，这些机构或组织又为高技术服务企业的创新提供各种辅助性的服务。总体而言，中介服务机构主要包括以下四种类型：为技术成果的转化提供桥梁和纽带作用的技术交易市场，这类市场能够起到有效缩短企业创新周期、降低创新风险的

① Liu S. Organizational culture and new service development performance：Insights from knowledge intensive business service［J］. International Journal of Innovation Management，2009，13(3)：371-392.

作用；为高技术服务企业创新提供融资服务的资金市场；为高技术服务企业的创新成果保护提供法律方面支持的律师事务所；为高技术服务企业的创新及经营管理提供咨询的管理咨询公司。这些中介性质的企业或机构有机地组成了高技术服务企业创新的中介服务环境。这类环境的优化将为服务企业的创新提供重要的支持。

以互联网服务业的创新为例，"去哪儿"网作为中国首创的旅游搜索引擎，它的创立和发展就得益于风险投资商的参与。著名的硅谷风险投资商梅菲尔德在 2006 年对该公司进行了投资，为该公司的创新与发展注入了新的动力。

(二)外部主体性因素

第一，企业竞争者。高技术服务企业的竞争对手和自身处于同一个生态位上，因此在对各类资源的获取方面存在着竞争。竞争者尤其是一些优秀的对手企业通常在创新方面有不错的表现。在创新资源的投入、中间成果及最终成果的产出方面都给企业带来了很大的压力。这种压力也会在一定条件下转化为服务企业推动创新的动力。若企业不积极地开展创新活动，在创新的资源投入和成果产出方面表现平平，则很有可能在高技术服务市场上被竞争对手所打败。那么，企业想要获得持续的竞争优势将变得非常困难。所以，企业要认真收集竞争对手的相关信息，研究其服务创新的战略，深入分析其创新的表现及市场绩效，做到知己知彼。在一定环境下企业的竞争者无疑是间接推动企业创新的重要力量。

第二，企业的客户。客户在服务业创新中的作用要远高于其在制造业中的相应作用。因为大多数服务产品的生产和消费是同时进行的，这就需要在服务提供的整个过程中有客户的参与。在高技术服务业创新中虽然技术服务产品通常也需要借助一定的有形载体才能最终满足客户的需求，但在服务开发中需要客户在方案构想、初步设计、具体问题处理等环节都有不同程度的参与。由于有了客户的参与，服务提供商才能从客户处获取有利于创新的各类信息，包括客户提供的各类技术图纸、技术参数等。这些技术信息对于服务企业而言是有价值的学习材料和新知识，对这些知识的消化吸收将更加有助于服务提供商准确地把握客户的现实及潜在需求，从而提高创新的成功概率。另外，更为根本性的方面，客户的需求本身就是对企业创新的一种拉动，没有需求企业也就无需创新。[①] 因此，客

---

① 刘顺忠. 客户需求变化对员工创新行为影响机制研究[J]. 科学学研究，2011，29(8)：1258-1265.

户在推动企业创新中的作用是显而易见的，它构成了高技术服务企业创新的重要外部主体性动力因素。

第三，企业的供应商。供应商为高技术服务企业提供软件和硬件方面的相关服务。从供应商所提供的服务产品种类划分，可以分为技术设备、零部件及物料供应商、专业化技术支持供应商以及管理服务供应商等。高技术服务企业的创新活动离不开技术设备及相关物料方面的物质支持，而这些物质资源往往需要从供应商处获得。此时，供应商就成为了高技术服务企业创新的物质基础提供者，这对创新所起到的动力作用非常明显。另外，高技术服务企业，尤其是一些大中型服务企业，其内部往往设有专门的技术服务研发机构，此类机构是推动创新的直接性力量。然而，也并非客户企业所需要的任何技术服务都能由高技术服务企业直接提供，还有很多超出企业自身研发能力的技术服务项目。此时，高技术服务企业就要向上游的专门化技术支持公司寻求协助，由其提供相关领域的技术支持。这些专门化技术支持公司便是软件方面的供应商。总之，供应商在增强服务创新的动力及意愿方面存在重要影响。

第四，行业协会组织。高端服务业领域的行业协会组织在确立行业准入标准、规范行业运营及为行业内企业创新提供有价值的信息方面发挥着积极的作用。行业协会组织的重要职能之一就是促进行业内企业的自律，并且推动企业间的交流与合作。在协会组织的推动下，高技术服务业中的企业间拥有了更多的交流机会。对一些技术信息的共享，旨在增进企业间信任的各类活动的开展，企业间就政府的政策法规的集体性学习等，这些活动能够起到有效增进企业间了解、营造行业内良好创新氛围的作用。另外，行业协会组织在规范行业的运行及明确整个行业的创新方向、协助企业人才培养等方面都会有所作为。总之，行业协会组织在推动行业及服务企业的创新中具有辅助性的作用。

第五，公共服务部门。政府为了推动全社会的创新活动，通常设立一些相关的公益性、非营利性的研究机构或组织。这些研究机构涵盖自然科学和社会科学两大领域。其中，有些机构的研究活动并不是直接面向某一产业或企业的经营活动需求的，它所研究的领域比较宽泛，能为产业的发展提供某些公共知识或技术的支持。另外，在政府的主导下也会成立一些专门性的公共服务组织或平台，如在政府推动下构建的公共研发平台或公共信息平台等。公共研发平台可以为服务企业提供技术设备和技术服务的支持。公共信息平台可以为服务企业间的交流和信息共享提供公益性的服务。总之，公共服务部门对于微观服务企业的创新推动、创新资源配置也会发挥一定的作用，也是外部动力的构成因素。

三、内部驱动力因素

创新的外部动力不能直接作用于微观企业的创新行为，它只有通过内部动力因素产生作用才能达到促进企业创新的目标。企业内部的创新动力又可以分为两个层次：一是从战略性层面考察的动力因素，主要包括企业的战略引导及企业的创新文化等；二是从员工及职能部门层面考察的因素，主要涉及企业员工的创新精神以及企业内部关键性职能部门的直接推动。

(一)企业的战略与文化激励

确立科学合理的企业创新战略对于推动企业创新是至关重要的。而企业如何才能构建出这样的战略呢？这与企业的高层领导直接相关。高技术服务企业的高层决策者应该具备企业家的精神。企业家精神主要体现在创业精神、学习精神、冒险精神、创新精神、危机意识等方面。在企业家精神的推动之下，高层决策者就会产生构建企业发展战略，以此引领企业发展的强烈意愿。而企业一旦确立了合适的创新战略，战略将具有强烈的引领和激励作用。在其引导之下，企业的创新欲望变得更加强烈，这无疑为高技术服务企业的创新提供了根本性的力量。另外，服务企业的一切创新行为总是被置于相应的企业文化氛围中。当然创新行为也会反作用于企业文化。营造微观企业中的创新性文化是具有积极意义的。企业内部一旦形成了持续激励创新的制度安排且对创新的失败给予最充分的理解和宽容，那么这种积极的创新文化将会从源头上激发员工的创新意愿和积极性。总之，战略和文化的激励是一种战略性和根本性的激励方式。

(二)创新的管理与组织

创新的管理是一项系统性的复杂工程，它涵盖了从技术服务框架的设计、具体开发及将服务产品转移至客户企业的全过程。在创新的管理领域有几个主要的因素对创新的持续开展提供了重要的支撑和推动力量。首先，企业内部管理流程的顺畅能够减少创新的障碍和创新中的各项交易费用，从而提高创新的效率水平。其次，从高技术服务企业内部的职能部门考察，技术研发和市场营销两个部门对创新具有直接性的推动作用。这两个部门的管理构成了创新管理的核心。技术研发部门和市场营销部门在创新中不能将视野仅局限于各自的职能范围之内，而应该在各自内部及两个部门间形成协同创新的格局，这样才能最大限度地发挥合力，取得创新的协同效应。最后，就创新的组织而言，柔性化的组织结构能够为企业创新提供可靠的组织保障。这对于提高企业对客户的快速反应能力以更好地实现创新的市场价值是有利的。总之，流程顺畅的创新管理系统和富有足够柔性的组织系统在促进创新产生、提高创新效率方面发挥着积极的作用，它们是重要的创新动力的内部来源。

(三)企业员工的创新意愿和能力

员工承担着具体的创新工作，其创新的意愿和能力的强弱对于创新实践起到最为基础性和直接性的作用。在崇尚创新的企业文化中，员工的价值观念和行为准则受到这种文化氛围的积极影响，员工往往表现出强烈的创新意愿。企业在日常经营管理中通过对员工进行培训，有效提高员工的知识存量。而知识存量的增进将会提升持续获取新知识的能力，最终对服务创新能力的提高产生积极的影响。另外，员工往往是与客户交流的直接主体。在与客户接触的过程中，通过员工的知识获取能力可以收集到关于客户企业的重要信息，包括客户对技术服务的现实及潜在需求，客户企业当前的各类技术参数及运营状况等。对客户信息的收集和整理，将形成服务企业重要的创新来源。这对于有效地推进服务企业的创新具有积极的意义。

(四)企业技术资源与经验的积累

企业在经营活动中对各类创新资源的投入与积累便形成了资源的存量。其中研发技术设备、技术系统及与创新相关的各类物料储备、已完成的技术服务项目资料构成了技术资源的主要内容。当然，技术资源还包括在一定条件下可以共享使用的企业之外的其他技术手段或工具。企业对这些技术资源的积累会有效地提高企业进一步创新的能力，这便构成了企业创新的重要动力来源。另外，企业提供技术服务方面所具备的经验也是其宝贵的财富。服务企业提供技术服务的时间越长，企业在此方面积累的经验越丰富。这种经验会有效地降低今后技术开发项目中的不确定性和障碍，从而推动创新的实施进度。由此可见，技术资源的积累和服务经验的丰富是企业创新的重要内部推动力。

以计算机服务与软件业为例，技术研发能力是企业的核心竞争力，而企业所拥有的技术资源对于研发能力的提升具有重要的意义。技术资源的积累很大部分来源于企业曾经完成的软件开发项目。另外，在软件服务开发中所积累的经验属于一种隐性知识，这种知识的具备也为创新提供了有利的条件。图3-4体现了计算机服务与软件业的技术知识基础及积累过程，这种资源的积累为企业创新提供了动力。

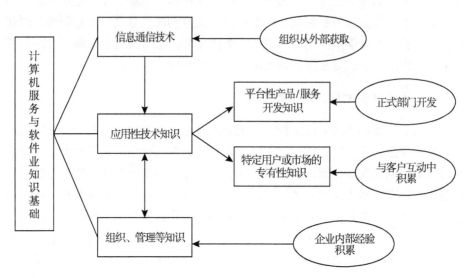

图 3-4 计算机服务与软件业的技术知识基础及积累

四、创新的负驱动力

以上以企业为边界对高技术服务企业创新的内外部动力进行了较为深入的探讨。在众多动力因素的作用下，企业的创新才能得以实现。然而，事物都是一分为二的。创新动力因素固然存在，而创新的障碍或壁垒也常见于企业创新的实践过程中。这些壁垒或障碍也可以称之为负动力因素。真正推动企业创新的力量是动力和障碍相互抵消之后所剩余的净动力。

对于服务业而言，其内部各行业之间的差异性十分明显，因此内部各行业创新的障碍或壁垒也存在显著差异性。例如，对于传统服务业中的创新，其成果的保护问题往往成为创新的重大障碍，因为这些行业中的很多创新成果由于其自身的无形性特征很难用正式的专利制度予以保护。这些成果，如服务的方式等很容易被竞争对手所模仿。因此对于创新者而言，其持续创新的积极性就会受到很大的打击。但是在技术含量很高的高技术服务业中，其创新成果尤其是中间产出通常性地表现为技术方案。这些成果便于采用申请专利的方式加以保护，也可以通过公开发表科研论文的方式保护其知识产权。当然，虽然高技术服务企业拥有更多的创新成果保护手段，但并不意味着毫无后顾之忧。一些高技术服务企业创新成果的侵权行为也时有发生，这需要加大对侵权者的惩罚力度。

总体而言，高技术服务企业的创新所面临的障碍是多方面的，有来自市场的障碍，可称为市场风险；也存在技术开发方面的壁垒，即技术风险；也经常会面临制度或规制的壁垒，即制度风险。市场风险通常是指服务需求的不确定。如果服务企业事先没有对市场做充分的调研，没有准确掌握客户的现实及潜在需求，没有充分了解市场的有关信息，就贸然地开发技术服务项目，那么其创新失败的可能性将会大增。在所研发的技术方面，如果技术的难度很大，整个技术项目涉及多种特殊技术的合成，那么对技术的把握存在很大的困难。此外，技术的实现中涉及很多的隐性知识，难以将其显性化，以在组织中有效地实现共享。此时，技术服务项目开发成功的可能性就会大幅降低。在规制风险方面，通常表现为企业开展创新活动需要受到很多条例制度的约束。这些规制的存在会产生双重效果，一方面为新的创新提供机会，另一方面又会对当下的创新活动形成束缚。

在企业内部也存在诸多主体性障碍，比如企业自身的资金短缺而融资又很困难，可称为资金风险。另外，高技术服务创新需要足够的高层次的人才作为支撑，而目前高端服务业人才缺乏是比较突出的现象。这将制约行业的可持续发展及综合竞争优势的获取。服务企业的管理能力缺乏也往往是创新实施的重要障碍。其中，企业中所存在的观念障碍是最为根本性的、影响最深远的障碍因素。突破观念上的障碍是化解其他障碍的前提和基础。表 3-1 列出了高技术服务企业创新中所面临的主要障碍因素。

表 3-1 创新的障碍因素

类型或来源	具体内容				
市场及过程风险	市场需求难以明确	创新过程存在不确定性	创新中的成本不确定性	创新本身的高成本	易于被其他企业模仿
资金短缺	企业的创新资金不足	银行贷款收紧，风险投资或其他资本不易获得			
法律和管制	复杂的行政审批程序	政府对产业的管制			
员工与技术障碍	员工素质不高	因循守旧的成员抵制	技术复杂性程度高	技术设施不合格	

以上关于高技术服务企业创新障碍的论述，呈现了障碍方面的总体情况。其中一些障碍因素可以通过企业自身采取适当措施有效克服，比如观念障碍。而有些障碍或壁垒的克服需要借助企业之外的力量，尤其是政府相关部门。政府应当采取积极的态度，帮助企业一同克服那些仅凭企业自身力量而无法跨越的障碍或壁垒。

第三节 创新的实现机理分析

一、创新的过程模型

高技术服务业创新的实现离不开行为过程的保障。图 3-5 揭示了高技术服务企业创新的基本过程，从中可以看出创新的过程体现了线性与非线性的辩证统一。总体而言，整个创新的过程要经历创新构想、评估、开发、应用及反馈五个阶段，这五个阶段大体上呈现出线性的特征。然而，这个过程又不是完全线性的，各个环节或步骤之间存在着相互反馈的作用关系。有些环节甚至可以采用并行的方式来实施。以下对高技术服务业创新的具体过程进行探讨。

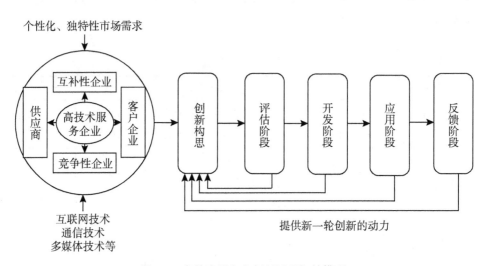

图 3-5 高技术服务业创新过程初始模型

第一步，新产品/服务创新构思阶段。创新构想是创新的起点，是整个创新过程的萌芽阶段。创新构想的产生体现出必然性和偶然性的统一。在高技术服务企业内，创新构想的获得通常受创新动力的影响。这种动力既受来自于企业外部客户的个性化需求驱使，也受高新技术发展的影响，比如信息与通信技术、互联网技术等高新技术的发展会影响到企业创新构想的产生。另外，企业内部富有创新精神的员工在与潜在客户交流沟通过程中也会产生出创新的思想。企业内部关键性职能部门对创新的直接推动、企业领导的支持往往也能促成创新构思的形成。经过企业内部员工的相互交流，就会确立起一个创新的概念模型。

第二步，新产品/服务评估阶段。受某种思想的启发或受某些动力作用而产生的创新构想并不能马上付诸实施，还需要经过一个评估阶段。这个阶段实质上是开展技术服务项目的可行性研究。这种评估研究通常是非常系统化的，主要包括拟开发的技术项目的背景、客户的需求分析、技术服务开发的初步方案、财务上的可行性、风险控制的必要措施等内容。经过系统化的评估论证之后，方能得出能否将创新构想付诸实际的行动。这一阶段既是对创新构想的进一步具体化，同时又是对技术项目的论证，其目标是为了最大限度地降低项目实施的风险，以免造成技术资源的浪费。

第三步，新产品/服务开发阶段。当初步的技术服务方案通过评估论证之后，需要将技术方案深入细化以达到可具体实施的程度。在此基础上便可以正式开展技术服务项目的开发。在开发阶段，客户的参与是必不可少的，这是高技术服务业创新与制造业创新之间所存在的差异性的显著体现。其实，制造业的创新也需要调研市场的需求，但在其具体的创新运营过程中客户直接参与的程度远不及服务业。高技术服务企业与客户的互动就说明了高技术服务业创新的过程并不是完全线性的，其中存在着各种主体或要素的非线性相互作用。在新的技术服务开发阶段，客户对最终服务产品的完成起到至关重要的作用。在客户的参与下，技术服务方案可能获得某种程度的修改和完善，从而使得最终服务产品的客户认可度大大提高。

第四步，新产品/服务应用阶段。在新的技术服务项目开发完成后，需要将技术服务项目嵌入客户企业的运营系统中，这个阶段就是服务产品的应用。在将技术服务项目向客户转移时，要尤其注重对客户的系统性培训。如果客户在前期的参与积极性很高，那么在应用阶段针对客户培训的难度就会大大降低。在对客户进行培训的过程中，要注重将技术服务项目中的隐性知识通过面对面的交流与沟通传授给客户企业的相关员工，使其充分地掌握利用新技术所需的知识。服务提供商在服务应用阶段与客户的有效互动能够明显提高客户的满意度。① 服务企业要积极解答客户所提出的一系列问题，同时将这些问题进行归纳和整理并将其转化为企业下一轮创新的重要知识来源。

第五步，新产品/服务反馈阶段。反馈阶段对于服务提供商今后的创新具有重要的价值。通过技术服务项目在客户企业运营系统中的嵌入及运行，客户会就其运行的效果进行反馈，同时也会暴露出服务项目中所存在的种种问题。掌握客户对技术服务产品的评价，认真听取其对服务项目所提出的相关改进意见，这是服务提供商的重要知识来源。每当完成一个具体的技术服务项目之后，服务企业都要组织专门的人力对项目进行总结，总结所取得的成绩，吸取有关的教训。这对于今后推进创新的进度、提高创新的成功率是十分重要的。

图 3-6 以软件系统开发的创新为例，解释了软件开发项目的创新流程。从中可以看出，对软件项目开发服务商而言，有多种服务提供方式。其中高端服务的提供方式意味着软件开发商要注重整个创新过程中的每一个环节，包括前期的客户需求分析、系统设计直到最后将服务产品交客户使用及收集客户反馈的信息。

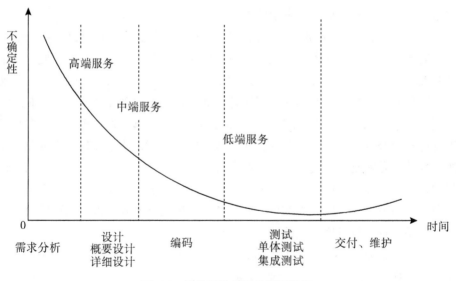

图 3-6　软件开发项目的创新流程

---

① 张若勇，刘新梅，张永胜. 顾客参与和服务创新关系研究：基于服务过程中知识转移的视角［J］. 科学学与科学技术管理，2007(10)：92-97.

二、创新六维度协调模型

学者贝德毕克等人提出了服务创新的四维度模型。他们主要强调服务概念、客户界面、服务传递方式或系统的创新，而认为在服务业中技术的创新只是其中的可选项而非必选项。高技术服务业的创新维度是多元化的，它不仅涉及技术维度的创新，也包含非技术维度的创新。从创新的层次性考察，它包括了战略层次的创新及具体化层面的创新。本书在前人研究的基础上，结合高技术服务业的特点，构建出考察战略和文化因素，同时又突出高技术维度的六维度创新模型，如图3-7所示。本书所构建的创新维度模型突出的特点在于，一是强调战略的引导、企业创新文化营造的根本性引领作用，二是强调高技术维度的创新在整个模型中的重要地位。

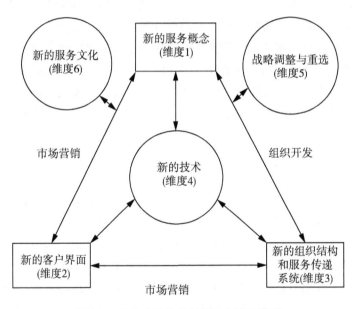

图 3-7　高技术服务业创新的六维度模型

(一) 战略调整与重选

对于高技术服务企业而言，战略创新在整个创新维度中占据着根本性的地位。战略的调整或重新选择会从根本上影响着其他维度创新的具体实施方式。企业的创新战略大致可以分为低成本竞争战略、差异化战略、集中化战略、国际化战略和产品多元化战略等几种类型。战略创新实际上就是在几种不同的战略中作出选择，或者选择其中的一种，或采用组合的方式来实现企业创新的目标。[①]

如果选择了低成本战略，那么在创新的其他几个维度方面就要有相应的体现。如，对企业的组织结构进行调整，促使其尽可能地具有柔性的特征，努力缩短信息传递链的长度，这样才能有效减少企业运营中的组织成本。另外，在技术维度上则不宜采用个性化很强、非标准化程度很高的服务技术。因为要开发出这样的技术服务往往需要企业给予更大的资金投入。如果选择了差异化战略，那么就要重点突出技术维度的创新。在这种情况下，企业为客户所提供的技术服务应该具有独特性、难以复制的特征，能满足客户个性化的需求。同时，在创新的组织安排上更要体现出组织柔性以快速响应市场需求的变化，提高技术服务的生产效率。如果企业采用集中化的战略，就应该集中企业有限的创新资源专注于某一特定技术服务产品的开发。

总之，对创新战略的合适选择或调整决定了整体上的创新方向。对于高技术服务企业而言，应该采取多种战略的组合模式而不能仅选择单一的战略方式，因为高技术服务企业所面临的创新与发展环境是多变的。高技术服务企业应该根据环境的变化及时调整创新的具体战略方式，从而有效实现战略维度的创新。

(二) 新的服务文化

企业文化是企业在日常经营管理活动中所形成的行为规范、道德准则和价值观念。对于高技术服务企业而言，企业文化的创新应该体现三个层次上。首先，是最表层的器物文化创新。在这个层次企业要对自身的形象标识、服务经营场所、服务环境积极地加以塑造和优化，这是赢得客户良好印象的第一步。其次，企业应该加强自身的服务制度建设，精简或完善服务流程，提高服务效率。通过制度的完善可以有效地降低企业创新的交易费用，减少矛盾和摩擦产生的频率。高技术服务企业要建立起激励创新行为的制度，通过确立各种奖励制度，包括物质奖励和精神激励，实现充分调动企业员工创新积极性的目的。在制度的设计上，要体现出企业既鼓励创新又宽容失败的理念，促使企业内部形成积极创新的氛围。最后，服务企业的文化创新根本性地表现在价值观念和

---

① 张兴华，服务创新能力、创新战略与创新绩效的实证研究[D]. 兰州：兰州大学，2010.

服务理念的革新上。高技术服务企业要深刻认识到企业和客户是绩效伙伴的关系，企业的一切创新行为最终只有满足客户的需求才能实现市场价值。所以，企业要改变以自我为中心的陈旧观念，要牢固树立以客户需求为导向的创新理念。只有树立起正确的价值观念，才能提供符合客户需求的技术服务产品。总之，文化维度的创新与战略维度的创新一起构成了高技术服务企业的战略性创新内容。

(三) 新的服务概念

新的服务概念创新需要商业智力的支持。这个维度的创新与技术维度的创新存在着较为明显的差异性。企业在概念创新时应该重点明确这样两个方面的问题。一是企业要提供什么样的服务产品才能够满足现有和潜在的客户需求，二是企业通过什么样的方式才能更为有效、快捷地将这些服务产品向目标客户群转移，以实现服务产品的商业价值。为了做好服务概念创新，企业必须首先对市场进行充分的调研，了解市场的需求，掌握竞争对手现有的市场策略及实力。新的服务概念的确定关键点就是要明确新的服务产品的定位，包括其技术层面的定位和市场定位等。有了对新的服务概念的塑造和服务产品的准确定位，企业便能够根据市场需求的变化快速地开发出适合客户要求的又有别于竞争对手服务特点的新产品。

以互联网服务业的创新为例，"去哪儿"网旅游搜索引擎为了帮助顾客更好地选择酒店，推出"酒店试睡员"服务，并集中创办优质的中文酒店点击平台，通过服务概念的创新帮助顾客更便捷地作出选择。

(四) 新的客户界面

客户界面指的是服务提供商与客户进行交流互动时所借助的某种平台或方式，它涵盖硬件和软件两个层次的内容。在客户界面的创新方面，高技术服务企业应该重点关注这样一些问题：企业到底需要采用什么样的方式才能实现和客户的有效互动沟通，以增进彼此间的了解，缓解双方间的信息不对称问题；顾客在创新中如何才能有效地扮演"合作创新者"的角色。通过改进与顾客互动的方式，尤其是基于现代信息与通信技术，开发互动效率更高的新界面，使得原有的人力得到最大限度的节约，服务效率得到改善。比如，第三方电子支付平台的开发就是客户界面创新的典范。通过这种界面创新，服务提供商与客户之间的联系方式发生了很大的变化，服务企业的工作效率也得到了很大提高。

(五) 新的组织结构和服务传递系统

组织和传递系统的创新是为了更快地响应客户的需求而产生的。在这一维度的创新中要重点解决的问题是到底要采用一种什么样的组织形式才能快速响应市场的变化，如何在组织中合理地配置权力才能促进企业服务效率的改善。在组织维度的创新中，企业要持续地对组织结构进行调整，使其具有足够的柔性。只有具有足够柔性特征的组织方式才能适应易变的环境，这样的组织通常兼备扁平化的特征，这对于企业内部信息的传递和充分共享十分有利。另外，对于组织中的权力配置问题，企业要积极地对基层员工进行授权。尤其是在一些要求客户高度参与的行业中，如计算机服务与软件开发，要求服务提供商更多考虑客户的现实和潜在需求来设计出技术服务方案。这就要求一线技术员工与客户间展开充分的沟通，要求一线员工具有足够的服务自主权以适应客户的需求变化。

以互联网服务业的创新为例，"去哪儿"网这一专业化的旅游搜索引擎为了促进企业的发展，加快了服务组织方式创新的步伐。公司专注于旅游分销环节中的信息和市场，与供应商建立起战略伙伴关系。一方面通过收取航空公司、酒店企业等的广告费而获得收入，另一方面通过该网站链接将客源直接带到合作伙伴，即航空公司、酒店等机构。通过这种服务组织方式的创新，既为企业发展找准了市场定位，同时又为供应商提供了源源不断的获利机会，从而实现了双赢。

(六) 新的技术

新技术是高技术服务业创新中至关重要的维度。高技术服务业所提供的服务产品通常具有较高的技术含量，这是高技术服务业区别于其他服务行业的显著标志。从所提供的服务内容上考察，该产业涉及电信、广播电视和卫星传输服务，互联网和相关服务，软件和信息技术服务业，研究和试验发展，专业技术服务业，科技推广和应用服务业。该产业在发展与创新中所采用的技术手段主要有互联网技术、多媒体技术和通信技术等。总之，该产业的高技术特征决定了在创新中技术维度的创新受到高度的关注和重视。虽然其服务产品也在一定程度上呈现出无形性特征，但很多技术服务方案的提供必须借助有形的技术手段或载体。在其他服务行业中，技术维度的创新可以作为一个备选项，但在高技术服务业中技术创新通常是不可绕开的主题。

(七)六维度的关联

通过对高技术服务企业创新的六个维度的分析,基本明确了创新的大致内容及其在创新工作中的重要性程度。实际上,这六个维度间存在着相互联系,它们并不是孤立存在的。首先,企业的一切创新行为的发生应该有高层战略作为引导及激励,并且创新通常是受一定的企业文化的推动或影响。因而高技术服务企业便有了创新的构想和对创新服务产品的定位。之后,为了实现这种构想企业就必须服务具体的行为,包括对新的技术服务进行开发,同时改进企业的组织结构及与客户互动的方式。由此可见,创新的六个维度是一个有机的整体,它们之间在创新过程中彼此关联,相互促进,最终实现企业创新的目标。

以信息服务业中的电子支付业为例,该行业在发展过程中突显了市场战略、服务界面、服务产品、技术手段等维度的创新。在市场战略的创新方面,支付宝采用了市场领先战略,开拓了网上支付中银行没有顾及的 C2C 市场。在服务产品的创新方面,支付宝开发了境外收单业务、AA 收款等多种全新服务产品,并且在服务组织模式及文化等方面积极开展持续的创新活动。在服务界面创新方面,支付宝根据客户的个性化需求,开发创新了多样化的服务界面,实现了在线即时支付。这些新的用户界面还包括自助式商家服务平台等。在技术手段的创新方面,形成了移动电话与互联网相结合的支付手段。

三、创新效益的共生机理

所谓创新效益的共生是指服务提供商与客户企业之间通过合作创新的方式获得效益的增长,而且此时收益的增长额要超过各自单独创新时的收益。服务企业和客户之间通过合作产生了共生效应。从系统的视角考察,高技术服务企业的创新被置于一定的系统中,它自身可以看作微观的企业创新系统,同时它和客户之间又可以看作一个相对更高层次的系统。这些系统具有一定程度的自组织特征,其内部存在着复杂的非线性相互作用,并通过这种作用推动着系统的进化。高技术服务企业的创新效率的增长规律可以利用 Logistic 方程来表现,如式(3-1)所示。

$$\frac{\mathrm{d}Y(t)}{\mathrm{d}t} = \delta Y\left(1 - \frac{Y}{M}\right) \tag{3-1}$$

式(3-1)揭示了服务企业创新的动态特征,即创新的效率随时间推移的增长规律或趋势。在该式子中,t 表示时间,δ 是一个创新效率的增值系数,它的取值取决于企业内部各构成要素或子系统间相互协同配合的水平及创新资源的优化配置状况。Y 表示服务企业实际的创新效率，而 M 表示潜在的最优创新效率，这个值通常是一个理想值。Y/M 表示创新效率的一种饱和程度，也就是说该值越大，表示此刻的创新效率达到的水准越高，也说明此时若要再进一步提高准则存在的难度越来越大，产生了天花板现象。$(1-Y/M)$ 表示实际的创新效率可以进一步增长的空间，值越小就意味着服务企业创新效率提高的空间越有限。上式的解如式（3-2）所示，式（3-2）中 $c = e^{-\tilde{c}}$，$\tilde{c}$ 是积分常数。

$$Y = \frac{M}{1 + c \exp\left(-\dfrac{\delta}{M}t\right)} \tag{3-2}$$

为了便于探讨，本书假设在合作创新的方式中仅有两个企业，一个是高技术服务企业，另一个是客户企业，分别用 $C1$ 和 $C2$ 表示。假设表现各自创新效率增长规律的 Logistic 方程分别为式（3-3）和式（3-4）。

$$\frac{\mathrm{d}Y_1(t)}{\mathrm{d}t} = \delta_1 Y_1 \left(1 - \frac{Y_1}{M_1}\right) \tag{3-3}$$

$$\frac{\mathrm{d}Y_2(t)}{\mathrm{d}t} = \delta_2 Y_2 \left(1 - \frac{Y_2}{M_2}\right) \tag{3-4}$$

（一）合作创新之一：定制创新

所谓定制创新是指高技术服务企业根据客户的个性化需求来开发技术服务方案，这种技术服务方案通常具有难以复制的特点，仅对特定的用户才适用。当服务提供商和客户企业各自单独创新时，各自的创新效率增长规律用式（3-3）和式（3-4）体现。然而，当它们采用合作创新中的定制创新模式时，高技术服务企业与客户之间需要充分地交流和沟通。客户参与整个创新过程，包括前期的需求表达、初步方案设计及中期的方案具体化及实施、后期的技术服务方案交付使用及意见反馈。服务企业从而便能从客户处获得有价值的新知识。这些新知识通常是服务企业创新的重要来源。它有力地推动着服务企业创新的进程，从而提高其效率。[①] 对于客户而言，在与服务企业的交流中，学习到了自身所缺乏的知识，这对于今后技术服务项目在客户企业运营效率的提高将起到至关重要的作用，从而直接或间接地推动了客户企业的创新效率。总之，定

---

① Blazevic V, Lievens A. Managing innovation through customer coproduced knowledge in electronic services: an exploratory study[J]. Journal of the Academy of Marketing Science, 2008 (36): 138-151.

制创新中服务企业和客户的创新效率增长模型可以用式(3-5)表达。

$$\begin{cases} \dfrac{dY_1(t)}{dt} = \delta_1 Y_1 \left(1 - \dfrac{Y_1}{M_1} + \beta_1 \dfrac{Y_2}{M_2} \right) \\ \dfrac{dY_2(t)}{dt} = \delta_2 Y_2 \left(1 - \dfrac{Y_2}{M_2} + \beta_2 \dfrac{Y_1}{M_1} \right) \end{cases} \quad (3-5)$$

式(3-5)中 $\beta_1 > 0$，$\beta_2 > 0$。β_1 表示在定制创新模式下客户通过与高技术服务企业合作，为其带来的创新知识和重要信息，由此给服务企业创新效率的提升所带来的正面影响。β_2 表示通过与服务企业的合作，学习其显性和隐性的知识，最终为客户企业的创新效率所带来的积极影响。

在定制创新模式下，高技术服务企业与客户间形成了良好的合作关系，这种合作关系处于稳定的状态之中，这种情形可以用式(3-6)来加以体现。

$$\begin{cases} f_1(Y_1, Y_2) = \dfrac{dY_1(t)}{dt} = \delta_1 Y_1 \left(1 - \dfrac{Y_1}{M_1} + \beta_1 \dfrac{Y_2}{M_2} \right) = 0 \\ f_2(Y_1, Y_2) = \dfrac{dY_2(t)}{dt} = \delta_2 Y_2 \left(1 - \dfrac{Y_2}{M_2} + \beta_2 \dfrac{Y_1}{M_1} \right) = 0 \end{cases} \quad (3-6)$$

通过对式(3-6)求解，可以获得定制创新方式下的均衡点，$A_1(0, 0)$，$A_2(M_1, 0)$，$A_3(0, M_2)$，$A_4\left(\dfrac{M_1(1+\beta_1)}{1-\beta_1\beta_2}, \dfrac{M_2(1+\beta_2)}{1-\beta_1\beta_2} \right)$。然而，将式(3-6)中的两个方程在均衡点 $A(Y_1^0, Y_2^0)$ 处做一项特殊的处理，即采用泰勒级数展开处理，并且省略掉二次及二次以上的各项，便可以得到如式(3-7)的结果。

$$\begin{cases} \dfrac{dY_1}{dt} = \delta_1 \left(1 - \dfrac{2Y_1}{M_1} + \beta_1 \dfrac{Y_2}{M_2} \right)(Y_1 - Y_1^0) + \delta_1\beta_1 \dfrac{Y_1}{M_2}(Y_2 - Y_2^0) \\ \dfrac{dY_2}{dt} = \delta_2 \left(1 - \dfrac{2Y_2}{M_2} + \beta_2 \dfrac{Y_1}{M_1} \right)(Y_2 - Y_2^0) + \delta_2\beta_2 \dfrac{Y_2}{M_1}(Y_1 - Y_1^0) \end{cases} \quad (3-7)$$

进一步将式(3-7)的系数矩阵记为 B。

$$B = \begin{bmatrix} \delta_1 \left(1 - \dfrac{2Y_1}{M_1} + \beta_1 \dfrac{Y_2}{M_2} \right) & \delta_1\beta_1 \dfrac{Y_1}{M_2} \\ \delta_2\beta_2 \dfrac{Y_2}{M_1} & \delta_2 \left(1 - \dfrac{2Y_2}{M_2} + \beta_2 \dfrac{Y_1}{M_1} \right) \end{bmatrix}$$

将三个点 A_1、A_2、A_3、A_4 代入 B，然后按照微分方程中对稳定性的规定，便可知道 A_1、A_2、A_3 是不稳定的均衡点：若 $\beta_1\beta_2 < 1$，则 $A_4\left(\dfrac{M_1(1+\beta_1)}{1-\beta_1\beta_2}, \dfrac{M_2(1+\beta_2)}{1-\beta_1\beta_2} \right)$ 是稳定的均衡点。当高技术服务企业和客户间

的定制创新模式处于稳定态时，前者的创新效率为 $\dfrac{M_1(1+\beta_1)}{1-\beta_1\beta_2} > M_1$，而后者

的创新效率为 $\dfrac{M_2(1+\beta_2)}{1-\beta_1\beta_2} > M_2$，两者的创新效率都要优于各自单独实施创新

而不采取合作时的效率水平。因此无论是高技术服务企业还是客户企业都在定制创新的合作中实现了更多的收益。

(二)合作创新之二：关联创新

关联创新意味着服务企业的创新活动要根据客户企业所在的行业标准和技术规范来开展，也就是说服务企业要与客户企业建立某种产业的衔接，否则前者所提供的技术服务产品将不能适应客户的需要。如果这种衔接关系得到确立，并且创新的过程中客户有一定程度的参与，那么双方的这种合作关系会使各自所获得的效益大于各自单独创新时所获得的收益。高技术服务企业与客户的关联创新可以用式(3-8)来体现。

$$\begin{cases} \dfrac{\mathrm{d}Y_1}{\mathrm{d}t} = \delta_1 Y_1 \left(-1 - \dfrac{Y_1}{M_1} + \beta_1 \dfrac{Y_2}{M_2} \right) \\[3mm] \dfrac{\mathrm{d}Y_2}{\mathrm{d}t} = \delta_2 Y_2 \left(-1 - \dfrac{Y_2}{M_2} + \beta_2 \dfrac{Y_1}{M_1} \right) \end{cases} \tag{3-8}$$

当关联创新模式下高技术服务企业与客户间形成了良好关系且这种关系处于稳定的状态之中，此状态可以用式(3-9)来体现。

$$\begin{cases} f_1(Y_1,\ Y_2) = \dfrac{\mathrm{d}Y_1}{\mathrm{d}t} = \delta_1 Y_1 \left(-1 - \dfrac{Y_1}{M_1} + \beta_1 \dfrac{Y_2}{M_2} \right) = 0 \\[3mm] f_2(Y_1,\ Y_2) = \dfrac{\mathrm{d}Y_2}{\mathrm{d}t} = \delta_2 Y_2 \left(-1 - \dfrac{Y_2}{M_2} + \beta_2 \dfrac{Y_1}{M_1} \right) = 0 \end{cases} \tag{3-9}$$

通过求解式(3-9)可以获得相应的平衡点，$A_1(0,\ 0)$，$A_2(-M_1,\ 0)$，$A_3(0,\ -M_2)$，$A_4\left(\dfrac{M_1(1+\beta_1)}{\beta_1\beta_2-1},\ \dfrac{M_2(1+\beta_2)}{\beta_1\beta_2-1} \right)$。然后，在平衡点 $A(Y_1^0,\ Y_2^0)$ 处对式(3-9)做泰勒级数展开处理，并且要省略掉二次及二次以上各项，便获得式(3-10)的结果：

$$\begin{cases} \dfrac{\mathrm{d}Y_1}{\mathrm{d}t} = \delta_1 \left(-1 - \dfrac{2Y_1}{M_1} + \beta_1 \dfrac{Y_2}{M_2} \right)(Y_1 - Y_1^0) + \delta_1\beta_1 \dfrac{Y_1}{M_2}(Y_2 - Y_2^0) \\[3mm] \dfrac{\mathrm{d}Y_2}{\mathrm{d}t} = \delta_2 \left(-1 - \dfrac{2Y_2}{M_2} + \beta_2 \dfrac{Y_1}{M_1} \right)(Y_2 - Y_2^0) + \delta_2\beta_2 \dfrac{Y_2}{M_1}(Y_1 - Y_1^0) \end{cases} \tag{3-10}$$

B 为式(3-10)的系数矩阵：

$$B = \begin{bmatrix} \delta_1\left(-1-\dfrac{2Y_1}{M_1}+\beta_1\dfrac{Y_2}{M_2}\right) & \delta_1\beta_1\dfrac{Y_1}{M_2} \\[2em] \delta_2\beta_2\dfrac{Y_2}{M_1} & \delta_2\left(-1-\dfrac{2Y_2}{M_2}+\beta_2\dfrac{Y_1}{M_1}\right) \end{bmatrix}$$

将 A_1、A_2、A_3、A_4 代入 B 中，获得 $A_1(0,0)$ 为稳定的平衡点，而 A_2、A_3、A_4 是不稳定平衡点。这意味着关联创新的模式需要高技术服务企业和用户间通过相互促进才能最终达到目标。

第四节　创新的支撑机制分析

一、学习机制

构建良好的学习机制是高技术服务企业积累知识存量、提升创新能力和服务水平的关键。从所学习的知识属性来考察，服务企业应该积极地对与创新相关的显性知识和隐性知识展开有效的学习。显性知识可以用技术图表、文字等形式加以表达。而隐性知识主要表现为个人或团体所拥有的技术经验、诀窍，这些知识需要通过面对面的交流沟通和传授才能从知识拥有者传递到知识接受者。从所学习的知识来源考察，高校和科研院所是高技术服务企业重要的知识来源渠道。需要指出的是，高校和科研院所在高技术服务业创新中的重要性远大于其在传统服务业中的重要程度。这与高技术服务业自身的高技术特征，以及高校和科研院所事实上占据着技术研发的高地这一客观现实是相关的。高技术服务企业在创新中通常需要采用这些技术服务手段。另外，竞争对手及客户也是服务企业新知识的重要来源渠道。

高技术服务企业学习机制的构建及通过学习增进自身创新能力的内在逻辑如图3-8所示。通过构建服务企业内部多层次的学习方式，企业能够实现快速积累和更新技术知识的目标。企业内部的个人学习是最为基础的学习表现形式。个人将自身所拥有的技术知识在团队内部交流与分享，便达到团队学习的目标。进而提升到整个企业的层面，便实现了企业层面的知识学习目标。就高技术服务企业而言，对知识的学习不能仅停留在企业自身的层面，还应该努力促进服务企业与其他创新主体间的跨组织相互学习。其中服务企业与客户之间的相互学习便是跨组织学习的集中体现。总之，通过构建起面向显性与隐性知识、知识来源与学习层次多元化的新知识新技术的有效学习机制，高技术服务企业的学习能力和创新能力便会逐步提升。

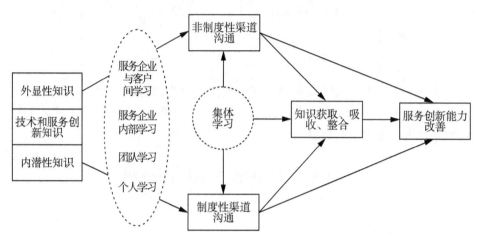

图 3-8　高技术服务业通过学习增强创新能力的内在逻辑

二、信任机制

信任对于合作双方而言是一种重要的无形资产。国内外很多学者对信任及信任机制的构建展开过分析。所谓信任就是施信的一方不对被信任的一方在合作中采取监督的方式，相信被信任的一方不会采取损害自己利益的行为。信任对于高技术服务企业与顾客间的合作创新相当重要。如果彼此间缺乏足够的信任，那么其中的一方就会在创新过程采取额外的监督手段来管控对方的行为，以免对自身造成难以预料的损失。这样便会增加合作中的管理成本，提高交易费用，这无疑会给创新效率产生负面的影响。因此，在服务提供商与客户之间构建有效的信任机制是十分必要的。

信任的建立和维护可以通过两种方式来实现，一是通过正式制度的制定来达到减少合作中机会主义行为的发生，二是通过非正式的人际交往来实现人际的信任。前者属于建立在正式制度基础上的信任，如合作双方通过订立具有法律效率的合同，明确服务提供商和客户双方在创新中的权利、义务及违约的责任等事项，以此尽可能地避免其中一方的不诚信行为发生。正式的制度安排能够使信任产生明确的制度保障，这对于信任机制的构建是相当重要的。而基于人际关系产生的信任是以被信任者的声誉或信用为依托的。

信任关系的建立受一定因素的影响。[①] 第一，行为过程。信任关系的确立需要一个过程。合作双方之间持续开展互动交流且这一行为过程越持续，双方间的信任关系也就越能得到发展和巩固，这就是行为过程对信任关系的影响。第二，特征相似性因素。合作双方之间的特征相似性也对彼此的信任关系产生影响。如果服务提供商与客户企业之间的价值观念、行为准则和工作风格等比较接近，则对增进彼此的理解和信任十分有利，这就是企业文化等特征因素对信任关系的构建所产生的作用。第三，制度因素。信任关系的建立离不开制度的设计与安排。通过制度来确保合作双方对未来的行为预期非常重要。这就是制度因素在信任关系构建中的作用。

信任关系的发展也呈现出明显的阶段性特征。随着服务提供商与客户合作的深入，彼此间的信任关系也在不断地得到发展。首先，在服务企业与客户刚开始建立合作关系时，它们之间的信任关系完全是依靠契约合同的设计来实现与维持的。也就是说，在这一阶段，双方之间基于情感上的信任程度不高。这种基于契约的信任具有较强的刚性，它不能够适应环境的变化。一旦环境中的某些因素发生改变，则需要重新考虑契约条款的适用性问题。其次，随着双方合作行为的持续开展，双方都对彼此的能力有了足够的了解。当技术项目对某种特定的能力有所需求时，这种基于对彼此能力的信任便能促使双方产生一种限定的期待。这时的信任关系已经能部分适应环境的变化了，它具有了一定程度的灵活性。再次，随着服务提供商与客户之间合作行为的进一步深入，它们之间便产生了更为深厚的合作感情，形成了更为稳固的伙伴关系。这种基于声誉与感情的信任关系与前两种信任关系存在显著的区别，这种信任关系具有了适应环境的足够柔性。即使服务提供商和客户企业所面临的创新环境发生了改变，也能给予对方足够的信任以继续推动创新的开展。

图 3-9 揭示了高技术服务企业与客户之间的合作发展阶段中双方信任形式的发展与演变趋势。从中可以看出，随着服务提供商与客户间合作行为的持续开展，信任关系也经历着迁跃的过程。契约型的信任属于层次最低的信任类型，而商誉型信任才体现出合作双方关系的稳固及信任关系所具备的柔性特征。

---

① Foss N J，Laursen K，Pedersen T. Linking customer interaction and innovation：the mediating role of new organizational practices[J]. Organization Science，2011，22(4)：980-999.

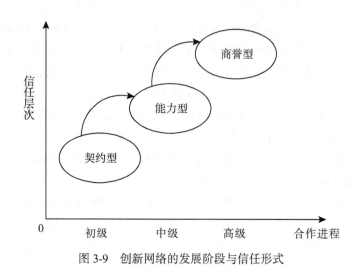

图 3-9　创新网络的发展阶段与信任形式

三、客户互动机制

(一) 客户互动程度对创新的影响

在整个服务业的创新中，服务提供商与顾客之间的互动程度通常都要强于制造业，这是由服务业自身的特点决定的。服务行业提供的产品通常具有无形性、个性化的特征，其生产与消费往往具有不可分割性，服务提供的整个过程必然伴随着顾客的参与。服务业创新中如果没有顾客的参与，那么所提供的服务产品被顾客所接受的程度将会大打折扣。因此，构建并完善高技术服务企业与顾客之间的互动机制具有重要的意义。具体地分析，首先，客户互动机制的构建对于增强客户的满意度大有裨益。其次，良好的互动能够提升服务企业的创新能力。最后，与客户互动机制的建立对于提供难以被竞争对手模仿的、独特的技术服务产品具有显著的意义。

顾客在高技术服务企业创新全过程的参与会明显地提高其对技术服务方案的满意度。高技术服务企业在为客户提供高技术服务之前就应该与客户充分沟通，了解客户的具体需求，使得技术方案在设计阶段就能符合客户的实际需要，以免最终交付物被否定。另外，在对技术服务方案进行总体框架设计和具体细节处理的过程中都需要顾客的参与，以便清晰地明确服务标准及促进对合作目标的一致性理解。

　　服务企业与客户的互动能在很大程度上提高企业的技术服务开发水平和能力。在与客户的互动过程中，服务企业能够了解到客户的有关技术、需求信息，特别是客户在创新中所反映的诸多实际问题。这些信息是企业新知识的重要组成部分，可以发挥知识的补充作用。这类知识不仅对顺利完成当前的技术服务创新项目具有重要的意义，同时企业在创新中对解决技术问题的关键性知识的持续积累能有效地提高企业后续创新的能力。通过客户互动机制的构建，进一步增进了服务提供商对客户需求的掌握，在此基础上服务企业便能为客户开发出专门化的技术服务方案。这种方案是基于客户的个性化需求而产生的，因此具有独特性和难以模仿性。服务企业通过长期提供这种个性化的技术服务，便能在市场中逐步确定起自身的独特竞争优势。尤其是富有异质性、高度客户需求导向性的技术服务产品的开发为企业持续地扩大市场份额、赢得长远的战略性利益提供了有力的支持。

　　以上分析了客户互动在高技术服务业创新中的意义和价值。然而，这并不意味着服务企业与客户间的互动程度越高越好。事实上，与客户的互动客观上存在一种最佳的状态或程度，我们可以将其称为潜在客户互动程度。在达到潜在程度之前，随着与客户互动程度的增加，双方因此而获得的互动收益也会增加，而且收益增加的速度和份额要超过因互动所带来的管理成本的上升。故在这种状态下因互动所带来的净收益是正值。当实践中的互动程度超过了潜在的最佳状态时就会出现过犹不及的结果。在这种情况下，互动所导致的管理成本就会超过因互动而产生的收益，故互动所带来的净收益是负值，此时的互动状态对于服务企业和客户都是不利的。之所以出现这种局面，是因为过度的互动使得管理的不确定性程度大幅增加，高技术服务企业与客户之间的交易费用上升，化解矛盾和摩擦所付出的代价高涨。因此，实践中的互动状态越是靠近潜在的最佳状态，越是能给服务企业和客户双方带来更多的净收益。

　　至于过度的客户互动如何提高管理的成本及增加风险控制的难度，有学者专门就生产性企业在接受信息化服务中与服务提供者间的互动情况进行了调查。研究表明，当企业信息化软件开发商与客户企业间的互动程度保持在一定水平时，这种互动能够有效地促进双方对技术服务开发项目所预期实现的目标、所需要的资源、任务的结构及进程等方面的理解。这便能有效地降低项目中的现实与潜在风险，对于创新过程的顺利推进是有利的。调查发现，在那些获得最终成功的技术开发项目里，信息化软件服务开发商与客户的互动往往保持在一个较高的水平。通过对那些失败的项目的调查发现，其互动程度要么非常低，要么呈现出过高的频率。而过高的客户参与使得服务企业难以对其施加有效的控制，也难以适应客户所提出的相当高的易变程度要求，从而使得企业无所适从而导致管理成本的剧增，技术开发项目可能最终失败。

总而言之，在高技术服务业创新中服务提供商与客户之间的互动程度要普遍高于高技术制造业，也要高于传统的服务业。这与高技术服务业的高技术含量、高人力资本含量和高附加值含量特征相关。一方面，只有互动才能充分获取客户的信息，才能准确把握客户需求进而开发出适合客户企业运营流程和特征的技术服务产品或方案。然而，对客户信息或需求的掌握所带来的收益并非持续递增，也存在增速递减甚至整个收益递减的情况。而另一方面，管理的成本和对客户参与所导致的各种不确定性因素的处理所付出的代价却因为互动程度的持续增加而增加。因此，实践中应该采取有效的决策机制科学合理地权衡利弊得失，保障最佳的互动水平和程度。图 3-10 客户互动收益增加与不确定性上升权衡示意图揭示了高技术服务企业与客户互动中所产生的收益及管理成本的变化情况，从中可以找到一个最佳的互动程度。

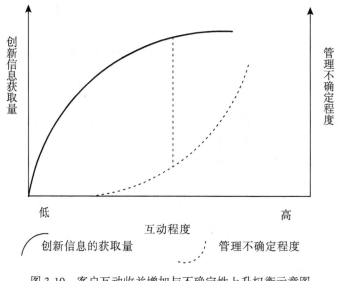

图 3-10　客户互动收益增加与不确定性上升权衡示意图

(二) 客户参与的能力和意愿对创新的影响

国内外学者认为，除了客户互动的程度对服务创新产生影响之外，客户的参与能力和意愿也是影响创新的重要因素。客户的能力主要体现在客户企业自身的技术知识、创新能力、参与创新的经验等方面。通常情况下，客户企业也拥有一定的技术研发力量，之所以将技术服务项目外包给高技术服务企业，很可能是其在相关技术领域存在某种程度的欠缺，或者自身研发所需要付出的成本过高。客户企业在相关技术领域越是拥有扎实的基础，越是能在合作创新中与高技术服务企业展开有效的沟通与交流。这样便能有效地提高彼此交流和转移新技术知识的速度和效率，这对推进创新的进程十分有利。客户企业参与创新的经验越丰富，创新能力越强，则越是能更准确地将自身对技术服务的需求加以表达。这有利于服务提供商全面理解其需求，从而设计出个性化的技术服务方案。另外，客户参与互动的能力对高技术服务企业在新知识的获取方面也有积极作用。创新过程中不仅服务企业向客户转移新的技术和知识，而且优秀的客户也能向服务企业提供新的创意和知识。客户企业是服务企业新技术新知识的重要来源渠道。

客户参与互动的能力固然重要，但互动的意愿不能缺少。互动的意愿是指客户企业愿意和服务提供商展开合作交流、分享自身所拥有的知识的倾向。[①]如果客户仅拥有互动的能力而缺乏意愿，那么也不能在彼此间形成良好的互动。客户参与合作和互动的意愿越强，越会将自身的需求准确地加以表达且在技术项目的推进过程中将自身所拥有的相关技术资料、各类有价值的信息与服务企业一同分享。同时，在合作过程中通过双方的交流能产生很多新的构想和创意，这对于双方技术能力的提升都有益。需要指出的是，服务提供商要正确地对待客户的参与意愿，积极鼓励客户参与到创新过程中。服务企业要深刻认识到在新技术项目的开发中服务企业与客户是绩效伙伴的关系。在增进客户参与意愿的措施方面，最为根本地就是要努力提高高技术服务企业自身的信誉。服务企业在行业中的声誉越高，以往的经营行为越是诚实守信，则客户企业越是愿意与其展开深度的合作，越是愿意将一些关键性的技术信息与服务企业分享。

总之，客户参与互动机制在创新中的作用和影响不容忽视。在这种机制的支撑作用下，创新中的各类交易费用可以实现显著的降低，创新的成功才有了更加坚实的保障。

---

① Stevens E, Dimitriadis S. Managing the new service development process: towards a systemic model[J]. European Journal of Marketing, 2005, 39(2): 175-198.

四、知识共享机制

在支撑创新的机制中，知识共享机制是一种重要的机制。任何个人或组织的知识都十分有限。知识的共享能够最大限度地发挥乘数效应，提高知识的利用效率及产出效率。[①] 从这种机制所作用的范围来考察，可以实现在不同层级主体间的知识分享，最为基层的首先是组织内部个体之间的知识共享；其次是组织内部团队或部门间的共享和整个组织层面的共享；最后是跨组织间的知识共享，如供应商与高技术服务企业间的知识共享以及服务企业与客户之间的知识共享。从知识的性质来考察，被共享的知识可以分为两种类型，即显性知识和隐性知识。所谓显性知识就是可以直接通过正式方式，如报告、图纸、数据库等来加以描述和表达的知识，是个人或组织凭借其技术积累，通过自学的方式往往就能够对其掌握的知识。显性知识对于服务企业的创新至关重要。服务提供商最终开发的技术服务项目在很大程度上需要通过显性的载体来体现。所谓隐性知识，就是那些难以通过正式的方式表达，而只能通过面对面的沟通、口授、模仿及"干中学"等方式才能对其领悟的知识。

对于显性知识的共享，高技术服务企业可以通过数据库或知识库的方式来实现。服务企业通过构建明确的制度，成立专门的机构，负责获取内外部新技术新知识，并且对其进行分类、整理和储存。企业知识库的构建便是这种行为长期持续的结果，即根据知识的性质及知识需求者的属性，设置出各种不同的知识分配权限，以此确保企业内部最需要相关知识的个人或部门能及时且优先获得此类知识。通过权限的设置能够有效确保知识使用中的安全性，避免企业商业机密的外泄，从而提高知识共享的效率和企业创新的产出水平。

对于隐性知识的共享，高技术服务企业往往采取特殊的方式来实现。由于隐性知识主要表现为员工的工作经验、技巧、感悟和诀窍等，这些知识难以直接采用书面的方式表达出来，因而经常通过面授、模仿和互动交流的方式实现在个体间、部门间乃至企业间的转移和分享。因此，服务企业往往通过交流制度的设计，如跨部门联席会议制度、员工座谈会、交流会制度等，以便实现企业内部不同主体的充分沟通，从而实现思想的碰撞和创新构思的形成。另外，除了为员工间的正式交流提供制度的保障外，企业还可为增进员工的非正式交流创造机会，如通过对工作间隙休闲场所的建设和完善来为员工非正式沟通营

---

① Araujo L, Minetti R. Knowledge sharing and the dynamics of social capital[J]. European Economic Review, 2011 (55): 1109-1119.

造环境氛围。在这种场所里往往会产生出大量的创意和构想，企业的某些创新项目很有可能由此产生。总之，高技术服务企业通过充分挖掘组织内部的隐性知识并采取适当方式使之得到充分共享，能有效推动企业的创新进程。

知识共享对高技术服务企业的创新支撑功能主要表现在以下四个方面：

第一，知识共享的行为有利于在企业内部营造出充分信任的环境，从而促进不同个体或部门之间的协同合作。知识共享的前提是对员工或部门乃至客户的信任。通过知识的共享，能在高技术服务企业内部形成相互信任的文化氛围。而企业一旦营造了这样的文化，员工就更愿意将自己所拥有的知识，尤其是隐性知识，与其他员工分享。因此，有了这样一种集思广益的创新氛围，技术服务项目的开发便有了强有力的人文环境支撑。

第二，知识共享可以有效提高企业人力资本的存量，增强高技术服务企业的凝聚力。任何企业都存在员工流失现象。服务企业在技术服务项目的开发过程中产生了大量的技术知识。这些技术知识有些以图纸、文件的方式存在，更多的隐性知识是储存在相关技术服务员工的大脑中。这些员工一旦离职，将会给企业带来很大的知识资本损失，尤其是造成隐性知识的流失。通过知识共享机制的构建，员工可以自由地将所掌握的知识与其他员工分享。一方面给了相关员工自我实现的机会，另一方面又增进了企业知识的存量，避免了因某些员工的流失给企业带来的知识损失。这对于增强企业创新的动力和凝聚力十分有利。总之，知识的共享有效地增加了企业人力资本的存量，降低了企业运营的成本。

第三，知识共享有效地弥补了个人或部门在某些知识方面的欠缺，能够发挥取长补短的功效。通过知识共享机制的构建，使得具有不同专业知识结构、不同经验的员工在宽松友好的氛围中获得他人的新观点、新技能或经验，同时也能够将自己对技术服务开发项目中的看法和思想与他人分享，从而充分满足了自身的表现欲和创造欲。员工间或部门间通过彼此分享知识，便可以最大限度地完善自身的知识结构，从而有效地提高自身参与创新的能力。而一旦这种参与创新的能力获得了改善，员工和企业内部相关的职能部门的创新积极性和主动性便会明显提高。各创新主体通过相互学习，充分挖掘知识效能，从而有力地推动着高技术服务企业创新的进程。

第四，知识共享能够帮助企业创造出积极的创新的企业文化，从而鼓励企业持续地开展服务创新。通过知识共享，企业员工或各部门的潜能被极大地挖掘与开发。服务企业在技术服务项目的开展中，为员工提供了一个自由表达思想观点的平台。通过这个平台，员工积极地将自身的隐性经验传授给其他员工，使其上升为企业层面的知识。员工或部门间的相互学习、相互交流为积极的创新型企业文化的营造提供了支持和保障。在这种文化的激励下，企业的创新活动持续地开展，创新性的服务产品层出不穷，企业便获得了持续发展的动力。

通过对主体配合、动力与障碍生成、创新实现机制及创新支撑机制的较为深入的分析，基本明确了高技术服务业创新的内在机理，图 3-11 从逻辑上揭示了各种机制的作用过程。

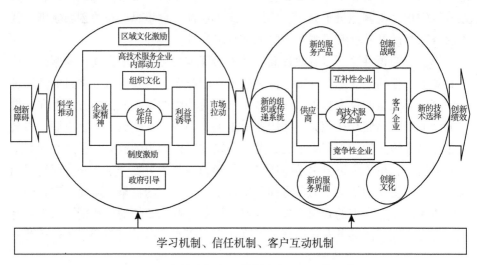

图 3-11　高技术服务业创新内在机理逻辑示意

本章对高技术服务业创新的内在机理进行了深入的探析。首先，对高技术服务业创新主体构成及其关系进行了详细的分析。高技术服务企业、客户、供应商、竞争者、政府部门、高校与科研院所、中介及行业协会组织等构成了创新的主体，且主体间存在着复杂的非线性相互作用关系。其次，探讨了创新的驱动力机理，包括创新的驱动力模型、内外部动力及障碍。再次，对创新的实现机理进行了研究，主要涉及创新过程模型、创新维度构成和创新效益共生三个方面。最后，从学习机制、信任机制、客户互动机制及知识共享机制四个角度构建了创新的支撑机制。

第四章　高技术服务业创新绩效的测度

在第三章的研究中，笔者已经对高技术服务业创新的机理进行了较为深入的探讨。创新绩效是制造业与服务业都关注的焦点，对创新绩效的测度和评价理所当然也是高技术服务业创新研究中不可或缺的重要组成部分。绩效的衡量可以从两个角度来考察，一是从成果的绝对量角度，其衡量指标往往是多元化的，单一的指标不能全面完整地衡量评价对象的表现情况，二是通过相对效率来衡量，投入产出效率是相对效率的集中体现。本章拟从相对效率的角度来测度湖南省高技术服务业的创新绩效，将考察期间设置为2013—2017年。按照2011年的国民经济分类标准，高技术服务业包含两个大的门类行业，即"信息传输、软件和信息技术服务业"和"科学研究和技术服务业"。本章除了对高技术服务业的整体创新效率进行测度外，还分别对两个子行业的创新效率状况进行测度和评价。从整体性的创新效率结果可以判断出整个产业创新绩效随着时间的推移而呈现出的演化趋势且可以从其中发现存在的某些问题，以便基于测度结果采取针对性的管理改善措施。对两个子行业的创新效率的测度，可以比较高技术服务业内部行业创新的差异性，这对于优化创新资源在行业间的配置具有较强的决策参考价值，对促进相关行业创新效率的提高、创新能力的提升具有积极意义。

第一节　高技术服务业创新的现状

在中央的正确领导和大力推动之下，各地方政府也相继出台了针对本地区高技术服务业发展的进一步细化的措施。湖南省在2013年出台了《关于加快发展高技术服务业的实施意见》，在该意见中明确了加快三大优势领域的发展。这三大领域分别是信息技术服务、数字内容服务和生物技术服务，并且提出要积极培育包括研发设计服务在内的五大新兴领域的发展。另外还提出了切实推进两大基地建设，即长株潭（国家）高技术服务产业基地和郴州（国家）高技术服务产业基地。湖南省在高技术服务业创新基础投资、创新（人才）环境营造、创新主体建设、创新人力投入、创新经费投入和创新成果获取等方面皆取得了一定的成绩。

一、创新的基础与环境状况

(一)创新基础投资

从湖南省范围来考察，高技术服务业的固定资产投资在 2013—2017 年总体上呈现出增长的态势。从 2013 年的 213.85 亿元持续增长到 2017 年的 826.68 亿元，为 2013 年的 3.87 倍，从增长率上来看是比较迅猛的。虽然其增长势头比较乐观，然而其占第三产业固定资产投资的比重依然很低，这种状况不能不引起相关管理决策者的关注。另外，与制造业的固定资产投资相比，高技术服务业固定资产投资的绝对值相当小。通过对全国范围和湖南省两个层面的分析可知，在固定资产投资方面，无论是全国还是湖南省都应该进一步对高技术服务业给予更多的关注力度。

表 4-1　　　　湖南省高技术服务业固定资产投资(不含农户)　　(单位：亿元)

项目	年份				
	2013	2014	2015	2016	2017
信息传输、软件和信息技术服务业	84.60	112.38	259.31	298.28	392.25
科学研究和技术服务业	129.25	206.05	304.21	358.19	434.43
高技术服务业	213.85	318.88	563.52	656.47	826.68
金融业	51.87	68.43	88.21	78.60	60.91
租赁和商务服务业	342.12	393.97	523.78	723.50	897.83
知识密集型服务业	393.99	462.40	611.99	802.10	958.74
制造业	6289.96	7157.77	8565.41	8824.47	9472.24
第三产业	9666.80	11919.60	14012.20	16119.9	18706.40
全社会固定资产投资	17225.19	20548.55	24324.17	27688.45	31328.08

注：狭义上的知识密集型服务业内部包括金融业、租赁和商务服务业。第三产业固定资产投资数据来源于：《湖南省(2013—2017 年)国民经济和社会发展统计公报》，其余数据来源于国家统计局官方网站。

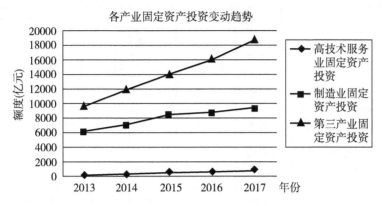

图 4-1　湖南省高技术服务业与其他产业固定资产投资对比

(二)创新人才环境

人才是一切创新的根本。人才可以分为两个层次,一是直接为服务创新提供支撑的在职知识技术人才,二是为高技术服务业创新提供后备人才源的人才培养基地,通常指的是高校。高校或科研院校为高技术服务企业提供基础知识的支持,同时也为服务企业输送大量的服务创新人才。因此,高等院校的人才培养数量和质量从长远来讲关乎高技术服务企业的创新质量和企业运行。从表4-2 可以看出,湖南省高等院校在2013—2017 年考察期间的招生人数和毕业人数都具备了相当的规模,本科生的招生规模接近 40 万人,研究生的招生规模在考察期间持续稳步递增,2017 年达到 2.8 万人。而毕业的人数相比每年招生的人数略少,但其绝对数比较大。表4-2 说明,湖南省的高等教育具有相应实力,高校为高技术服务业的发展及创新提供了重要的知识源和人才支撑。

表 4-2　　　湖南省高等院校招生、在校及毕业生人数及其增长速度

年份	指　标	招生人数		在校(学)人数		毕业人数	
		绝对数	比上年	绝对数	比上年	绝对数	比上年
		(万人)	增长(%)	(万人)	增长(%)	(万人)	增长(%)
2017	研究生教育	2.80	24.00	7.80	10.80	1.90	1.70
	普通高等教育	39.20	4.10	127.30	3.90	33.30	5.10

续表

年份	指 标	招生人数		在校(学)人数		毕业人数	
		绝对数	比上年	绝对数	比上年	绝对数	比上年
		(万人)	增长(%)	(万人)	增长(%)	(万人)	增长(%)
2016	研究生教育	2.20	2.70	7.10	2.70	1.90	1.50
	普通高等教育	37.60	4.50	122.50	3.80	31.70	5.30
2015	研究生教育	2.20	3.60	6.90	3.90	1.90	-2.10
	普通高等教育	36.00	4.30	118.10	3.90	30.10	1.50
2014	研究生教育	2.10	1.90	6.60	1.50	1.90	10.00
	普通高等教育	34.50	5.80	113.60	3.20	29.60	0.50
2013	研究生教育	2.10	3.50	6.50	4.10	1.70	6.20
	普通高等教育	32.70	0.40	110.10	1.70	29.40	-4.00

数据来源：2013—2017年《湖南省国民经济和社会发展统计公报》。

(三)创新主体建设

高技术服务业的创新离不开创新主体的建设。创新的主体可以分为直接主体和相关主体两大类。高技术服务企业是创新的直接主体，由于服务业的特殊性，服务业的创新需要顾客的参与，因此客户企业也是关键性的创新主体。在此，有必要对湖南省高技术服务企业的发展情况进行简要的分析，以明确这类最为关键直接的创新主体的大体情况，从主体的角度把握湖南省高技术服务业创新的基础。从表4-3可以看出，高技术服务业中的两个子行业的法人单位数量在考察期间都呈现出明显的增长趋势。2017年科学研究和技术服务业的法人单位数量达到了28849个，超过信息传输、软件和信息技术服务业的法人单位数量。另外，知识密集型服务业中的租赁与商务服务业的法人单位数量相对最多，2017年达到62762家。从高技术服务业各子行业法人单位数量的变化趋势可以看出，湖南省高技术服务业创新主体建设得到了较快的发展。

表4-3　　　　　　　　　**湖南省高技术服务业法人单位数**　　　　（单位：家）

项　　目	年　份			
	2014	2015	2016	2017
信息传输、软件和信息技术服务业	5984	8401	14495	22548
科学研究和技术服务业	13860	16851	21059	28849
高技术服务业	19844	25252	35554	51397
金融业	2304	2996	3431	3570
租赁和商务服务业	24417	30928	44047	62762
知识密集型服务业	26721	33924	47478	66332
制造业	61075	62180	68334	75769

数据来源：国家统计局网站。

二、创新资源投入状况

高技术服务业要获得创新的绩效，首先必须投入相关的创新资源。创新资源从大类分可以分为创新人力资源、创新财力资源和创新物力资源。其中创新的物力资源从固定资产的投资角度也得到了一定程度的体现，在此主要对创新的人力投入和经费投入进行阐述。

(一) 创新人力投入

创新人力投入又可以进一步分为两个层次，一是从比较广的范围考察高技术服务企业的就业人员情况，二是从直接从事研究与技术开发的人员角度来考察其人力资源状况。从就业人员角度分析(如表4-4所示)，湖南高技术服务业就业人员的数量在19.29万之间波动，从2013年19.67万人变动到2017年18.35万人，有所下降且高技术服务业就业人数占第三产业的比重非常低，直到2014年才达到1.45%，然而，2015年到2017年该比重有所下降。

表4-4　　　　　**湖南省高技术服务业城镇单位就业人员**　　　（单位：万人）

项　　目	年　份				
	2013	2014	2015	2016	2017
信息传输、软件和信息技术服务业	7.32	7.62	7.24	7.40	6.93

续表

项　目	年　份				
	2013	2014	2015	2016	2017
科学研究和技术服务业	12.35	12.92	11.54	11.74	11.42
高技术服务业	19.67	20.54	18.78	19.14	18.35
占第三产业从业人员比重	1.39%	1.45%	1.31%	1.33%	1.26%
金融业	21.20	22.38	24.04	25.34	26.72
租赁和商务服务业	8.99	9.06	9.84	9.88	10.33
知识密集型服务业	30.19	31.44	33.88	35.22	37.05
第三产业从业人员	1410.30	1421.31	1432.32	1442.02	1453.03
制造业	134.23	130.65	121.75	109.29	109.04
城镇单位就业人员	600.99	597.90	579.15	568.41	565.75

数据来源：国家统计局官方网站。

　　另外，我们以直接从事研究与开发的人员情况对创新人力投入进行了考察，因为这部分人员是高技术服务业中技术创新的关键性人力资源。据相关资料查证，湖南省在科学研究和技术服务业的研发人力投入最多，这种情况与该行业的特点是相关的，科学研究与技术服务业本身就是专门从事研究与开发的子行业，故其投入的人员全时当量也应该相对最多，但是和东南沿海一些发达的省市相比，湖南省在高技术服务业的研发人力投入方面还需要进一步加强。

(二)创新经费投入

　　创新的成功实施离不开经费的支持。从湖南省高技术服务业的 R&D 经费内部支出情况来看(表 4-5 所示)，在其内部两个子行业中科学研究与技术服务业的经费内部支出占了相对大的比重。而信息传输、计算机服务与软件业的研发经费内部支出尚不及前者的 15%。这种情况的出现与行业的特点有关。科学研究和技术服务业本身就是专门从事研发的行业，其基础研究的投入强度明显应超过计算机服务性和软件业等技术应用性行业。研发经费内部支出的变动趋势还可以通过图 4-2 展现出来。

表 4-5 　　　　　湖南省高技术服务业 **R&D** 经费内部支出情况 　（单位：万元）

项目 　　　　年份	2013	2014	2015	2016	2017
信息传输、软件和信息技术服务业	4488	11274	14667	18060	21453
科学研究和技术服务业	199508	218367	237223	256086	274946
高技术服务业	203996	229641	251890	274146	296399

数据来源：国家统计局官方网站。

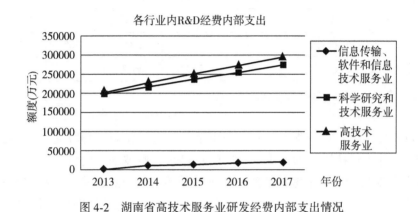

图 4-2 　湖南省高技术服务业研发经费内部支出情况

三、创新的技术经济表现

高技术服务业创新绩效的表现形式多样，不能单纯以最终的财务或经济绩效来衡量。总的来说，创新的绩效可以表现为技术绩效和经济绩效两个方面。

（一）技术绩效

在传统的服务业创新中，技术维度的创新往往不占主要比重。甚至在知识密集型服务业中的某些行业，比如管理咨询服务业，该行业的创新主要是管理咨询服务提供者与客户企业沟通之后形成一种解决问题的方案，其中直接涉及技术维度的创新很少。然而，高技术服务业的行业特征和传统服务业甚至和知识密集型服务业中某些子行业相比，有明显的差异。因为高技术服务业的高技术含量特性，它在创新过程中技术维度通常得到了显著的体现，因此往往伴随发明专利等技术成果的出现。同时在技术交易市场上也通常会产生技术交易行为，所以技术市场交易额度也是创新绩效的体现，并且这些技术绩效指标可以获得其直接的量化数据，表4-6中列出了高技术服务业的专利申请数据、有效发明专利件数、科技论文的发表数量。需要指出的是，技术市场成交额指标的统计口径只能扩大到全社会领域。在现有的统计资料或可行的数据获取途径中，没有专门将高技术服务业或其子行业单列出来的数据。

表4-6　　　　　　　　　　湖南省高技术服务业创新技术绩效表现

指　　标	年　　份				
	2013	2014	2015	2016	2017
专利申请数(件)	946	1078	1210	1342	1474
有效发明专利数(件)	1714	1931	2148	2365	2582
发表科技论文数(篇)	2367	2522	2677	2832	2987

数据来源：《2014—2018年中国统计年鉴》。

湖南省高技术服务业领域的专利申请数、有效发明专利数在2013—2017年期间总体上保持增长的势头，但期间也存在一些波动。而科研论文数量在2013年相对最少，整个考察期间总体上变动不大。当然，发明专利和科研论文只不过是高技术服务业创新过程中的中间产出的一种表现形式，而且还只属于创新众多维度中技术维度层面的创新结果。而这种中间产出并非高技术服务业创新的最终追求。

(二)经济绩效

高技术服务企业只有获得经济绩效，创新才有意义，否则企业无法通过创新获得竞争优势。当然，企业的创新活动也不能仅仅是以取得经济绩效为唯一目标，在获得经济绩效的同时也要考虑社会效益，比如创新活动对自然环境、资源以及其他产业的影响等。至于经济方面的绩效也有直接和间接之分。直接绩效是创新所导致的高技术服务业增加值、销售收入等经济成果的获取。间接绩效是创新功能在被服务企业或产业中的发挥，导致高新技术产业经济效益的变化。而有些指标的统计口径只能适当地扩大，比如高技术服务业增加值，所能获得的只能是一个整体性的数据，到底其中有多少成分或比例是由服务业创新所导致，则无法被明确地分离出来。其次，创新给高新技术产业所带来的收益增加难以明确化，然而这种推动作用从理论上来讲确实存在，只能从高新技术产业的整体性指标中来推测高技术服务业创新对其的贡献。表4-7至表4-9

分别列出了高技术服务业和高新技术产业的一些经济指标表现情况、高技术服务业内各行业所创造的 GDP 数量及相关行业就业人员的工资水平。

表 4-7　　　　　　湖南省高技术服务业关键性经济绩效表现

指　标	年　份				
	2013	2014	2015	2016	2017
高技术服务业增加值(万元)	2600078	3204899	3809720	4414541	5019362
高技术服务业销售收入(万元)	6536539	7991214	9445889	10900564	12355239
高新技术产业增加值(亿元)	3989.27	4618.59	5247.91	5877.23	6506.55
高新技术产业利税(亿元)	1163.22	1349.61	1536	1722.39	1908.78

数据来源：国家统计局官方网站。

从表 4-8 可以看出，湖南省高技术服务业内部各行业所创造的 GDP 份额。从中可以考察到，整个高技术服务业创造的 GDP 份额占全部 GDP 的比重始终维持在 3%左右，多数年份达不到 3%。从比重上讲，在考察的年份中要小于以金融业和租赁与商务服务业所创造 GDP 的占比，这一比重也要低于全国的平均水平。这说明湖南省的高技术服务业整体发展水平及创新绩效依然有很大的提升空间。

表 4-8　　　　　湖南省高技术服务业内各行业 GDP 构成　　　　（单位：亿元）

指　标	年　份				
	2013	2014	2015	2016	2017
信息传输、软件和信息技术服务业	447.18	484.44	521.64	577.9	595.16
占 GDP 比重	1.83%	1.77%	1.73%	1.75%	1.66%
科学研究和技术服务业	237.24	264.35	291.46	318.57	346.57
占 GDP 比重	0.97%	0.97%	0.96%	0.93%	0.96%
高技术服务业	684.42	748.79	813.1	896.47	941.73
占 GDP 比重	2.79%	2.74%	2.69%	2.71%	2.62%
金融业	708.90	758.48	862.06	939.64	1015.22
占 GDP 比重	2.89%	2.77%	2.85%	2.84%	2.82%

续表

指　标	年　份				
	2013	2014	2015	2016	2017
租赁和商务服务业	464.81	530.73	596.65	662.57	728.49
占 GDP 比重	1.90%	1.94%	1.97%	2.00%	2.03%
金融业、租赁与商务服务业	1173.71	1289.73	1458.71	1602.21	1743.71
占 GDP 比重	4.79%	4.71%	4.82%	4.84%	4.85%
地区生产总值	24501.67	27362.17	30222.67	33083.17	35943.77

数据来源：根据国家统计局官方网站数据计算整理所得。

工资水平的高低既关系到企业员工的创新和工作积极性，也是创新成果的最终体现形式之一。表 4-9 显示了湖南省高技术服务业城镇单位就业人员的平均工资水平。比较高技术服务业、知识密集型服务业和制造业的平均工资绝对值及其变化趋势，可以看出高技术服务业的工资水平相对具有最强的竞争优势，2017 年平均年工资超过了 6 万元，而租赁和商务服务业的平均工资相对最低。

表 4-9　　　　湖南省高技术服务业城镇单位就业人员平均工资　　（单位：元）

项　目	年　份						
	2011	2012	2013	2014	2015	2016	2017
信息传输、软件和信息技术服务业	41330	47314	54344	58884	68020	76123	81785
科学研究和技术服务业	41841	45204	47101	49931	55910	62232	71425
高技术服务业	41586	46259	50723	53756	56789	59822	62862
金融业	56704	65336	77457	84674	92826	97704	99320
租赁和商务服务业	27804	33093	35201	37915	44013	46985	49580
知识密集型服务业	42254	49215	56329	63366	70404	77365	84403
制造业	35652	39788	43356	47709	51265	54423	58552
城镇单位就业人员平均工资	34586	38971	42726	47117	52357	58241	63690

数据来源：国家统计局官方网站。

图 4-3 对三个产业的平均工资水平的绝对量和变化趋势进行了呈现，从中可以明显地看出三个产业的工资水平都呈现增长的趋势，然而就工资的竞争力而言，制造业要明显逊色。

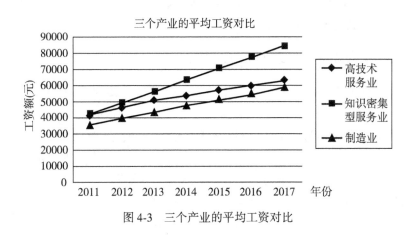

图 4-3　三个产业的平均工资对比

从湖南省层面来考察，湖南省的问题比全国层面的问题总体上更加突出。固定资产投资占第三产业固定资产投资的比重很低。就高技术服务业就业人数占第三产业的比重而言，该比重还非常低，甚至明显小于全国总体比重值。在创新方面，从投入角度考察，创新的投入力度没有明显的变化，而从高技术服务业所应该具备的高技术、高人力资本、服务产品高附加值的特征来讲，湖南省的高技术服务业还没有充分体现出这些特点，这与创新力度的缺乏是不无关系的。从高技术服务业发展所需的高端人才角度考察，湖南省虽然在高等教育的人才培养力度上比较关注，但直接从事高技术服务的高端人才还比较欠缺。

第二节　效率测度方法的使用

效率测度方法的选择关系到最终测度结果的合理性和准确性，它是实证测度工作的第一步。本书从相对效率的角度来衡量高技术服务业的创新绩效。所谓相对效率，是指考察创新资源投入与成果产出之间的相对关系。也就是追求在一定的资源投入量的前提下，致力于实现产出水平的相对最大化。或者在确保一定量的产出水平下，努力实现成本的最小化。需要指出的是，相对效率高不一定意味着绝对产出水平就高。它是一个体现资源投入与产出之间相对关系的概念，而且这一相对关系可以用来反映投入与产出之间的协调性。[①] 本书拟对湖南省高技术服务业及其两个子行业的创新效率进行测度，考察其投入产出的相对效率水平，并从测度的结果中寻找改善创新工作的方向。在考虑到研究对象的特征和研究所预期达到的目标之后，作者选择 DEA 方法来进行实证测度，并且运用超效率数据包络分析法来解决对有效决策单元进一步排序和区分的难题。

一、未考虑环境因素的 C2R 模型

假设 n 个被评价对象 $j(j=1, 2, \cdots, n)$ 的投入向量为 $X_j = (x_{1j}, x_{2j}, \cdots, x_{mj})^T$，产出向量记为 $Y_j = (y_{1j}, y_{2j}, \cdots, y_{sj})^T$。$x_{ij}$、$y_{rj}$ 分别代表被测评对象 j 的第 i 类资源使用量和第 r 类产出量$(i=1, 2, \cdots, m; j=1, 2, \cdots, n; r=1, 2, \cdots, s)$。$v=(v_1, v_2, \cdots, v_m)^T$，$u=(u_1, u_2, \cdots, u_s)^T$ 分别表示投入和产出权重向量。一般的，可采用以下方式表示生产可能集：

$$T = \left\{ (x, y) \,\bigg|\, \sum_{j=1}^{n} \lambda_j x_j \leqslant x, \ \sum_{j=1}^{n} \lambda_j y_j \geqslant y, \right.$$
$$\left. \sum_{j=1}^{n} \lambda_j = 1, \ \lambda_j \geqslant 0, \ j=1, 2, \cdots, n) \right\}$$

通过深入分析，从考虑输入的角度构建起评价决策单元相对有效性的 DEA 模型如式(4-1)。值得注意的是，该模型没有考虑环境因素，也就是说，没有将环境因素当作投入变量来看待。

$$
\begin{cases}
\min(\lambda'_1, \lambda'_2, \cdots, \lambda'_n, \theta) \begin{bmatrix} 0 \\ 0 \\ \cdots \\ 0 \\ 1 \end{bmatrix} = V_D \\
\text{s. t. } \sum_{j=1}^{n} \lambda'_j x_j + \theta x_0 \geqslant 0 \\
-\sum_{j=1}^{n} \lambda'_j y_j - y_0 \geqslant 0, \ \lambda'_j \leqslant 0
\end{cases}
\tag{4-1}
$$

进一步的，我们考虑对以上模型引入松弛变量 s^- 及剩余变量 $s^+(s^-, s^+ \geqslant 0)$，同时令 $-\lambda'_j = \lambda_J$。因此，可将上式转化为以下形式(4-2)。

---

① 田家林. 我国服务业的投入产出效率分析：基于超效率 DEA 方法的实证研究[J]. 经济问题，2010(10)：33-37.

$$(D)\begin{cases} \min\theta = V_D \\ \text{s.t.} \sum_{j=1}^{n} \lambda_j x_j + s^- = \theta x_0 \\ \sum_{j=1}^{n} \lambda_j y_j - s^+ = y_0 \\ \lambda_j \geqslant 0, \ j = 1, \ 2, \ \cdots, \ n \\ s^- \geqslant 0 \\ s^+ \geqslant 0 \end{cases} \tag{4-2}$$

模型(4-2)有着显著的经济意义,它表示在优化配置资源时的着眼点是投入量,也就是说,尽可能地在保障产出既定的情况下减少应该减少的投入,这样才能达到效率提高的目的。那么,该如何判断被评价对象有没有达到生产的有效性呢?这就涉及模型的最优解问题。C^2R 模型的最优解是 λ^*,s^{*-},s^{*+},θ^*,则有:

(1)若 $\theta^* = 1$,$s^{*-} = s^{*+} = 0$,那么表示 DMU_{j0} 是 DEA 有效的。具体地分析,也就是这一决策单元在运行过程中其所投入的创新资源获得了相对效果最佳的产出水平。该评价单元不存在创新资源的冗余现象,也就是不存在资源的浪费。这时的评价对象呈现出技术效率最好,同时又处于规模报酬不变的状况。所谓规模报酬不变,是指评价对象的规模与报酬呈同方向变化且变动的幅度是一样的。

(2)若 $\theta^* = 1$,但 $s^{+-} \neq 0$,$s^{*+} \neq 0$,则表示 DMU_{j0} 是弱 DEA 有效的。如果某一评价对象呈现出这一结果,则表示该评价对象不能同时实现两个目标:技术效率最佳和规模报酬不变,而只能最多达到其中之一的目标。而且在这种状态下,被评价对象在运行中可能存在资源冗余或产出需提高的情况,这取决于 s_i^- 和 s_i^+ 的具体取值。前者若大于零,则意味着投入的资源有节约的空间;后者大于零,则意味着创新的成果有提升的空间。

(3)若 $\theta^* < 1$,就代表该被评价对象呈现出无效状态。无效的经济含义是该决策单元的创新资源投入与成果产出之间是不协调的。要么所投入的资源存在很大的可节约空间,它并没有发挥应有的功效;要么创新的成果产出数量太少了,产出的水平存在着很大的改进空间。

(4)如果某一被评价对象为无效的单元,那么就应该对其采取管理改善的措施以促使其达到有效。具体的方法就是找到投入变量和产出变量各自的投影值,也就是潜在的最优值,再将实际值与最优值进行比较从中找到改进的空间。x_0 实际投入量,y_0 是实际产出量,假设通过求解得到的模型最优解为 λ^*、s^{*-}、s^{*+}、θ^*。那么,投入指标的投影值 X_0 和产出指标的投影值 Y_0 计算公式如下。投影值为管理决策的制定提供了重要的依据。

$$\begin{cases} X_0 = \theta^* x_0 - s^{*-} \\ Y_0 = y^0 + s^{*+} \end{cases}$$

另外，如果从输出的角度来考察传统 DEA 模型，那么模型的形式有所差异，但其实质是一样的。式(4-3)是从输出的角度来揭示的模型结果。

$$(E)\begin{cases} \max\ \alpha = V_E \\ \text{s. t.}\ \ \sum_{j=1}^{n} \lambda_j y_j \geqslant \alpha y_0 \\ \sum_{j=1}^{n} \lambda_j x_j \leqslant x_0 \\ \sum_{j=1}^{n} \lambda_j = 1 \\ \lambda_j \geqslant 0,\ j = 1,\ 2,\ \cdots,\ n \end{cases} \qquad (4\text{-}3)$$

同样的道理，模型(4-3)有着显著的经济意义。它表示在优化配置资源时的着眼点是产出量，也就是说，尽可能地在保障投入既定的情况下增加应有的产出，这样才能达到效率提高的目的。如果 a>1 则表明在保障既定的投入量的情况下，现有的产出量还可以达到更大。

二、考虑环境因素的 C2R 模型

对产业或企业进行运营或创新效率测度时，当然希望一些期望的产出越大越好，但是有些产出我们并不希望它发生，至少是希望它尽可能地减少，比如一些生产中的污染物。就高技术服务业而言，它属于高技术含量、高人力资本、高附加值的产业，其本身在运营过程中所产生的污染物很少，但是该产业的使命就是为高新技术产业或其他相关产业的发展提供技术服务，而帮助这些被服务的产业或企业所需要达到的一个重要目的就是使被服务企业走向科技含量高、环境污染少、经济效益佳、人力资本优势得到充分发挥的集约式发展道路。因此，被服务对象的节能减排目标也就是高技术服务企业或产业的创新所需要追求的目标。

(一)将环境残余当作产出变量

当将环境残余当作产出变量时，这种产出就是一种负产出。[①] 此时，为了

---

① Kao C. Efficiency decomposition in network data envelopment analysis: a relational model [J]. European Journal of Operational Research, 2009, 192(2): 949-962.

使得评价模型继续保持适用性，有必要对负的产出做一些处理，使其转化为正数。这一处理过程需要用到平移变换法。式(4-4)是从输出的角度并且把环境残余当作负产出的 DEA 模型。这个模型的目标函数体现的是产出的最大化，其经济意义为在一定的投入水平下努力使得期望的产出达到最大，同时严格控制环境残余这种负产出的水平，这种非期望产出当然是越小越好。

$$
(O)\begin{cases}
\max \ \alpha = V_O \\[2mm]
\text{s. t.} \ \sum_{j=1}^{n} \lambda_j y_j \geqslant \alpha y_0 \\[2mm]
\sum_{j=1}^{n} \lambda_j z_j \geqslant \alpha z_0 \\[2mm]
\sum_{j=1}^{n} \lambda_j x_j \leqslant x_0 \\[2mm]
\sum_{j=1}^{n} \lambda_j = 1 \\[2mm]
\lambda_j \geqslant 0, \ j = 1, \ 2, \ \cdots, \ n
\end{cases}
\tag{4-4}
$$

(二) 将环境残余当作投入变量

环境残余是产业或企业运营过程中不可避免的非期望产出，从某种角度讲非期望产出是获得期望产出所付出的代价。因此，将这种非期望产出当作一种投入也是合理的。从输入角度且将环境残余当作投入变量的 DEA 模型可表达为式(4-5)。

$$
(P)\begin{cases}
\min \ \theta = V_P \\[2mm]
\text{s. t.} \ \sum_{j=1}^{n} \lambda_j x_j \leqslant \theta x_0 \\[2mm]
\sum_{j=1}^{n} \lambda_j z_j \leqslant \theta z_0 \\[2mm]
\sum_{j=1}^{n} \lambda_j y_j \geqslant y_0 \\[2mm]
\sum_{j=1}^{n} \lambda_j = 1 \\[2mm]
\lambda_j \geqslant 0, \ j = 1, \ 2, \ \cdots, \ n
\end{cases}
\tag{4-5}
$$

通过证明，可以获得这样的结论，将环境残余当作产出的模型和将环境残余当作投入的模型的有效性是等价的，也就是说两者从本质上讲是一致的。

三、超效率 DEA 模型

由于传统的 DEA 模型只能实现区分有效和无效对象的目标，不能再对有效对象进行细分。为了解决这一问题，需要对传统模型进行改良，使之能够实现对有效评价对象深入区分的目标。改进后的模型有很多种表现形式，其中超效率 DEA 模型是一种典型代表，它与传统模型在数学形式上基本类似，其具体表达如式(4-6)所示。

$$
\begin{cases}
\min \theta \\
\text{s. t.} \displaystyle\sum_{\substack{j=1 \\ j \neq k}}^{n} X_j \lambda_j \leqslant \theta X_k \\
\displaystyle\sum_{\substack{j=1 \\ j \neq k}}^{n} Y_j \lambda_j \geqslant Y_k \\
\lambda_j \geqslant 0, \ j = 1, \ 2, \ \cdots, \ n
\end{cases}
\tag{4-6}
$$

在采用超效率 DEA 模型对原本就无效的决策单元效率值进行测度时，将该决策单元先排除在全体 DMU 集合之外，此时有效生产前沿面不会发生改变，故其超效率测度值与采用传统模型测算出的数值一样，都小于 1 的某个数值。而在测度原本有效的 DMU 过程中，当将其首先排除在全体 DMU 集合之外时，生产前沿面会发生改变(通常会往后移)，测算出来的效率值将是一个大于 1 的数值，该数值等于在既定效率情况下投入可以增加的比例。为了更好地理解超效率模型的含义，以下结合图 4-4 等产量曲线来进一步作出阐述。P、Q、R、S、T、U 表示 6 个决策单元，PQRST 是一个有效生产前沿面，采用传统模型测算时处于此生产前沿面上的点的效率值都是 1，U 点在有效生产前面之外，故其效率值小于 1(属于无效 DMU)。用超效率 DEA 模型测算时，比如测算 Q 点的效率值时先将该点排除在 DMU 集合之外，那么生产前沿面便后移成了 PRST，Q 点的超效率值为 OQ′/OQ>1。同样的，P、R、S 点的超效率值都是大于 1 的某一具体数值。而 T 点比较特殊，在测算其超效率值时先将该点排除在外并不会使生产前沿面发生改变，其超效率值仍为 1，这类点被称为弱有效点。总之，采用超效率 DEA 模型能测度出所有点(决策单元)的超效率值并加以比较和区分，将该模型应用于高技术服务业的效率测算便可达到预期的目标。①

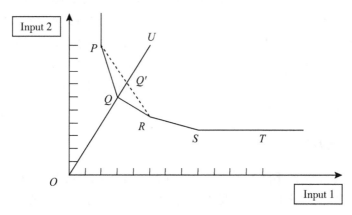

图 4-4　超效率 DEA 的等产量曲线解析

以上是对传统 DEA 模型与超效率模型的阐述，本书将采用这两个具体方法对高技术服务业及其两个子行业"信息传输、软件和信息技术服务业""科学研究和技术服务业"的创新效率进行测度。试图从测度的结果出发寻找进一步改进创新效率的方向。

第三节　创新绩效评价指标体系的构建

一、评价指标选择的原则

在对被测度对象进行评价之前，首先要设置出一套科学合理的指标体系，这一项工作的重要性不言而喻。然而，要获得一套合理的指标还需要在设置过程中秉承一些原则，原则确立的最终目的是为了确保指标体系的质量。针对高技术服务业，评价指标选择的主要原则是目标导向原则、系统性原则、针对性原则、可操作性原则等。以下对这些原则进行具体的探讨及分析。

（一）目标导向原则

指标体系的设置是为了测度出高技术服务企业创新的绩效，应该追求所测

①　刘中艳. 基于超效率 DEA 模型的我国酒店业经营效率的测度与评价研究［J］. 湖南科技大学学报，2013，16（4）：77-81.

得的绩效与客观结果尽可能一致。从测度本身看，一是要实现不同被评价对象之间进行横向对比的目的，二是要对同一被测度对象的绩效随时间改变而演化的特征进行考察。然而，测度本身并非最终目标，最终目标是基于测度的结果认清被评价对象在创新方面的真实表现，以此为依据制定出切实可行的针对性的改善绩效的对策措施。① "以评促建、以评促改"才是最终的归宿。因此，指标体系的设置要始终围绕上述目标而展开。合理设置出的指标体系本身具有激励作用，它能够激励高技术服务企业的创新活动以指标为导向而持续地改进。

(二) 系统性原则

指标体系的构建不能出现片面化的现象，而要全面系统地考察。要达到这一状态，首先就应该对高技术服务业创新的概貌、基本内容、特征有很好的把握。根据《奥斯陆手册》的研究，创新是一个范围较为宽泛的概念。它既涵盖产品和工艺的创新，也涉及组织、市场和制度等方面的创新。因此，对于创新的测度就不仅要从技术维度来考察，同时要兼顾创新的非技术维度，尤其是对于提供无形服务产品的服务业更是如此。创新的绩效不仅要从一些财务指标体现出来，还要关注一些非财务指标；创新的测度不仅要重视创新的产出，还要关注创新的投入，并且要对中间产出等过程性因素进行考察。对于创新所取得的成果，不仅要关注一些眼前的利益，比如技术专利、经济效益等，还要对环境绩效进行考察。因为任何经济行为都不能无止境地以牺牲资源和环境为代价。只有从系统性的视角来考察和设置测度指标体系，最终才能获得对高技术服务业创新绩效或效率的正确评价。

(三) 针对性原则

指标的设置要具有针对性，针对性和系统性是不矛盾的。系统性是为了全面地揭示被评价对象的表现，如果偏废了某些应该加以考核的方面就会导致最终所得结果缺乏客观性。但如果面面俱到、细致入微地设置过多的指标也会导致后续的数据收集、整理、实证测度等工作量增加，研究难度提升。更为值得注意的是，指标过多往往会导致某些指标的含义出现重复，指标间的相对独立性降低。因此，在研究的过程中需要重点把握某一领域的关键性指标，避免因

---

① 史一鸣，包先建. 装备制造业与高技术服务业耦合发展评价指标体系研究[J]. 长春大学学报，2013(7)：827-831.

最终的指标数量过多反而给研究工作造成不必要的麻烦。

（四）可操作性原则

设置了指标之后需要依据指标收集到所需的数据，这就要求指标本身具有可操作性，也就是能够量化处理，否则相关的指标不能应用于实际的测度，只能停留在理论探讨的层面。本书所设置的指标需要进行后续的实证测度环节，通过相应的数理模型运算最终获得高技术服务业的创新效率值。因此，指标体系的构建必须坚持可操作性的原则，能够通过一些比较权威的公开渠道获得二手数据。

二、概念性测度框架的构建

要想构建出科学合理的指标体系，第一步需要确立一个概念性的测度框架。测度框架与具体指标的关系就如同树与果实的关系。那么，如何构建起测度高技术服务业创新的"树"呢？这就需要明确到底应该从哪个角度来测度的问题，这也是一个测度的方法论问题。就目前学术界及实践领域对创新进行测度的有关研究及具体操作来考察，对服务业进行创新测度的视角主要有两个，一是从产出的角度来测度创新，二是从活动的角度来测度创新。从产出角度来测度创新方法的学者认为产出才是最有意义的，因此只需从产出角度来测度就行了。但是这种观点或方法也存在一些明显的问题：一是没有把握住创新的过程性活动，二是纯粹绝对的产出数据在不同特征的被测度对象之间很难直接比较，即缺乏可比性。因此，随着学术研究的深入发展，一些学者意识到了产出测度法的种种弊端，开始寻找其他更为妥善的解决办法。

对一个经济产出主体而言，创新测度到底要从哪些方面展开，必须结合被测度对象创新的基本内容及其特征来确定。按照《奥斯陆手册》对经济体创新的内容解释，创新既涉及产品与工艺方面的创新，也涵盖市场、组织等要素的创新。《奥斯陆手册》还对创新所需要关注的一个突出问题进行特别交代，即创新主体间的合作关系。该著作认为创新活动要顺利达到预期目标，就离不开企业之间或企业与其他创新相关主体之间在技术交流、人员往来等方面的相互学习与合作。该著作将创新看作一个系统性的复杂工程。因此，从经济体的创新内容来分析，对创新的测度不能仅仅从产出的角度来衡量，它应该是对整个过程性活动的考察。

对于高技术服务业创新测度框架的设置，不能不考虑高技术服务业创新的特征。高技术服务业创新具有高技术性、客户导向性和高互动性等特征。高技术特征主要从两个方面得以体现。一是高技术服务企业通过从其他渠道获取或改造得到新技术，并利用这些新技术为客户企业服务。二是将创新的技术向客户企业乃至其他产业扩散，使得下游企业利用这种新技术来提高生产率。因此，对高技术服务业创新的测度也应该突出高技术性的特征，这种特征应该体现在指标体系的设置中，比如研发的各种投入、专利技术的产出，这些在对制造业进行技术创新的测度时突出强调的特征依然在高技术服务业创新测度时也应该得以彰显。

服务企业创新的目的最终是为了更好地为客户企业服务，因此其创新应当以客户需求为导向。高技术服务业的客户大多属于高新技术产业领域的企业，因此从理论上分析客户企业经济效益的获取是高技术服务企业创新对社会的贡献。因此，应该设置出高技术服务业创新的社会效益指标。另外，在当下极力强调节能减排、资源与环境约束的背景下，高技术服务企业创新的测度还应当考虑创新活动所带来的环境绩效，这也是创新绩效的一种表现形式。环境方面的绩效可以通过两个方面来体现，一是通过创新使服务企业自身在节能减排方面所取得相应的绩效，二是通过创新使得客户企业受益，并且让客户企业在节能减排方面获得了相应的绩效。因此，在设计指标体系时应该考虑创新所带来的环境绩效。

高技术服务业创新的另一显著特征就是高度互动性。互动体现在两个方面，一是高技术服务企业和客户企业的互动，二是服务企业内部的互动。创新的源泉有时来自于服务企业，但很多时候来自于客户企业的需求或创意。在服务的提供或创新过程中服务企业和客户之间只有密切的交流合作，才能使创新的目标最终顺利实现。另外，互动也存在于服务企业内部。服务企业内部要形成积极创新、充分相互学习、共享知识和经验的良好氛围。学习交流及知识共享可以通过培训、交流会、研讨会的方式来实现。因此，在指标体系的设置中应该考虑到顾客的满意度、员工的学习与培训的因素，并尽量获取到相应的指标数据。

鉴于学术界对服务创新测度方法论立场的选择倾向，并结合高技术服务业创新的内容及特征，作者认为构建创新绩效测度的概念性框架时应该着重考虑以下几个要点：不仅应从产出角度来关注创新，也要考察创新的活动过程及资源投入情况。在考察产出结果时，要从三个方面来展开：一是考察中间产出情况，如专利和科研论文等，二是要对本行业的经济产出进行关注，三是要考察高技术服务业的渗透效应，即高技术服务业对高技术产业在经济方面的贡献。尤其要强调的是，在产出方面不仅要关注技术、经济方面的表现，还要关注环境绩效。

具体化到指标设置的环节，可以从资源投入、环境残余、中间产出、最终产出、社会效益五个方面设置明细指标。

三、测度指标体系的确立

(一)初始指标体系的确立

在构建起概念性测度框架后，就可以此为思想依据设置出具体的指标体系。当然，首先设置出的是初始的指标体系，还需要运用适当的方法对其进行筛选，最终才能得到可以付诸实证测度的指标。初始的指标体系如表4-10所示。

表4-10 高技术服务业创新效率测度指标

门类	小类	具体指标	备注
投入	资源输入	有 R&D 活动的单位数(个)	
		R&D 人员数(人)	
		限额以上单位法人从业人员平均人数(人)	
		R&D 经费内部支出(万元)	
		项目(课题)人员全时当量(人年)	
		行业内研究机构数量(个)	
		研究机构内科研用仪器和设备原值(万元)	
		每年毕业大学生及研究生人数(人)	
		在岗职工平均工资(元)	
	环境残余	废水中化学需氧量排放量(万吨)	备选
		废水中氨氮排放量(万吨)	备选
		废气中二氧化硫排放量(万吨)	备选

续表

门类	小类	具体指标	备注
产出	中间产出	专利申请数(件)	
		有效发明专利数(件)	
		发表科技论文数(篇)	
		技术市场成交合同金额(亿元)	
	最终输出	限额以上单位法人收入(亿元)	
		限额以上单位法人利税(亿元)	
		行业 GDP(亿元)	
		高技术服务业总产值(万元)	
		高技术服务业增加值(万元)	
		高技术服务业利税总额(万元)	
		高技术服务业销售收入(万元)	
	社会效益	高新技术产业增加值(亿元)	
		高新技术产业利税(亿元)	

注:"废水中化学需氧量排放量""废水中氨氮排放量""废气中二氧化硫排放量"三个指标在考虑环境因素的情况下选择。

(二) 指标的第一轮筛选:隶属度分析

在第一轮指标优化中,请了 48 位在服务业创新理论研究与实践领域的专家和企业实践工作者、政府相关产业部门管理者对本书预先设置的指标进行甄选。由 48 位专家根据自己的知识专业及经验,对每一个初选指标进行主观评价。筛选中,将隶属度的临界值设为 0.8,即统计专家的评价结果,就某一指标而言,如果有达到 80% 的专家认为应该保留下来,则该项指标就予以保留。反之如果达不到 80% 的专家认可,那么这项指标就在第一轮筛选中被淘汰。比如,"R&D 经费内部支出"指标,同意将其保留的专家有 42 位,也即 88.3% 的专家认可这一指标,因此将其保留。通过统计分析,发现有三项指标达不到要求,剩下的 22 项指标被保留了下来进入下一轮的筛选流程。表 4-11 列示了被专家剔除的指标。

表 4-11 第一轮被删除的指标

通过专家判断被删除的指标	单位	隶属度	备注
在岗职工平均工资	元	0.57	
技术市场成交合同金额	亿元	0.72	
每年毕业大学生及研究生人数	人	0.70	

(三)指标的第二轮筛选：相关性与鉴别力分析

经过第一轮专家的甄选之后，获得用于高技术服务业创新效率测度的基于经验优化的指标体系。但这一指标体系可能还会存在一些问题，比如指标之间的相关性过大或者指标的鉴别能力不够强，这些问题的存在很可能会导致最终的测度结果缺乏足够的准确性、客观性和可信度。因此，有必要对这一指标体系展开相关性分析和鉴别力分析。通常如果两个指标间的相关系数大于0.85，那么应当将其中一项指标删除。如果某一指标的鉴别力小于0.55，那么就应该将该项指标删除。指标的相关性分析比较易于理解，现对指标鉴别力分析稍作展开说明。鉴别力指的是指标区分各个样本点对象上取值差异性的一种能力。它通常用变异系数 D 来度量，其测算式如式(4-7)所示。在式(4-7)中，$\bar{I}$ 表示某一指标在全体研究对象上取值的均值，S 表示某一指标在全体研究对象上取值的标准差。

$$\begin{cases} D_i = S_i / \bar{I} \\ \bar{I} = (1/n) * \sum_{i=1}^{n} I_i \\ S_i = \sqrt{(1/n) \sum (I_i - \bar{I})^2} \end{cases} \tag{4-7}$$

运用 SPSS 软件操作后发现，"高技术服务业利税总额"的鉴别力不符合要求；"高技术服务业总产值"与"高技术服务业增加值"之间的相关系数超标，故删掉"高技术服务总产值"指标，见表 4-12。最终结合专家的意见及本书研究的需要，得到经过筛选优化之后的用于测度高技术服务业创新效率的指标体系。

表 4-12　　　　　　　　　　　　第二轮被删除的指标

通过专家判断被删除的指标	单位	相关性	判别力	备注
高技术服务业总产值	万元	0.83	—	
高技术服务业利税总额	万元	—	0.47	

第四节　原始数据的收集及结果测度

在设置出高技术服务业创新效率测度指标体系之后，需要基于该指标体系收集相关原始数据，数据收集的空间范围为湖南省内。根据国民经济行业分类标准（GB/T 4754—2011），高技术服务业可以分为两大类行业：一是信息传输、软件和信息技术服务业，二是科学研究和技术服务业。指标数据的来源渠道通常有两类：一是权威性的公开出版物，如从政府有关部门定期组织出版的各类综合性或专业性统计年鉴中获得数据；二是直接调研，这种方法适合于收集一些难以通过公开出版物获取的数据，如某些定性指标数据。通过查阅《湖南省统计年鉴（2013—2018）》及《湖南省（203—2018）年国民经济和社会发展统计公报》《湖南科技年鉴（2013—2018）》等公开出版的权威刊物及对湖南省统计局、湖南省科技厅官方网站的查询，收集到本书所需的指标数据，并对其进行适当的整理，为后续测算工作奠定基础。由于运用 DEA 模型进行实证测度时不需要对数据进行标准化处理，也无需基于指标数据事先确定指标权重，故可以省略指标无量纲化处理及确定指标权重的步骤。

在收集了相关指标的原始数据之后，经过适当整理便可将其投入到具体的实证测度过程中。由于高技术服务业创新投入产出时滞效应不是很明显，故在具体测算过程中没有考虑时滞问题。目前，有多种软件能够用于 DEA 分析，比较具有代表性的是数据处理系统 DPS 软件。为了对基于传统 C2R 模型和超效率 DEA 模型测算结果的差异性进行比较，本书采用 DPS9.5 软件测度了两种类型的效率结果。基于传统 C2R 模型所测算出的结果只能将决策单元区分为有效与无效两类；而基于超效率 DEA 模型的测算结果能进一步将已经有效的决策单元作出比较，这对于精确掌握高技术服务业或其子行业在各年的创新效率、明确各自定位及与其他对象相比所存在的问题具有重要参考价值。

一、高技术服务业：不考虑环境因素

首先，对高技术服务业整体的创新效率情况进行测度与评价，然后再对两个子行业的创新效率进行测度。表 4-13 列出了 2013—2017 年期间湖南省高技术服务业创新的投入产出原始数据。在实证测度时将 2013—2017 年的每一年度当作一个决策单元(DMU),一共有 5 个决策单元。

表 4-14 中所列是基于传统 C2R 模型实证测度后所得结果。从其中可以看出在考察期间,2014 年的相对效率值为 0.9837,属于效率值小于 1 的非有效决策单元,而其他年份的效率值都是 1,表示 DEA 有效。然而,我们却不能对效率值为 1 的年份再作出效率值高低的排序。

针对 2014 年这种无效的决策单元,应该考虑改进的措施。总的来说,就是要从测度的结果出发来寻找投入可以适当节约,而产出可以适当提高的方向,以便为管理决策的出台提供可靠的依据。

表 4-13 **2013—2017 年湖南省高技术服务业创新投入产出数据**

指 标	年 份				
	2013	2014	2015	2016	2017
I1:有 R&D 活动的单位数(个)	167	164	167	170	173
I2:R&D 人员数(人)	11004	11111	11218	11326	11433
I3:限额以上单位法人从业人员平均人数(人)	124078	127332	130567	133811	137056
I4:R&D 经费内部支出(万元)	203996	221158	238320	255482	272645
I5:项目(课题)人员全时当量(人年)	8597	8755	8913	9072	9231
I6:行业内研究机构数量(个)	168	181	194	204	217
I7:研究机构内科研用仪器和设备原值(万元)	361388	426715	492042	557042	662362
O1:专利申请数(件)	946	1078	1310	1342	1474
O2:有效发明专利数(件)	1714	1784	1857	1930	2003
O3:发表科技论文数(篇)	2367	2393	2410	2427	2447
O4:限额以上单位法人收入(亿元)	718.85	759.99	801.14	842.15	883
O5:限额以上单位法人利税(亿元)	128.14	135.12	142.01	149.09	156.08
O6:行业 GDP(亿元)	684.42	748.79	813.15	877.52	941.88
O7:高技术服务业增加值(万元)	2600078	3192399	3784720	4377041	4969362

续表

指　　标	年　　份				
	2013	2014	2015	2016	2017
O8：高技术服务业销售收入（万元）	6536539	7991217	9445889	10900554	12355154
O9：高新技术产业增加值（亿元）	3989.27	4629.84	5269.80	5910.42	6550.98
O10：高新技术产业利税（亿元）	1163.22	1336.11	1509	1681.89	1854.78

　　数据来源：根据国家统计局官方网站数据计算整理所得。

表 4-14　　　　　　　　**基于传统 C2R 模型的测算结果**

决策单元	2013	2014	2015	2016	2017
相对效率	1.0000	0.9837	1.0000	1.0000	1.0000
名次	1	2	1	1	1
DEA 有效性	Valid	Invalid	Valid	Valid	Valid

　　表 4-15 指出了改进 2014 年投入产出相关指标表现的方向，其中投影值表示潜在的最优状态值，松弛变量对于投入指标而言就是可以节约的量，而对于产出指标而言则是可以增加的量。

　　表 4-16 中所列是基于超效率模型实证测度后所得结果。依据测度结果，我们可以进一步地对 DEA 有效年份的创新效率值或表现进一步地排序和区分。从表中可知 2017 年的超效率值排在第一位，其次是 2015 年，2013 年的效率值和采用传统方法测度的结果一样。

表 4-15　　　　　　　　**2014 年创新投入产出指标可改进方向**

项目	实际值	松弛变量	投影值
I1	166.00	1.13	163.15
I2	10475.00	47.64	10278.55
I3	124177.00	8272.13	113786.82
I4	162068.00	5278.93	154179.69
I5	7778.00	0.00	7652.77
I6	138.00	12.49	124.27

项目	实际值	松弛变量	投影值
I7	106930.00	0.00	105205.45
O1	515.00	69.32	584.43
O2	1353.00	0.00	1351.00
O3	2234.00	0.00	2245.00
O4	545.26	9.93	554.19
O5	99.22	9.58	108.83
O6	482.01	0.00	483.02
O7	416902.03	290693.98	707594.83
O8	2438147.00	347355.98	2781202.98
O9	1949.88	38.99	1989.78
O10	664.30	88.76	750.26

注：θ 值为 0.9839。

表 4-16　　　　　　　　　　基于超效率模型的测算结果

决策单元	2013	2014	2015	2016	2017
相对效率	1.3658	0.9889	1.6762	1.2492	2.1678
名次	3	5	2	4	1
DEA 有效性	Valid	Invalid	Valid	Valid	Valid

二、高技术服务业：考虑环境因素

一般情况下，在研究企业或产业的创新效率时，主要考虑直接或间接的资金、技术、人力、成果产量等指标，而对于企业或产业创新活动给环境带来的正向或负向影响则忽略不计。[①] 事实上，在对企业或产业的创新效率测度时可以考虑环境因素。就整个高技术服务业而言，它是采用高技术手段为社会提供服务活动的产业。从理论上讲，它通过为社会提供高技术服务，能促进高技术

---

① Bloch C. Assessing recent developments in innovation measurement: the third edition of the Oslo manual [J]. Science and Public Policy, 2007, 34(1): 23-34.

产业及其他产业的生态化发展，这对于整个社会的节能减排将是有益的。尤其是 M 门类中的专业技术服务业大类本身就包含了环境保护监测和生态监测等技术服务，它对于社会的节能减排具有直接的促进作用。通过以上分析，作者认为考虑环境因素对高技术服务业创新效率进行测度是一种有意义的尝试。关键是采用什么方式、方法来测度的问题。解决这个问题的方法有两个，一是将环境残余当作一种负的输出来看待，二是将环境残余当作一种投入量来对待。表 4-17 列出了考虑环境因素下湖南省高技术服务业创新的投入产出原始数据。同样地，在实证测度时将 2013—2017 年间的每一年当作一个决策单元（DMU），共有 5 个决策单元。环境残余指标"废水中化学需氧量排放量""废水中氨氮排放量""废气中二氧化硫排放量"的原始数据来源于国家统计局网站。

表 4-17 　　　**2013—2017 年湖南省高技术服务业创新投入产出数据**
（考虑环境因素）

指　　标	年　　份				
	2013	2014	2015	2016	2017
I1：有 R&D 活动的单位数（个）	167	164	167	170	173
I2：R&D 人员数（人）	11004	11111	11218	11326	11433
I3：限额以上单位法人从业人员平均人数（人）	124078	127332	130567	133811	137056
I4：R&D 经费内部支出（万元）	203996	221158	238320	255482	272645
I5：项目（课题）人员全时当量（人年）	8597	8755	8913	9072	9231
I6：行业内研究机构数量（个）	168	181	194	204	217
I7：研究机构内科研用仪器和设备原值（万元）	361388	426715	492042	557042	662362
I8：废水中化学需氧量排放量（万吨）	124.90	134.93	144.95	154.97	165.00
I9：废水中氨氮排放量（万吨）	15.77	17.61	19.45	21.25	23.10
I10：废气中二氧化硫排放量（万吨）	64.13	59.86	57.86	55.89	51.64
O1：专利申请数（件）	946	1078	1310	1342	1474
O2：有效发明专利数（件）	1714	1784	1857	1930	2003
O3：发表科技论文数（篇）	2367	2393	2410	2427	2447

续表

指　标	年　份				
	2013	2014	2015	2016	2017
O4：限额以上单位法人收入(亿元)	718.85	759.99	801.14	842.15	883.00
O5：限额以上单位法人利税(亿元)	128.14	135.12	142.01	149.09	156.08
O6：行业 GDP(亿元)	684.42	748.79	813.15	877.52	941.88
O7：高技术服务业增加值(万元)	2600078	3192399	3784720	4377041	4969362
O8：高技术服务业销售收入(万元)	6536539	7991217	9445889	10900554	12355154
O9：高新技术产业增加值(亿元)	3989.27	4629.84	5269.80	5910.42	6550.98
O10：高新技术产业利税(亿元)	1163.22	1336.11	1509.00	1681.89	1854.78

数据来源：根据国家统计局官方网站数据计算整理所得。

表 4-18 中所列即是测度结果。从其中可以看出 2013—2017 年，2013 年、2015 年和 2017 年的创新相对效率值都是 1，表示 DEA 有效。然而，我们却不能对这三年的效率值进行进一步排序和区分。

表 4-18　　　　　　　　　　**基于传统 C2R 模型的测算结果**

决策单元	2013	2014	2015	2016	2017
相对效率	1.0000	0.9653	1.0000	0.9781	1.0000
名次	1	3	1	2	1
DEA 有效性	Valid	Invalid	Valid	Invalid	Valid

因为 2014 年和 2016 年出现了 DEA 无效的情况，依据测度结果可以找到进一步优化配置创新资源的措施。表 4-19 列出了投入产出指标可以改进的方向。从表中可以看出，依据测度结果三个环境残余指标取值都在不同程度上可以适当减少。这说明在创新过程中，高技术服务企业应该更加重视创新的环境绩效，通过提供技术服务为其他行业乃至整个区域的节能减排工作作出应有的贡献。

表 4-19　　　　　**2014 年、2016 年创新投入产出指标可改进方向**

项目	2014 年			2016 年		
	实际值	松弛变量	投影值	实际值	松弛变量	投影值
I_1	167.00	0.00	1613.22	159.00	0.00	154.53
I_2	10484.00	264.35	9855.78	11406.20	187.39	10970.81
I_3	124170.00	8013.02	111850.01	129538.32	6413.00	120287.08
I_4	162072.48	0.00	156450.01	233359.00	0.00	228249.38
I_5	7778.68	424.56	7086.11	8678.24	388.66	8101.20
I_6	139.00	12.13	121.99	168.01	0.00	162.48
I_7	106928.00	0.00	103220.58	155935.00	0.00	152519.00
I_8	79.81	9.66	67.35	126.33	7.18	116.50
I_9	7.61	1.47	5.85	16.15	4.66	11.13
I_{10}	80.24	8.38	68.97	64.51	6.83	56.29
O_1	515.88	0.00	515.98	541.01	11.50	551.02
O_2	1351.21	148.01	1498.55	1670.96	103.39	1775.41
O_3	2243.69	316.02	2560.01	2273.03	286.22	2558.77
O_4	544.25	58.99	603.22	671.67	48.53	720.25
O_5	99.22	10.70	109.88	134.72	8.61	143.35
O_6	482.02	0.00	482.05	632.11	48.13	680.28
O_7	416900.92	21456.02	438356.89	930436.00	0.00	930434.96
O_8	2442147.90	0.00	2442149.00	3443699.96	16875.97	3460701.92
O_9	1949.87	162.99	2115.18	3316.04	109.02	3424.98
O_{10}	662.22	49.67	712.87	964.89	37.79	1003.00

注：θ 值分别为 0.9653、0.9781。

再采用超效率 DEA 模型对效率进行测度，其结果列示于表 4-20 中，从表中可以考察到 2014 年、2016 年两年的创新效率值小于 1，它们和用传统模型测度的结果一样，效率值大于 1 的年份可以再进一步地进行比较。

表 4-20　　　　　　　　基于超效率模型的测算结果

决策单元	2013	2014	2015	2016	2017
相对效率	1.017	0.9656	1.324	0.9785	1.418
名次	3	5	2	4	1
DEA 有效性	Valid	Invalid	Valid	Invalid	Valid

图 4-5 展示了考察期间在有无考虑环境因素两种情况下高技术服务业创新效率情况的对比。从图中可以看出，未考虑环境因素的情况下，各年份的效率要比考虑环境因素情况下的效率值大，而且在考虑环境因素的情况下，有两个年份是 DEA 无效的，分别是 2014 年和 2016 年。而在未考虑环境因素的情况下 DEA 无效的年份只有 2014 年。

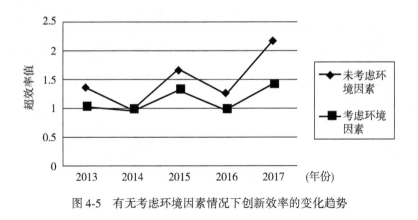

图 4-5　有无考虑环境因素情况下创新效率的变化趋势

三、信息传输、软件和信息技术服务业

同样的方法对信息传输、软件和信息技术服务业的创新效率情况进行测度与评价。表 4-21 展示了考察期间该行业创新的投入产出原始数据。在实证测度时，将 2013—2017 年的每一年当作一个决策单元(DMU)，因此共有 5 个决策单元。

表 4-21 **2013—2017 年湖南省信息传输、软件和信息技术服务业创新投入产出数据**

指 标	年 份				
	2013	2014	2015	2016	2017
有 R&D 活动的单位数(个)	19	22	24	23	26
R&D 人员数(人)	480	1901	1988	2100	2210
限额以上单位法人从业人员平均人数(人)	62640	68075	73475	78910	84310
R&D 经费内部支出(万元)	4488	6180	7881	6180	4466
项目(课题)人员全时当量(人年)	198	448	448	698	949
行业内研究机构数量(个)	23	25	25	24	23
研究机构内科研用仪器和设备原值(万元)	838	1035	1035	1821	2017
专利申请数(件)	56	58	60	61	63
项目或课题数(项)	26	62	97	62	133
发表科技论文数(篇)	16	19	21	24	27
限额以上单位法人收入(亿元)	479.37	508.33	536.34	565.34	594.30
限额以上单位法人利税(亿元)	97.83	102.23	106.66	128.66	133.09
行业 GDP(亿元)	447.18	484.44	521.69	558.94	596.19

数据来源：根据国家统计局官方网站数据计算整理所得。

表 4-22 **基于传统 C2R 模型的测算结果**

决策单元	2013	2014	2015	2016	2017
相对效率	0.9675	1.0000	1.0000	1.0000	1.0000
名次	2	1	1	1	1
DEA 有效性	Invalid	Valid	Valid	Valid	Valid

表 4-22 是基于传统 C2R 模型采用数据处理系统软件 DPS9.5 实证测度所得结果。从中可以看出考察期间除了 2013 以外其余年份的创新效率值都是 1。同样的，无法对效率值为 1 的多个决策单元展开比较。

表 4-23 是基于超效率模型采用数据处理系统软件 DPS9.5 实证测度所得结果。从中可以看出有效决策单元的效率值都是大于 1 的值，这样就可对这些有效单元进行排序。而本来 DEA 无效的决策单元 2013 年，其超效率值依然

是 0.9675。

表 4-23　　　　　　　基于超效率模型的测算结果

决策单元	2013	2014	2015	2016	2017
相对效率	0.9675	1.4489	1.2947	1.5197	2.3199
名次	5	3	4	2	1
DEA 有效性	Invalid	Valid	Valid	Valid	Valid

四、科学研究和技术服务业

同样的方法对科学研究和技术服务业的创新效率情况进行测度与评价。表 4-24 列出了考察期间湖南省该行业创新的投入产出原始数据。在实证测度时将 2013—2017 年的每一年度当作一个决策单元(DMU)，因而有 5 个决策单元。

表 4-24　**2013—2017 年湖南省科学研究和技术服务业创新投入产出原始数据**

指　　标	年　　份				
	2013	2014	2015	2016	2017
有 R&D 活动的单位数(个)	148	144	136	148	160
R&D 人员数(人)	10524	10986	11448	11910	12370
限额以上单位法人从业人员平均人数(人)	61438	59247	61247	63438	65629
R&D 经费内部支出(万元)	199508	218367	237226	256085	274944
项目(课题)人员全时当量(人年)	8399	8807	9215	9623	10031
行业内研究机构数量(个)	145	148	150	158	163
研究机构内科研用仪器和设备原值(万元)	360550	426073	491596	557119	662642
专利申请数(件)	890	1023	1156	1289	1422
项目或课题数(项)	1688	1797	1906	2014	2123
发表科技论文数(篇)	2351	2368	2385	2402	2415
限额以上单位法人收入(亿元)	239.48	254.16	268.84	282.84	297.52
限额以上单位法人利税(亿元)	30.31	32.66	35.01	37.36	39.71
行业 GDP(亿元)	237.24	273.61	309.98	346.35	382.72

数据来源：根据国家统计局官方网站数据计算整理所得。

表 4-25　　　　　　　　**基于传统 C2R 模型的测算结果**

决策单元	2013	2014	2015	2016	2017
相对效率	1.0000	0.9869	1.0000	1.0000	1.0000
名次	1	2	1	1	1
DEA 有效性	Valid	Invalid	Valid	Valid	Valid

表 4-25 是基于传统 C2R 模型采用数据处理系统软件 DPS9.5 实证测度所得结果。结果显示，2014 年科学研究和技术服务业的创新效率值小于 1，说明这一年的创新是缺乏效率的，而其余年份的效率值都等于 1。

表 4-26 是基于超效率模型采用数据处理系统软件 DPS9.5 实证测度所得结果。这一结果可以对有效的决策单元(年份)进行比较。

表 4-26　　　　　　　　**基于超效率模型的测算结果**

决策单元	2013	2014	2015	2016	2017
相对效率	1.4567	0.9869	1.7879	1.6745	2.5767
名次	4	5	2	3	1
DEA 有效性	Valid	Invalid	Valid	Valid	Valid

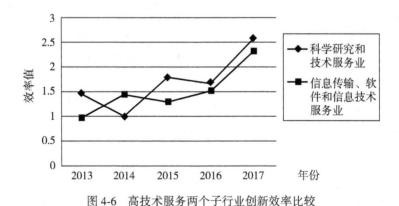

图 4-6　高技术服务两个子行业创新效率比较

图 4-6 展示了整个考察期间高技术服务业中的两个子行业的创新效率情况对比。总体而言，科学研究和技术服务业的创新相对效率表现要略优于信息传输、软件和信息技术服务业，前者有 4 个年份的效率值大于后者。然而，两个

子行业的创新效率在随时间的变化过程中也出现了波折,并不是呈现出持续改善的过程。

五、对相近行业的测度

为了将高技术服务业与其相近的另外两个知识型服务业,即金融业、租赁与商务服务业的创新效率展开比较,从而更准确地理解高技术服务业及其子行业的创新与相近行业相比所处的相对水准。在此对以知识为导向的两个知识型服务业创新效率展开测度。表4-27展示了采用超效率DEA法所测度的金融业、租赁与商务服务业的创新效率值。

表4-27　　　　　　　金融业、租赁与商务服务业创新效率结果

	决策单元	2013	2014	2015	2016	2017
金融业	相对效率	1.1217	0.9548	1.3689	1.4716	1.9717
	名次	4	5	3	2	1
	DEA有效性	Valid	Invalid	Valid	Valid	Valid
租赁与商务服务业	决策单元	2013	2014	2015	2016	2017
	相对效率	0.9612	1.0187	1.2969	1.7412	1.4162
	名次	5	4	3	1	2
	DEA有效性	Invalid	Valid	Valid	Valid	Valid

六、创新效率领先度测算

2013—2017年中每年高技术及知识型服务业中各行业的创新相对效率指数被汇总在表4-28中。在此引入一个从横向的角度衡量在某一个时间跨度内(通常是多个年份内)行业创新效率的领先度概念。创新领先度的测算方法如式(4-8)所示。

$$L_j = \sum_{i=1}^{n} (P_{ij} - \overline{P}_i), \ (j = 1, 2, \cdots, m)$$

$$\overline{P}_i = \frac{1}{m} \sum_{j=1}^{m} (P_{ij}), \ (i = 1, 2, \cdots, n) \tag{4-8}$$

其中,L_j表示在全体被评价的服务行业内行业j的创新领先度综合指数,P_{ij}为在第i个年份内服务行业j的横向效率指数,$\overline{P}_j$为在第i个年份内所有被

评价的服务行业各自的创新效率的平均值。依照以上所构建的创新领先度公式测算出各个被评价服务业在 2013—2017 年内整体上的创新领先度综合指数，如表 4-29 所示。

表 4-28　　　　　　高技术服务与知识型服务业创新效率结果汇总

行业	2013	排序	2014	排序	2015	排序	2016	排序	2017	排序
信息传输、软件和信息技术服务业	0.9675	3	1.4489	1	1.2947	4	1.5197	3	2.3199	2
科学研究与技术服务业	1.4567	1	0.9869	3	1.7879	1	1.6745	2	2.5767	1
金融业	1.1217	2	0.9548	4	1.3689	2	1.4716	4	1.9717	3
租赁与商务服务业	0.9612	4	1.0187	2	1.2976	3	1.7412	1	1.4162	4

表 4-29　　　　　　　　各服务行业领先度排序

行业	信息传输、软件和信息技术服务业	科学研究与技术服务业	金融业	租赁与商务服务业
领先度指数	0.2179	1.1486	−0.4488	−0.9181
综合排名	2	1	3	4

从表 4-29 可以看出，在考察期 2013—2017 年内高技术与知识型服务业中四个子行业创新情况的领先度测算。测度结果显示，科学研究与技术服务业从创新效率角度的创新表现在四个行业中相对最佳，其领先度综合指数为1.1486，其次为信息传输、软件和信息技术服务业。依据测度结果，知识型服务业中的两个子行业的创新表现相对落后些。

第五节　实证结论与启示

本章采用数据包络分析法对基于湖南省高技术服务业的创新数据展开了实证测度，获得了一系列实证测度的结果。总体而言，基于实证结果可以获得两个层次的启示。首先，明确高技术服务相关行业的创新水平现状，从而使得企业或行业管理者对相应行业的发展能有清晰的认识定位。其次，"没有测度就没有管理",测度本身不是最终目的。基于测度的结果,获得相应的启示,进而采取针对性措施,改善当前绩效才是目标所在。通过从相对效率角度对湖南省高技术服务业和两个子行业,以及两个知识型服务业的创新绩效测度,相关测度的结果及启示总结如下。

一、对测度结果的归纳

总体而言,在整个考察期 2013—2017 年内,以相对效率表达的高技术服务业创新绩效呈现出改善的趋势,但这种趋势中也呈现出较为明显的波动特征。这不仅体现在一些年份出现 DEA 无效的状态,即使是 DEA 有效的年份其效率值也并不是持续增长的,也存在反转的情况。

未考虑环境因素情况下所测得的整个产业的绩效要总体高于考虑环境因素下的绩效水平。在前者的情况下,整个考察期间只有 2014 年出现了 DEA 无效的情况,其效率值为 0.9889。而在将环境残余当作投入时,2014 年和 2016 年都呈现出 DEA 无效的状态,效率值分别为 0.9656 和 0.9785。就高技术服务业内部两个子行业而言,科学研究和技术服务业的创新绩效总体上优于信息传输、软件和信息技术服务业,这可以从图 4-6 中得到体现。

将比较的范围扩大到与高技术服务业紧密相邻的两个知识型服务业,金融业、租赁与商务服务业,利用创新领先度模型的测度结果显示,在四个子行业集里,科学研究与技术服务业在整个考察期内创新领先度最高,其值为 1.1486。

二、实证结果的启示

第一,确保创新资源投入的充分。虽然 DEA 模型的思想是要追求资源投入的节约,然而产业发展与创新在资源的投入达到潜在的最优值前,确保创新资源实现充分的投入是完全必要的。

就企业而言,企业始终是创新的主体,自身应该尽力地拓展融资渠道,组合性地采用利润提留、银行贷款、引入风险投资、资本市场上中小板融资等方式来筹措到创新所需的资金。另外,联合其他企业开展合作创新也是一种弥补投入资源不足的有效方法。企业还应该采取科学的人力资源管理手段加强对行业高层次人才的引进力度,并且采用合适的激励机制留住人才,为企业的创新发展提供有力的人力资源支撑。

就政府而言,应该在高技术服务业领域加大对信息基础设施的投资力度,加强对该产业中的服务企业尤其是中小微企业的创新资金扶持,应该对接"科技部科技型中小企业技术创新基金"对高技术服务业的专项支持，积极推行旨在扶持本省高技术服务企业创新与创业的专项资金支持计划。同时由政府相关部门牵头，成立吸纳更多社会资本参与的各类创新基金，为中小服务企业创新开辟更加广阔的融资渠道。另外，政府相关部门应该积极为企业创新提供贷款补贴等财政优惠措施。通过设计出各种有效的措施来确保创新资源投入量的充分性，从而为创新绩效的改善奠定了基础。

第二，促进企业创新资源投入与产出的协调。DEA 模型本身就是用来体现资源投入与产出的协调性的。对于一些经过测度呈现出 DEA 无效的决策单元而言，测度的结果具有重要的经济意义。因为它呈现出了该决策单元在相关投入指标上可适当节约，而在某些产出指标上可适当提升的空间。实践过程中，企业在原则上加大对创新资源的投入力度无疑是正确的，然而也要讲究产出的效率。因为投入的增加，一方面为创新项目的推进提供了资源保障，另一方面也增加了企业的成本。企业必须获得更多的收益才能保障相应的投资回报率，这无疑也加大了企业的压力和负担。因此，尽力地追求资源投入与创新成果产出间的协调是管理中需要重点关注的。

第三，创新过程中致力于实现"技术—经济—生态"的多赢，持续改善生态效率。生态效率是当前在理论与实践领域都受到高度关注的概念。它是经济增加值与环境代价或成本的比值。将环境残余当作投入所测度出的创新绩效明显要低于未考虑环境因素情况下的绩效表现。这说明在考察期间高技术服务业创新没有获得应有的环境效益。

在追求生态效率改善的大背景下，高技术服务企业的创新绩效表现也应该是多维度的。首先，要提高技术维度的创新成果，如专利申请、科研论文发表、课题项目立项及所完成的技术服务项目的数量。这些技术成果对于高技术服务业创新而言，其重要性不言而喻。其次，企业要加快将技术维度的创新成果转化为现实生产力的进程，也就是说要切实实现技术成果或服务的市场价值，将企业所拥有的知识和技术优势转化为经济优势。再次，高技术服务业的创新尤其要注重环境绩效的获取。

创新的环境绩效主要体现在两方面：一是产业本身的发展对各类能源，如电力、煤炭、天然气等消耗量的节约，也就是产业内部的节能减排效果；二是体现在通过为下游客户企业提供高技术创新服务，改善客户企业的经营管理效率从而间接性地促使其达到节能减排的目标，实现环境绩效。需要指出的是，第二个方面所表现的环境绩效是我们尤其要关注的。为此，企业内部应该建立起科学合理的创新绩效评价机制，将"技术—经济—生态"多个方面有机结合起来考察。这种创新绩效考核机制对于企业而言，体现了其集体的价值观和管理理念。简而言之，企业的创新和发展中应该追求"技术—经济—生态"的协调，获得经济效益的同时努力提升生态效率。

第四，促进基础性科学研究与应用性技术开发服务的协调发展。从绩效测度结果看，产业内部科学研究和技术服务业的创新绩效总体上优于信息传输、软件和信息技术服务业。前者在中间性产出指标，如专利、科研论文、课题项目方面相对占有优势，这也是影响最终测度结果的一个重要原因。在产业管理实践中，应该努力促进高技术服务业内部各大类、门类、子行业间的协调发展。在促进创新资源优化配置过程中，一方面要充分发挥市场机制的基础性调节功能，另一方面也要站在战略和长远的高度来审视产业发展的趋势，通过积极的引导弥补市场机制的不足。

高技术服务业中相对基础性的科学研究与实验发展领域应该确保其充足的资源的投入。① 这些领域是促进高新技术发展的核心力量，也是产业创新中间产出的重要来源。信息传输、软件和信息技术服务业对经济的发展意义重大。尤其在当前中央政府和专家学者提出经济"新常态"的概念以来，该行业的发展前景和市场空间是不言而喻的。新常态就意味着经济增长的速度可以适当放缓而质量提升，意味着重视产业结构的调整以及经济发展的创新驱动。而区域经济要达到这种新常态，实现工业化与信息化的相互促进是必要的。

在政府的积极倡导下，"互联网+"行动计划将得到切实的推行。这将有力地推动移动互联网、云计算、大数据、物联网等与现代制造业结合，促进电子商务、工业互联网和互联网金融的持续健康发展，引导互联网企业拓展国际市场。国家已设立 400 亿元新兴产业创业投资引导基金，今后将会整合筹措更多资金，为产业创新提供支持。地方政府也应尽快地响应这一计划，积极推动本地区"互联网+"行动计划的实施。总之，在高技术服务业创新发展中，要努力做到基础性科学研究与应用性技术服务开发的协调发展，这对于高技术服务业而言如"鸟之两翼，车之两轮"。

高技术服务业不仅只存在技术维度的创新，企业战略的选择与调整、企业文化的创新与培育、客户界面的创新、企业组织结构的调整、服务理念的变革等都包含在创新的维度之中。创新过程中需追求技术维度创新与非技术维度创新的协调发展。

---

① 涂晶. 基于结构方程模型的商业模式创新、技术创新对新疆中小企业绩效的影响分析[J]. 住宅与房地产，2019(30)：253-255.

　　本章对湖南省的高技术服务业创新绩效进行了测度。首先，从创新基础与环境、创新的经费投入、创新的技术经济表现等角度揭示了湖南省高技术服务业的发展现状。接着，选择了将环境残余当作投入的 DEA 模型、超效率 DEA 模型作为绩效测度方法。其次，在适当的理念、框架、原则指导下设计出评价指标体系，并收集和整理了相关基础性数据。再次，对创新绩效进行了具体的测度，并采用领先度模型测度了相关子行业的创新领先度指数。最后，对实证测度的结果进行了总结并获得了相关管理启示。本章的研究为管理决策的改善提供了借鉴和参考。

第五章　高技术服务业创新绩效的影响因素分析

在对高技术服务业的创新绩效进行测度后，基本明确了相关行业的创新水平。创新绩效是对创新成就或结果的一种数量化体现，为了将研究继续推向深入，有必要再进一步分析影响创新绩效的关键性因素及其作用于绩效的路径、影响强度及显著性水平。本章正是为了实现这一目的而展开相关研究工作。拟从"环境—主体—关系—过程—绩效"这种整合性框架的视角构建起概念性的理论模型，基于理论模型提出相关待验证的假设，并采用问卷调查的方式获得相应基础性数据，再采用结构方程模型方法和适当的软件对模型进行估计和调整，最终验证先前的理论假设，进而得到相应的启示，以便为后续系统性地制定出旨在提升高技术服务业创新绩效的策略提供坚实的来自解释变量层面的实证依据。

服务企业是产业创新的核心主体，高技术服务业是由若干高技术服务企业及其支撑机构通过分工协作关系而成形的。采用问卷调查的方式研究创新绩效的影响因素最终的调查对象始终是服务企业。事实上，本章研究中所调查的服务企业遍布产业中的各种行业且研究视野并非仅限于服务企业内部，而是兼顾到下游客户企业、上游为服务企业提供支持的其他相关企业或组织。因此，本章实际上是以服务企业为依托，覆盖行业中多类创新主体对创新绩效影响的实证。

第一节　结构方程模型概述

一、模型简介

结构方程模型是一种应用十分广泛的数量分析工具。它可以用来分析变量间的复杂关系，与普通的多元回归分析方法相比具有明显的优势。[1] 总体而

---

① 刘中艳，罗琼. 省域城市旅游竞争力测度与评价：以湖南省为例[J]. 经济地理，2015(4)：186-192.

言，结构方程模型对变量之间关系的分析主要是基于变量的协方差矩阵而实现的。一个完整的结构方程模型其所包含的变量类型可以分为两大类：潜变量和显变量。所谓潜变量就是不能直接被测量而需要通过其他外显性的指标来体现的变量。所谓外在显变量或显指标是指通过它可以来体现潜变量的具体特征和表现的指标。从结构方程模型的内部构成来考察，又具体包含两类模型，测量模型和结构模型。测量模型是用来刻画潜变量和若干外在显性指标之间关系的模型。而结构模型是用来体现潜变量之间关系的模型。图 5-1 揭示了一个完整的结构方程模型的构成部分及其要素。

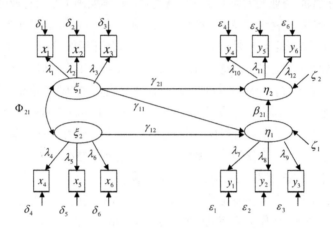

图 5-1 一个完整的结构方程模型图实例

$$x = \Lambda_x \xi + \delta$$
$$y = \Lambda_y \eta + \varepsilon$$
$$\eta = \beta \eta + \Gamma \xi + \zeta$$

转化成向量的形式如下：

$$\begin{bmatrix} x_1 \\ x_2 \\ x_3 \\ x_4 \\ x_5 \\ x_6 \end{bmatrix} = \begin{bmatrix} \lambda_1 & 0 \\ \lambda_2 & 0 \\ \lambda_3 & 0 \\ 0 & \lambda_4 \\ 0 & \lambda_5 \\ 0 & \lambda_6 \end{bmatrix} \begin{bmatrix} \xi_1 \\ \xi_2 \end{bmatrix} + \begin{bmatrix} \delta_1 \\ \delta_2 \\ \delta_3 \\ \delta_4 \\ \delta_5 \\ \delta_6 \end{bmatrix}$$

$$\begin{bmatrix} y_1 \\ y_2 \\ y_3 \\ y_4 \\ y_5 \\ y_6 \end{bmatrix} = \begin{bmatrix} \lambda_7 & 0 \\ \lambda_8 & 0 \\ \lambda_9 & 0 \\ 0 & \lambda_{10} \\ 0 & \lambda_{11} \\ 0 & \lambda_{12} \end{bmatrix} \begin{bmatrix} \eta_1 \\ \eta_2 \end{bmatrix} + \begin{bmatrix} \varepsilon_1 \\ \varepsilon_2 \\ \varepsilon_3 \\ \varepsilon_4 \\ \varepsilon_5 \\ \varepsilon_6 \end{bmatrix}$$

$$\begin{bmatrix} \eta_1 \\ \eta_2 \end{bmatrix} = \begin{bmatrix} 0 & 0 \\ \beta_{21} & 0 \end{bmatrix} \begin{bmatrix} \eta_1 \\ \eta_2 \end{bmatrix} + \begin{bmatrix} \gamma_{11} & \gamma_{21} \\ \gamma_{12} & 0 \end{bmatrix} \begin{bmatrix} \xi_1 \\ \xi_2 \end{bmatrix} + \begin{bmatrix} \zeta_1 \\ \zeta_2 \end{bmatrix}$$

其中，ξ_1、ξ_2、η_1、η_2 属于潜变量，然而它们又可以进一步被分成为两种不同的类型，前面两个属于外因潜变量，后面两个属于内因潜变量。所谓外因潜变量就是其本身对另外的某个或某些潜变量产生直接或间接的作用，而没有潜变量再对其产生影响。所谓内因潜变量就是存在另外的潜变量对其产生直接或间接的影响，当然其自身也有可能对其他潜变量产生影响。[①] x_1、x_2、x_3 为 ξ_1 的外显指标，x_4、x_5、x_6 为 ξ_2 的外显指标。通过这些外显指标来间接地体现潜变量的表现情况。同样的，y_1、y_2、y_3 为 η_1 的外显指标，y_4、y_5、y_6 为 η_2 的外显指标。δ_1、δ_2、δ_3 分别是 x_1、x_2、x_3 的测量误差，而 δ_4、δ_5、δ_6 分别是 x_4、x_5、x_6 的测量误差。ε_1、ε_2、ε_3 分别是 y_1、y_2、y_3 的测量误差；ε_4、ε_5、ε_6 分别是 y_4、y_5、y_6 的测量误差。λ_1、λ_2，$\cdots$，λ_{12} 是外在显指标在潜变量上的负荷系数，它表示外在显指标对相应潜变量的影响。β_{21} 是一个内因潜变量对另一个内因潜变量的影响系数。γ_{11}、γ_{12}、γ_{21} 是外因隐变量 ξ_1、ξ_2 对内因隐变量 η_1、η_2 的作用系数，ζ_1、ζ_2 为干扰项。外因隐变量 ξ_1 与另外一个外因隐变量 ξ_2 之间的相关系数用 Φ_{21} 来表示。

二、模型的优点

结构方程模型具有很多的优点，这些优点是普通的多元回归分析法所无法比拟的。首先，结构方程模型可以同时允许多个因变量的存在。在传统的多元回归中，即使构建了多个方程组成的方程组，但在回归分析时仍然是就某个或多个自变量对单一因变量回归。因此实际上它不能同时分析含有多个被解释变量的情形，而结构方程模型却突破了这种限制，这是其明显的优点或特点之

[①] 吴磊，吴启迪. 基于 SEM 的生产性服务质量关键影响因素[J]. 系统管理学报，2011，20(2)：213-217.

一。其次，结构方程模型允许解释变量和被解释变量都存在误差，同时允许潜在变量通过多个外在显性指标来体现，这在传统回归分析法中无法实现。最后，结构方程模型不仅可以估计出潜变量之间的相互关系及其作用强度、显著性水平，而且能够估计出多个外在显指标在潜变量上的负荷系数及其显著性水平，进一步的，结构方程模型在拟合的过程中还可以给出整个模型估计的优良程度，以便深入分析模型估计的可行性及改进的空间，这对于最终获得可信度更高的实证结果是十分有利的。

第二节　概念模型设计与假设提出

一、概念模型设计

Bonaccorsi, Piccaluga(2001)认为对合作创新的评价应该以服务企业对合作创新的期望为引导，据此他们提出了一种评价合作创新的模型。在评价过程中，采用了主观与客观两个角度的度量指标，客观度量指标主要包括新服务产品研发的数量、研发人员数量、专利发明数量等，而主观度量指标如通过合作开创了新的机会领域等。Michael D, Santoro(2004)认为合作关系和输出成果是相互促进、螺旋式上升发展的，他认为紧密而良好的合作关系会促进输出成果的生产，而输出成果的增加反过来又会使得合作关系得到进一步的巩固和发展。在对合作关系的度量过程中，其采用了技术转移、知识流动、合作开发以及研发支持四个方面的相关指标，同时采用科研论文数量以及专利发明数量来度量成果的输出生产情况。

Eva M. Mora(2006)通过进行大量研究后认为一些情景因素会对合作的成功产生显著的正相关的影响。其列举了若干情景因素，如合作者彼此在地缘上的相近程度、合作目标的明确程度、合作伙伴的信誉优良度、合作过程制度化规范化的程度以及已有的合作经验等。同时他还认为一些组织因素也对合作创新的成功产生重要的正相关影响，这些组织因素包括合作过程中合作者之间有效的沟通交流、合作者彼此高度的信任以及彼此之间的优势互补程度，但是合作者之间若存在较高程度冲突就会对合作产生相当负面的影响。在合作中对知识共享的研究方面，目前一些学者从合作目标及态度、知识的吸收、交流与沟通、寻找合作伙伴的途径等因素来研究知识共享的构成因素。

本书在前人研究的基础上，试图从环境、主体、关系、过程、绩效五大模块来深入研究服务业创新绩效的影响机理。这五大模块间相互的关系如图 5-2 所示。

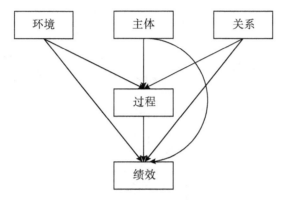

图 5-2 概念模型的构建逻辑

下文将从创新基础与环境、企业内部管理、顾客参与、政府与中介支持、合作关系、知识共享与管理几个方面来分析服务业创新绩效的影响因素。创新的基础与能力、创新的风险与障碍集中体现了服务业创新所处的环境情况。企业服务的能力、顾客参与能力、政府及中介组织支持的力度集中体现了创新中主体各自所表现出的状态。主体间的合作关系，尤其是高技术服务企业与客户企业之间的合作关系是除了主体各自功能表现之外应该进一步考察的因素。

从高技术服务企业角度将知识共享与管理分为四个阶段，即知识的获取、知识的吸收与整合、知识的应用和知识的转移。知识的获取主要指的是高技术服务企业从高校、科研院所、竞争对手、供应商尤其是客户处获得创新所需的知识，当然创新的知识也经常来源于企业内部。知识的吸收与整合是指将获得的知识在企业内部进行交流消化，并且与企业已有的知识进行整合后重构以形成服务于创新的持续更新的知识池。知识应用是在与客户企业的合作中创造出适合客户企业应用的新的技术服务方案。知识转移是指将与客户一起创造的新的技术服务移植于客户企业，进一步推动客户企业的创新和运营活动。

对服务业创新绩效的度量主要从服务项目的营业收入、服务市场份额、专利申请授权数、新开发的服务创新项目数、客户的满意度、创新的环境效益几个方面展开。综合分析后，提出了高技术服务业创新绩效影响机理的理论模型，如图 5-3 所示。

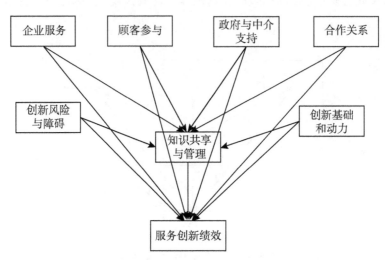

图 5-3　高技术服务业创新绩效影响机理的概念模型

二、研究假设提出

学术界对创新基础与环境对创新绩效的影响研究比较多见。在制造业创新基础投入及创新环境营造与创新绩效的关系研究中，有学者认为两者存在显著的正相关性。[①] 而对于服务业领域这种关系的研究，学者曾对旅游服务业的创新投入与企业绩效之间的关系进行了较为深入的实证分析，所得出的结论是确保旅游企业创新资源的投入数量和质量能够对企业的绩效产生积极的推动作用，而且这种推动作用是以创新活动的开展为中间变量的。[②] 学者认为，如果服务业创新发展所需的信息技术、交通等基础设施完善；企业为了保障创新过程的顺利实施投入了足够的人力、物力和财力，在服务创新人才、创新设备手段和资金等方面给予了足够的关注；企业的高层领导对创新工作给予了大力支持，并形成了明确而富有弹性的创新战略规划；营销部门能积极收集市场信息供企业高层参考；企业员工在创新中发挥了积极的推动作用，在与顾客企业的接触中善于掌握其需求；企业的研发服务部门能够主动与企业内各部门展开充

<hr />

① Wong，P K, He Z L. A Comparative study of innovation behavior in Singapore's KIBS and manufacturing firms[J]. The Service Industries Journal，2005，25(1)：23-42.

② Tether B S. The sources and aims of innovation in services：variety between and within sectors[J]. Economics of Innovation and New Technology，2003(16)：481-506.

分的交流，能把握住技术服务的前沿领域，那么服务企业的创新就会拥有较好的基础和动力。而这种条件的具备为企业进行知识的获取、吸收与整合提供了前提。因此，本书提出以下假设：

假设 1：创新基础与动力有利于知识共享的进程和质量改善。

假设 2：改善创新基础与动力对于创新绩效的获取是有利的。

假设 3：创新基础与动力会通过影响知识共享间接性地对创新绩效产生积极作用。

创新的风险与障碍体现在多个方面，纵观国内外的研究文献，学者们大多从技术风险、市场风险、成本压力、知识产权保护难度等几个方面来展开分析。有学者认为，技术不明确性被认为是服务创新中的重要障碍。[①] 技术的不明确主要表现在三个方面，即缄默性、复杂性、特殊性。有些关键技术诀窍难以书面表达出来，可称为具有缄默性。服务企业与顾客互动创新中的技术具有这种特性则会妨碍合作双方的交流，技术也就难以在创造者和接受者之间实现转移及被消化。创新中所涉及的技术如果很复杂，甚至是由多种子技术综合集合而成，则技术复杂性的提高也会对参与各方的技术知识交流产生障碍，这样既不利于企业对外部新知识和技术的获取和消化吸收，也不利于客户企业对新的服务技术或方案的消化和应用，最终必然会对创新的绩效产生负面的影响。如果创新中的技术很特殊，需要对员工进行特殊的专门培训，或是需要一些特殊的设备和工具才能完成服务技术的开发，那么也会增加技术知识在合作主体间的交流和共享效果。总之，技术越是具有缄默性、复杂性、特殊性，则很有可能对创新中知识的流动与应用效率产生负面影响。[②] 同时，技术的不明确性特征会影响到合作各方对合作目标的一致理解，也会影响到各方参与合作的积极性，甚至会由此增加合作中的矛盾和摩擦，这将很有可能影响到合作绩效的获得。

另外，创新的风险与障碍还表现在知识产权的保护难度、市场的不确定性以及创新成本负担等方面服务业的创新成果与制造业的创新成果有较大的差异。[③] 制造业的技术成果便于用专利技术予以保护，而服务业的创新成果得到

---

① Alvano D L, Hidalgo A. Innovation management techniques and development degree of innovation process in service organizations[J]. R&D Management, 2012, 42(1)：60-70.

② 刘中艳. 现代服务业技术效率区域差异及成因：基于省际面板数据的分析[J]. 江西社会科学, 2013(8)：81-85.

③ 俞义樵, 夏燕梅. 知识密集型服务业创新能力影响因素研究[J]. 科技进步与对策, 2010, 27(4)：55-58.

有效保护的难度要大很多。这也是服务业创新很容易被竞争对手模仿的原因，这对于服务业创新者的积极性无疑是一个不利的因素，进而会影响到创新的绩效。学者认为，服务业创新始终面临着市场需求的不确定性。这种不确定性会阻碍创新的进程甚至是创新行为所发生的频率。另外，创新的初始成本往往很高，而服务企业尤其是中小型的服务企业难以承担大额的创新费用，这也会降低它们开展服务创新的积极性，最终给创新绩效的获取带来阻力。创新的众多风险和障碍既然不利于创新主体积极性的发挥，那么也就对创新过程中知识的共享进程会产生消极的影响。因此，本书提出以下假设：

　　假设 4：创新风险与障碍不利于知识共享的进程和质量。

　　假设 5：创新风险与障碍对于创新绩效的获取是不利的。

　　假设 6：创新风险与障碍会通过影响知识共享间接性地对创新绩效产生消极作用。

　　企业的服务能力主要指服务企业在向客户企业提供高技术服务时所具备的内在潜能和外在表现。① 首先，服务企业所具备的各类技术资源是其能力的基础和核心。技术资源可以分为软件与硬件资源两部分，前者体现为隐性的技术能力，后者表现为技术设备和工具。若企业在研发上的投入足够充分，在培养和引进研发人才、购置科研设施方面做了大量工作，企业自身开展研发的时间已经足够长，一般来说企业具备的技术资源也就越是丰富。一个企业如果拥有丰富的技术资源，这将有利于其进一步获取、消化吸收外部的新知识，并对其加以整合和再创新。从服务企业的内部管理来考察，影响企业服务能力的关键性因素就是企业组织结构的完备性和柔性。高技术服务企业只有具备了足够柔性的越发完备的组织结构，才能有效地加快对企业内外知识的获取与整合进程，其所获取的新知识和技术才能在企业加快交流与共享，从而促进企业知识库的进一步丰富。另外，服务企业在其业务领域的经验丰富程度也是其服务能力的一种体现。② 通常情况下，企业之前从事相关服务的时间越长，就越是具有提供这方面服务的能力，其所提供的服务质量也会更有保障。企业越是拥有丰富的服务提供经验，就越是熟悉与服务创新过程中对各类知识的甄选、获取、吸收与整合，这本质上属于一种学习效应。因此，服务经验的充足对于提

---

　　① 王军. 现代服务业骨干企业创新生成机理研究[D]. 大连：大连理工大学，2012：27.

　　② 闫莹，赵公民. 知识型服务业创新能力结构研究[J]. 科技进步与对策，2011(1)：78-82.

高知识共享与管理的水平是会产生积极效果的。服务企业在创新中如果能够有效地提高其在新知识获取方面的效率和质量，并且能够将获得的新知识加以有效地消化吸收及整合，那么将会加快新服务项目开发的进程，这对于提高客户企业的满意程度并最终扩大服务企业的市场份额是非常有利的。① 另外，如果服务企业的技术资源足够丰富，组织结构足够完善，研发投入足够充分，曾经提供服务的时间越长，经验越丰富，那么这些条件也会直接对服务创新中新服务产品开发，服务领域的专利获得产生积极作用。因此，本书提出以下假设：

假设7：增强高技术服务企业的服务能力有利于企业知识管理水平的提升。

假设8：提高企业的服务能力有利于创新绩效的改善。

假设9：企业服务能力通过知识共享对服务创新绩效产生间接影响。

服务创新中除了服务企业这一最为关键的主体之外，还包括被服务的顾客企业及政府和中介组织。高校和科研院所也是相关的创新参与主体，因为它们在适当时候需要给服务企业提供关键性的知识技术支持，而且从整体性角度分析，高校为高技术服务业的创新与发展培育所需的人才。服务创新中也不能缺少客户的参与，尤其是对知识服务业更是如此。客户的参与创新的能力对于最终创新绩效的取得会起到较大的作用。如果客户企业具备良好的知识与技术基础，这便有利于其在创新过程中主动性的发挥，因为这种基础对于客户企业向服务企业准确地表达自身的服务需求以及在创新中对技术方案框架、细节设计的理解和把握是有利的。当然，客户的参与能力还要取决于其参与的意愿，如果这种意愿相当强烈，就会促使其积极地参与到创新中来。② 因此，本书提出如下假设：

假设10：顾客的参与能力的提升对于知识共享的进程与质量是有利的。

假设11：顾客参与能力的提升对于服务创新绩效的获得是有利的。

假设12：顾客参与会通过知识共享间接性地对服务创新绩效产生积极的作用。

外部主体主要指政府和中介组织，税收政策和财政补贴政策通常是政府引导服务业创新的主要手段。政府和中介组织的引导和服务能降低服务业创新的

① Camison C, Fores B. Knowledge creation and absorptive capacity: the effect of intra-district shared competences [J]. Scandinavian Journal of Management, 2011(27): 66-86.

② Katja Rost. The strength of strong ties in the creation of innovation[J]. Research Policy, 2010, 40(4): 588-604.

交易成本。合作首先需要寻找合适的对象，企业与大学(或科研机构)、客户的相关信息并不是相互对称的，同时有关合作机会的信息在彼此间也没有实现充分共享。在这种情况下，政府及中介组织可以起到牵线搭桥的作用，减少彼此寻找合作伙伴的成本，同时也能使合作各方对合作机会、目标有更加清晰的理解，进而对合作中各类技术知识的交流与共享产生积极影响。另外，政府的税收政策和财政补贴政策、中介组织的推动被一些学者认为对服务创新绩效的取得有直接的影响。① 因此，本书提出如下假设：

假设 13：政府与中介的支持有利于服务业创新中的知识共享的进程与质量改善。

假设 14：政府与中介的支持对于服务创新绩效的获得是有利的。

假设 15：政府与中介的支持会通过知识共享间接性地对服务创新绩效产生积极的作用。

合作关系是指服务企业与客户企业在合作中所表现出来的相互间信任程度、主体间关系的紧密程度。② 合作关系体现在两个层次中，一是主体组织间的正式关系，二是私人间的非正式关系。一般认为，如果服务企业与客户企业间地理距离越近，彼此间建立了有效的交流沟通机制和信任机制，那么它们之间的合作将会更加默契，合作中发生冲突的可能性会更低，基于信任的持续合作会促进新知识、新技术向客户企业转移，加快技术知识的应用效率，这将有利于服务企业从客户处获得创新所需的新知识进而在企业内部加以吸收和整合。③ 服务企业与客户若建立了有效的沟通机制和信任机制，那么这对于服务企业所开发的新的技术服务知识向客户企业转移、被客户消化吸收及有效应用将是十分有利的。④ 学者们认为，如果顾客企业与服务企业对合作创新的目标、任务结构等事项有一致性的理解，那么合作目标对各方都产生了激励功能。这也会促进在创新过程中服务企业内部新的知识的交流，更是有利于新的技术知识向客户企业的转移和应用，最终对服务创新绩效的提升是有积极帮助

① 熊焰，李阳. 促进服务创新发展政策研究[J]. 科技管理研究，2008(8)：25-27.

② 郑浩，赵翔，陶虎. 高技术服务业顾客获取途径与关系粘性的实证[J]. 情报杂志，2010，29(8)：182-187.

③ Kranse, D R, Handfield, R. B. &Tyler, B. B. The relationships between supplier development, commitment, social capital accumulation and performance improvement[J]. Journal of Operations Management, 2007, 25(2)：528-545.

④ 刘中艳，李明生. 生产性服务业运营效率测度及其影响因素实证分析：以湖南省为例[J]. 求索，2013(6)：15-18.

的。另外，合作各方在建立合作关系时越是相互信任，彼此的价值观越是趋同，彼此的心理认同程度越是高，它们之间的矛盾和冲突就越少，合作关系就越能够持久地维持，合作各方将会有更多的精力和积极性专注于新的服务技术开发，这对于合作绩效的取得是有利的。因此，本书提出以下假设：

假设 16：服务企业与客户之间合作关系的改善有助于创新中知识共享的进程与质量。

假设 17：服务企业与客户之间的合作关系改善有利于服务创新绩效的提升。

假设 18：合作关系会通过知识共享对服务创新绩效产生间接性的正面影响。

通过上述整体性地对学者观点的梳理，还可以就知识共享与创新绩效之间的关系提出以下理论假设：

假设 19：改善知识共享的进程和质量将有利于服务创新绩效的提升。

第三节　数据获取与检验

提出的理论假设需要得到实证的检验，而要开展实证检验就必须获得实证所需的数据。笔者采用问卷调查的方式来获取所需的原始数据，并且明确实证研究中需要涉及的各类变量和指标，然后对数据进行信度与效度的检验。

一、问卷内容设计

问卷的设计主要从 5 个考察角度来展开，分别是环境、主体、关系、过程、结果。而对环境的考察又分为创新基础与动力、创新风险与障碍 2 个潜变量，从企业服务、顾客参与、政府与中介支持 3 个潜变量考察主体，从服务企业与客户企业之间的合作来考察关系角度，从知识的共享与管理来考察过程角度，从服务创新的绩效来考察结果角度。

问卷设计的目的是测量 8 个潜在变量，即创新基础与动力、创新风险与障碍、企业服务、顾客参与、政府与中介支持、合作关系、知识管理与共享以及服务创新绩效的观测变量。量表的构建借鉴了国内外学者的已有成果并考虑了研究对象的特点。

在构建出量表后首先进行了实验性的调研，以收集建设性的意见。调整后的观测变量中，创新基础与动力有 5 个观测变量，分别是信息与通信技术、交通等基础设施，企业对创新资源（人财物）的投入，领导战略与营销管理职能发挥，研发职能的发挥，员工的支持力度。

创新风险与障碍包含 4 个观测变量，分别是技术的特性（复杂性、特殊性、缄默性)、创新成果受保护的难度、创新市场需求的不确定性、创新成本的负担。企业服务包含 4 个观测变量,分别是企业的技术资源、企业的组织结构完善性、服务内容的新颖性、服务经验。顾客参与包含 3 个观测变量,分别是顾客企业的知识基础、参与意愿、参与程度。政府及中介支持包含 4 个观测变量,分别是政府对行业及企业的政策支持程度、高校或科研院所提供知识和技术的能力、中介组织服务能力、融资及其他合作平台建设。合作关系包括 4 个观测变量,分别是交流频率、信任度、地缘关系、合作目标。知识共享与管理包含 4 个观测变量,分别是知识获取、知识吸收与整合、知识应用、知识转移。创新绩效包括 6 个观测变量,分别是新项目营业收入、服务市场份额、专利申请授权数、新开发的服务创新项目数、客户的满意度、节能减排目标实现程度。

整个问卷共包括 34 个变量问项,并且采用 7 分法对每个项目进行评分,1 是最低分,7 是最高分。表 5-1 揭示了可能对服务业创新产生影响的具体项目因素及其详细的内涵,并且对具体的绩效表现项目进行了说明。

表 5-1　　　　　　　　　　　　问卷关键性测量项目说明

考察角度	项目	项目描述
环境	创新基础与动力	高技术服务业创新发展所需的信息技术、交通等基础设施完善,为该产业的发展提供了坚实的支撑。
		企业为了保障创新过程的顺利实施,投入了足够的人力、物力和财力,在服务创新人才、创新设备手段和资金等方面给予了足够的关注。
		企业的高层领导对创新工作给予了大力支持,并形成了明确而富有弹性的创新战略规划;营销部门也能积极收集市场信息供企业高层参考。
		企业员工在创新中发挥了积极的推动作用,在与顾客企业的接触中善于掌握其需求而形成创新的来源。
		企业的研发服务部门成为了创新的重要来源,能够主动与企业内各部门展开充分的交流,能把握住技术服务的前沿领域。
	创新风险与障碍	技术维度的创新存在困难,所需的技术较为复杂,需要一些特殊的技术手段支持,且关键性技术环节具有较强的缄默性,难以将其显性化。
		创新的成果难以有效保护,被其他企业复制和模仿的可能性较大。
		创新的成果被客户企业接受的程度存在很大的不确定性,市场前景不明朗。
		创新的成本很高,而且创新收益的可持续性难以保障。

续表

考察角度	项目	项目描述
主体	企业服务	企业具备了履行服务合同的技术资源，并且为客户企业提供技术服务的团队知识结构完备、能力胜任。
		企业的组织结构合理，组织模式适应高技术服务项目的顺利实施，尤其是项目组织模式的采用为服务创新提供了强有力的保障。
		企业提供的服务具有显著的新颖性。
		企业在提供服务方面已经积累了丰富的经验。
	顾客参与	客户企业具备良好的知识与技术基础，这种基础有利于参与活动的展开。
		客户企业参与创新产品设计及应用的意愿十分强烈。
		顾客企业在需求主张、方案框架、细节设计等阶段都积极参与到服务产品的制造中来。
	政府与中介支持	企业所在地政府积极出台促进本企业所在行业发展的各类政策，在税收减免或优惠、投融资支持、政府采购方面发展了重要作用。
		高校或科研院所为企业的高技术服务研发提供了有力的支持，能帮助企业解决其关键性技术难题。
		中介服务体系完善，科技中介组织在高技术服务项目的启动和推进中起到了积极作用。
		具有便捷高效的筹资渠道或平台为高技术服务项目的开展提供资金融通的服务与支持。
关系	合作关系	顾客企业在与服务企业的合作创新中能够做到充分的交流，为合作中的所存在问题的及时解决建立了有效的交流机制。
		顾客企业与服务企业相互之间已经形成了良好的信任，并构建了完善的信任机制。
		服务企业与客户企业之间的地理距离很近，很方便进行往来合作。
		顾客企业与服务企业对合作的目标、任务结构等事项有一致性的理解，合作目标对各方都产生了激励功能。

续表

考察角度	项目	项目描述
过程	知识共享与管理	企业具备获取外部合作伙伴或竞争对手新知识的能力，具有洞察新知识的敏锐性，尤其善于从顾客处获取知识。
		企业能对获取的知识在内部开展充分交流，就其中的一些技术诀窍反复磋商，以便于消化相关技术知识，进而转化为自身的应用性技术手段。
		企业能通过整合各方知识将其很好地加以应用，最终创造出顾客所需求的服务产品或方案。
		企业有足够的意愿向客户企业转移知识，有能力将具有一定缄默性的技术知识显化，以便于客户企业接受相关技术知识。
结果	创新绩效	新服务项目的营业收入得到了显著增加。
		服务市场份额得到了有效扩大。
		专利申请授权数。
		新开发的服务创新项目数。
		客户的满意度得到明显提高。
		创新有效地促进了服务企业自身及客户企业节能减排目标的实现。

二、问卷调查实施

为了顺利完成问卷调查工作，笔者将整个问卷调查分为了前后两个阶段：第一个阶段是进行实验性的问卷调查阶段，第二个阶段才是正式的问卷调查阶段。之所以要开展实验性的问卷调查，是为了获得一些被调查者在填写问卷过程中的一些看法，有些被调查者对问卷某些细节的完善和改进提出了很多的宝贵意见。作者根据他们所提出的一些有价值的意见对问卷中一些表达方式和措辞进行了适当的润色和完善，再将这些完善后的问卷请相关领域的专家把关。最终得到了作者认为可以付诸实施的调查问卷。

(一)企业问卷调查

在开展第二个阶段的正式问卷调查中，需要确定被调查的地区、行业、单位以及具体填写问卷的被调查者。根据研究的需要，选择长株潭(国家)高技术服务产业基地、郴州(国家)高技术服务产业基地作为重点被调查的地区,并将调查范围拓展到了湖南省内的14个地州市。按照国民经济行业分类(GB/T 4754-2011)选择高技术服务业中的两个大门类行业:一是信息传输、软件和信息技术服务业,二是科学研究和技术服务业。信息传输、软件和信息技术服务业又包括三个细分子行业:电信、广播电视和卫星传输服务业、互联网和相关服务业、软件和信息技术服务业;科学研究和技术服务业也包括三个细分子行业:研究和试验发展、专业技术服务业、科技推广和应用服务业。笔者从这两大门类六个小类中各选择了若干企业单位组成调研对象,这些企业单位按照资产投资来源涵盖了国有独资企业、国有控股(参股)企业、三资企业、民营企业。再将调查问卷发放给其中的具体被调查者。考虑到被调查者的受教育程度也存在差异性,作者主要选择了相关企业中具有本科及以上学历的且在相关企业单位或行业有3年以上工作经验的人员。另外,为了保障被填写人对问卷中的问题以及服务业创新的理解具备一定的深度,思维具有一定的战略性,作者尽量多选择在企业中担任要职的人员,比主管研发和营销工作的企业高层领导,R&D部门和营销部门的主管。为了能了解到一线员工对服务业创新的看法和意见,在发放调查问卷的时候也适当面向营销人员和技术骨干。

本次问卷调查采用了多种调查方式,包括当场发放问卷、邮寄纸质问卷、电子邮件方式发送问卷、电话询问方式填写问卷。为了保障问卷的填写质量,解答被调查人的一些疑问,笔者在发放远程问卷后始终保持与被调查者的联系与沟通,并在回收问卷后对一些被调查者进行了电话回访。一共发放问卷480份,收回358份。在收回的问卷中,对全部的问卷进行了认真的检查与甄别,一些无效的问卷被排除,如一些前后作答存在逻辑矛盾的问卷。有些问卷有很多项没有填写,这些问卷都被剔除。最终获得有效问卷326份,问卷的有效回收率为67.92%。有效问卷的分布情况见表5-2。

表5-2　　　　　　　　　有效问卷分布情况统计

基本信息	分类标准	有效样本点	比重
	国有独资	81	24.85%
	三资企业	86	26.38%
资本性质	民营企业	86	26.38%
	国有控股	73	22.39%
	总计	326	100.00%

续表

基本信息	分类标准	有效样本点	比重
行业范围	电信、广播电视和卫星传输服务	96	29.45%
	互联网和相关服务	43	13.19%
	软件和信息技术服务业	39	11.96%
	研究和试验发展	68	20.86%
	专业技术服务业	38	11.66%
	科技推广和应用服务业	42	12.88%
	总计	326	100.00%
企业规模	60 人以下	98	30.06%
	61—300 人	87	26.69%
	301—600 人	94	28.83%
	600 人以上	47	14.42%
	总计	326	100.00%
职位类别	公司高层领导	68	20.86%
	研发或设计部门负责人	80	24.54%
	营销部门负责人	82	25.15%
	技术骨干	54	16.56%
	基层员工	42	12.88%
	总计	326	100.00%

(二)企业深度调研

为了更加深入地掌握某一具体企业的创新情况，笔者专门针对软件服务业中的一个典型企业展开了深度访谈调研(当然，这家企业也包含在了大样本企业问卷调查的对象中)。

笔者所深度调研的企业是湖南 CBLZ 股份有限公司。该公司的总部设在湖南长沙麓谷高新区，其主营业务是提供软件技术开发及服务，具体涵盖了通用产品、行业解决方案、软件外包、智能化建筑、系统集成和信息服务，公司尤其在行业解决方案领域具有很高的建树。其行业解决方案(MBS)涉及电子、分销、化工、机械、标准离散制造、商业流通行业，还包括协同办公系统、创智网站安全防护系统、创智数据交换平台、门户网站协作平台、联合行政审批系统等。该公司的业务遍布全国，在北京、上海、广州等地区都有分公司，而且该公司致力于开拓国内国际两个市场，在国外开设了 2 家子公司。该公司在为钢铁、建筑、流通物流、电力、房地产等领域客户企业的信息化建设提供专业化的、个性化的技术解决方案，在推动地方工业信息化、促进新型工业化发展中作出了较大的贡献。图 5-4 是笔者在对企业进行深度调研后对其组织结构的描述。

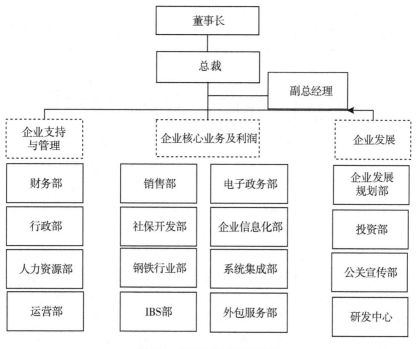

图 5-4　CBLZ 公司组织结构

公司在为相关行业提供个性化解决方案时，采用的重要手段就是按照客户企业的实际需求开发出独特的、竞争对手难以复制的企业管理软件。这类软件是一个复杂的系统性工程，它能够满足包括面向国内外开展业务的零售商、制造商、批发商以及服务企业的运营需要，具有广泛的业务适应性、高度的管理集成度和灵活的可扩充性。图 5-5 是笔者对该公司进行深入调研后所总结的公司在为客户开发管理软件服务系统的过程中所遵循的一般步骤。当然这些步骤间并非呈现出绝对的线性关系，彼此间很多情况下存在相互反馈关系。在个性化的软件服务项目开发中，公司所遵循的基本业务流程包括项目准备、业务需求分析、原型构建、原型测试及发布、上线准备及上线、持续支持等阶段。为实施标准流程，每个阶段都明确了实施目的、实施内容、交付成果和风险控制等，以确保各个阶段"里程碑"的顺利完成，随着里程碑的推进，整个实施项目将成功交付。

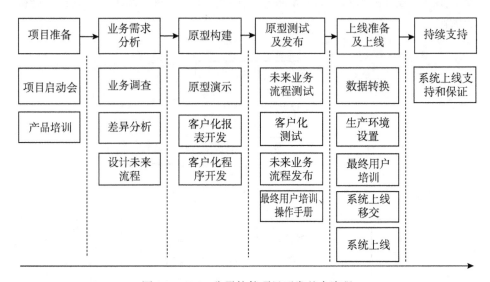

图 5-5　CBLZ 公司软件项目开发基本流程

　　笔者拜访了主管公司研发的副总经理，目的是了解公司创新的情况，尽可能地掌握对公司创新业绩产生可能影响的因素。副总认为技术研发对于 CBLZ 公司而言是相当重要的，企业如果不持续地开展技术服务创新，就很容易被市场所淘汰。该公司副总还认为要推动企业的持续创新并取得预期的绩效，企业创新战略的引领作用不可忽视，同时企业员工尤其是具有很高技术性人力资本的核心员工给予创新的支持及积极性，对创新的顺利推进也很重要。在创新的环境方面，该副总认为长沙麓谷高新区（管委会）为公司的创新与发展提供了很多的便利条件，比如在创新资金的融通方便给予了许多帮助，通过相关行业信息的发布为公司与客户企业间架起了桥梁，解决了很多信息不对称的问题。

　　笔者访谈了企业的一名项目经理，该项目经理专门负责公司在分销行业技术服务开发项目的管理工作。该项目经理认为，确保技术服务项目开发成功的关键点一是要明确客户的实际与潜在需求，二是公司与客户在技术方案的开发中要保持充分的沟通，三是提供行业解决方案时组织形式要具有充分的柔性。

该经理认为客户的需求信息是公司新知识的重要来源，也构成了公司的技术知识基础的组成部分，从而影响到公司的服务能力。比如，在分销行业中，客户对管理服务软件系统导入企业后期待解决的关键性问题如下：如何使营销体系既能快速扩充，又能避免管理失控？如何准确考核分支机构的销售、回款、计划完成情况？如何及时了解下属经销商的各类销售数据？如何对经销商进行考核？如何及时了解各地实际库存，并提高供货及时率，降低库存积压？如何控制应收账款的回收风险？如何缩短决策时间，提高决策的准确性？而对客户这些需求的把握是技术服务项目开发成功的关键。项目经理认为，要高效地推动技术项目的开发进程，需要一个具有充分柔性的组织方式，其中就某一类特定的行业解决方案而成立一个临时性的项目团队是一种有效的方法。

通过调研，笔者加深了对软件服务项目实施的认识。管理软件在客户企业中的应用是一个复杂的系统工程，要使得这一系统得到很好的实施，需在技术和管理两个方面做足工作。软件项目的运行不仅是一个技术问题，而且会牵涉到企业业务流程和管理模式的优化。因此，在实施过程中为了使软件技术与管理流程相匹配，必须对客户进行专门的辅导，承担这一职责的就是 CBLZ 公司的顾问(项目经理也承担着顾问的角色)。公司和客户之间在推动分销领域解决方案的实施过程中，需要展开定期和不定期的交流，这样能有效降低方案实施的风险、缩短项目周期，保证项目质量，最大限度地保障系统实施的成功率。

笔者对 CBLZ 公司人力资源部经理进行了访谈，该部门经理认为公司针对客户的管理软件开发涉及电子、分销、化工、机械、标准离散制造、商业流通等多个行业领域。要推动这些领域集成化、系统化解决方案的实施需要大量优秀的软件技术开发人才，尤其是既熟知软件开发技术又掌握了企业运营管理知识的复合型人才是公司急需的。该经理认为，公司在今后一段时期内应该持续加大对人才的引进力度，同时强化内部培养机制，促使员工边干边学，持续积累业务知识。

笔者对公司研发中心的主任进行了访谈。该主任认为每一项管理软件的开发及导入客户企业应用的过程，本身就是一种创新过程。虽然从不同客户的需求中可以寻找到一些共同点，但是客户的具体情况和需求都是独一无二的。软件项目的开发涉及对各项技术知识的管理，包括开发前对相关知识的收集、开发中对各类知识的整合与应用，在将软件成果导入客户企业之后根据客户的反馈意见而收集的信息对于企业后续的开发工作将起到至关重要的作用。该负责人认为，在行业解决方案的实施中，加强对技术知识的管理相当重要，尤其是对客户需求这类知识要尽可能全面准确地获取，在软件开发项目完成后要对项目成果资料进行整理和归档，这是公司的重要技术资源积累。

通过访谈，作者了解到 CBLZ 公司在为客户企业提供技术解决方案和管理软件系统时通常采用差异性产品开发战略，当然有时也是不同具体战略的组合。所谓差异化战略就是突出客户的个性化特点，满足其独特的需求。这种战略对于构建企业在客户市场中的竞争优势是十分有利的。然而，要体现差异化、个性化就需要为此付出更多的精力和代价，因此成本的增加又会成为一个现实的问题。公司很好地处理成本和个性化之间的矛盾，在两者之间做了平衡。公司通过与微软结成全球战略合作伙伴，在技术、产品、行业解决方案与服务等方面与微软进一步深度合作，以微软的产品体系、技术平台以及微软的技术支持为依托，借助公司多年来对国内信息化市场的理解和积累的行业或领域解决方案与客户服务的成功经验，专注于为客户提供个性化的解决方案、增值开发与服务。也就是说公司是以微软的产品作为模块化应用平台，在此基础上结合用户的个性化需求，构建出独特的商务应用系统，从事增值开发、销售和提供增值服务。其中，模块化的应用平台如企业资源计划（ERP），客户关系管理系统（CRM），供应链管理（SCM），以及支撑这些应用的基础性应用，如商务协作（OA）、知识管理（KM）、企业门户（EIP）、商务智能（BI）与企业应用继承（EAI）等。采用"模块化+定制化"的技术开发模式既确保了企业创新的效率，同时又为企业赢得了持续的竞争优势。

在知识管理方面，CBLZ 公司也采取了一套行之有效的方案，公司由研发中心牵头针对行业解决方案及技术服务开展过程中所产生的有价值的知识信息进行集中的收集和整理，并在公司内部网络分权限共享这些信息。公司尤其注重对客户知识信息的收集和关注，在每实施一次客户企业的解决方案后都及时对项目中所取得的成功经验和有待改进之处进行认真的总结。这种对有价值的知识信息的管理有效地促进了企业的创新。

三、变量分析与指标选择

通过对问卷设计内容的整理及依据研究的目的，确定出相应的被解释变量、解释变量和中间变量。按照研究的目的，本章是为了验证影响服务业创新绩效的关键性因素，因此要将服务创新绩效当作被解释变量。而该变量的属性属于潜变量，不能直接测量，只能通过其他相对便于观测的变量或指标来加以体现，因此该潜变量又涉及若干观测变量。具体的，创新绩效包括 6 个观测变量，它们分别是新项目营业收入、服务市场份额、专利申请授权数、新开发的服务创新项目数、客户的满意度、节能减排目标实现程度。表 5-3 列示了被解释变量"服务创新绩效"及其若干观测变量项目，并且对观测变量进行了编号。

表 5-3　　　　　　　　　　　　**被解释变量的定义与分类**

考察角度	潜变量	观测变量	变量编号
结果	服务创新绩效	新项目营业收入	$P1$
		服务市场份额	$P2$
		专利申请授权数	$P3$
		新开发的服务创新项目数	$P4$
		客户的满意度	$P5$
		节能减排目标实现程度	$P6$

按照环境、主体、关系、过程的思路来设置解释变量，也就是从这几个角度来考虑影响被解释变量"服务业创新绩效"的相关因素。具体的解释变量有"创新基础与动力"、创新风险与障碍、企业服务、顾客参与、政府与中介支持以及合作关系。当然，这些解释变量都是潜变量，它们各自都需要进一步通过观测变量来体现，如采用"信息与通信技术"等 5 个观测变量来详细刻画潜变量"创新基础与动力"。解释变量的具体设置及其观测指标皆列示于表 5-4 中，并且对相应的观测变量进行了编号。

表 5-4　　　　　　　　　　　　**解释变量的定义与分类**

考察角度	潜变量	观测变量	变量编号
环境	创新基础与动力	信息与通信技术、交通等基础设施	$F1$
		企业对创新资源（人财物）的投入	$F2$
		领导战略与营销管理职能发挥	$F3$
		研发职能的发挥	$F4$
		员工的支持力度	$F5$
	创新风险与障碍	技术的特性（复杂性、特殊性、缄默性）	$V1$
		创新成果受保护的难度	$V2$
		创新市场需求的不确定性	$V3$
		创新成本的负担	$V4$

续表

考察角度	潜变量	观测变量	变量编号
主体	企业服务	企业的技术资源	E1
		企业的组织结构完善性	E2
		服务内容的新颖性	E3
		服务经验	E4
	顾客参与	客户企业的知识基础	C1
		客户企业的参与意愿	C2
		客户企业的参与程度	C3
	政府与中介支持	政府对行业及企业的政策支持程度	M1
		高校或科研院所提供知识和技术的能力	M2
		科技中介服务能力	M3
		融资及其他合作平台建设	M4
关系	合作关系	交流频率	R1
		信任度	R2
		地缘关系	R3
		合作目标	R4

本书将知识共享与管理设置为中介变量。中介变量有其特殊性，对于最终的被解释变量而言，中介变量属于解释变量，但对于那些对中介变量产生直接作用的解释变量而言，中介变量又属于被解释变量。知识共享与管理潜变量包括知识获取、知识吸收与整合、知识应用、知识转移四个观测变量，如表 5-5 所示。

表 5-5　　　　　　　　　　中介变量的定义与分类

考察角度	潜变量	观测变量	变量编号
过程	知识共享与管理	知识获取	K1
		知识吸收与整合	K2
		知识应用	K3
		知识转移	K4

四、描述性统计

描述性统计是统计理论体系中的初级阶段的理论方法，描述性统计结果初步地呈览被调查对象在某些方面的表现情况。当然，要想进一步验证某一理论假设，还需要进一步采用其他方法。在收集到调查问卷之后，第一步工作就是对问卷数据进行整理，并且采用描述性统计方法来初步分析被调查对象总体性的表现情况。

表 5-6 展示了高技术服务企业的创新绩效水平。从结果可以看出，其各项的均值大致处于 3. 50 至 4. 10，这说明创新绩效的整体水平偏低。从表 5-6 中也可考察到各解释变量的整体性表现状况，其中创新基础与动力各问项的均值处于 3. 80 至 4. 12，这说明了创新基础与动力不是太足，还有很大的改进空间。而创新风险和障碍各问项的均值处于 4. 60 至 5. 42，说明目前湖南省的高技术服务业创新还存在较大的阻力与障碍，应当设法强化动力、化解和消除一些矛盾性因素。在主体层面的企业服务、顾客参与、政府与中介支持潜变量中，其相应问项的均值都偏低，处于 4. 20 至 4. 34。顾客参与中各问项的均值相对偏低，这说明高技术服务业的创新没有切实发挥与顾客的互动。而客户的充分参与是创新成功的关键，客户的思想和需求是高技术服务企业创新的重要源泉。合作关系、知识共享和管理潜变量其中各问项的均值表现都不是很理想，这说明企业与客户及其他创新相关主体间的交流合作还是没有很好地得到彰显。合作创造机会、交流提升价值的观念没有深入人心。

表 5-6 各项目的描述性统计结果

潜变量	问项	样本容量	极小值	极大值	均值	标准差
创新基础与动力	Q1	326	1	7	3. 91	0. 974
	Q2	326	1	7	3. 80	1. 094
	Q3	326	1	7	3. 84	0. 864
	Q4	326	1	7	4. 12	0. 954
	Q5	326	1	7	4. 03	0. 801
创新风险与障碍	Q6	326	1	7	4. 60	1. 106
	Q7	326	1	7	4. 71	1. 013
	Q8	326	1	7	5. 42	0. 984
	Q9	326	1	7	5. 14	0. 908

续表

潜变量	问项	样本容量	极小值	极大值	均值	标准差
企业服务	$Q10$	326	1	7	4.28	1.193
	$Q11$	326	1	7	4.21	0.977
	$Q12$	326	1	7	4.20	0.993
	$Q13$	326	1	7	4.26	0.968
顾客参与	$Q14$	326	1	7	4.24	1.092
	$Q15$	326	1	7	4.28	0.901
	$Q16$	326	1	7	4.34	0.942
政府与中介支持	$Q17$	326	1	7	4.31	0.978
	$Q18$	326	1	7	4.27	1.004
	$Q19$	326	1	7	4.23	0.892
	$Q20$	326	1	7	4.33	1.105
合作关系	$Q21$	326	1	7	4.81	1.134
	$Q22$	326	1	7	4.26	0.952
	$Q23$	326	1	7	4.74	0.946
	$Q24$	326	1	7	4.66	0.964
知识共享与管理	$Q25$	326	1	7	4.41	1.108
	$Q26$	326	1	7	4.08	1.113
	$Q27$	326	1	7	4.23	0.968
	$Q28$	326	1	7	4.52	0.943
创新绩效	$Q29$	326	1	7	3.50	1.104
	$Q30$	326	1	7	3.81	0.987
	$Q31$	326	1	7	3.62	1.006
	$Q32$	326	1	7	3.76	1.131
	$Q33$	326	1	7	4.10	0.951
	$Q34$	326	1	7	4.08	1.004

五、信度与效度检验

(一)信度检验

本章借助 Cronbach α 系数来开展信度检验。结果表明,创新基础与动力、创新风险和障碍、企业服务、顾客参与、政府与中介支持、合作关系、知识共享与管理、服务创新绩效的 Cronbach α 系数均超过了 0.7,显示了本章所设置的潜变量具有较好的信度(如表 5-7 所示)。

表 5-7   **潜变量的信度检验**

潜变量	可测变量个数	Cronbach's Alpha
创新基础与动力	5	0.714
创新风险与障碍	4	0.726
企业服务能力	4	0.738
顾客参与能力	3	0.801
政府与中介支持	4	0.798
合作关系	4	0.814
知识共享与管理	4	0.768
服务创新绩效	6	0.752
合计	34	—

(二)效度检验

本章利用探索性因子分析实现效度检验的目的,具体地采用主成分分析法来提取特征值大于 1 的因子。

第一,环境层面的探索性因子分析。在对环境层面的因素展开因子分析前,还需要开展一项检验工作,那就是检验一下样本是否适合做因子分析。学术界通常采用的一种方法是对样本(即对环境层面的题项)进行 KMO 与 Bartlett 检验。一般情况下,当 KMO 的值越是靠近 1 时,越适合进行因子分析。而当 KMO 的值低于 0.5 时,则表示做因子分析不适宜。[①] 而 Bartlett 检验的显著性

---

① Froehle C M, Roth A V. A resource-process framework of new service development[J]. Production and Operations Management,2007,16(2):169-188.

水平越接近 0，则样本越适合做因子分析。经过 KMO 与 Bartlett 检验发现，其 KMO 的值为 0.786，Bartlett 检验的显著性水平几乎为 0，因而，环境层面的因素适合做因子分析。

接下来采用主成分分析法来实现因子分析的目标。主成分分析法中最为关键的一项工作是提取公因子，而公因子的提取应该遵循"特征值大于 1"的原则。① 在实际操作中应该考察某一因子内部具体各项目的因子载荷值。如果某一项目的因子载荷值小于 0.5，则要将该项目剔除出所隶属的因子，将大于 0.5 的项目予以保留。从表 5-8 中可知，环境层面的全体项目集合通过因子分析最终得到了两个特征值大于 1 的因子，它们的总方差解释量超过了 80%，由于其中的每个项目的因子负荷值都超过了 0.5，这意味着各项目通过了结构效度检验，存在较高的内部一致性。

表 5-8　　　　　　　　　　　　　　环境探索性因子分析

项 目 描 述	因子 1	因子 2
因子 1：创新基础与动力		
高技术服务业创新发展所需的信息技术、交通等基础设施完善，为该产业的发展提供了坚实的支撑。	0.678	
企业为了保障创新过程的顺利实施，投入了足够的人力、物力和财力，在服务创新人才、创新设备手段和资金等方面给予了足够的关注。	0.714	
企业的高层领导对创新工作给予了大力支持，并形成了明确而富有弹性的创新战略规划；营销部门也能积极收集市场信息供企业高层参考。	0.813	
企业员工在创新中发挥了积极的推动作用，在与顾客企业的接触中善于掌握其需求而形成创新的来源。	0.706	
企业的研发服务部门成为了创新的重要来源，能够主动与企业内各部门展开充分的交流，能把握住技术服务的前沿领域。	0.763	
因子 2：创新风险与障碍		
技术维度的创新存在困难，所需的技术较为复杂，需要一些特殊的技术手段支持，且关键性技术环节具有较强的缄默性，难以将其显性化。		0.657

---

① 臧霄鹏，林秀梅. 中国服务业效率研究：基于 2004—2009 年的面板数据[J]. 华南农业大学学报(社会科学版)，2012，11(1)：68-76.

项目描述	因子1	因子2
创新的成果难以有效保护，被其他企业复制和模仿的可能性较大。		0.708
创新的成果被客户企业接受的程度存在很大的不确定性，市场前景不明朗。		0.723
创新的成本很高，而且创新收益的可持续性难以保障。		0.681
方差解释量(%)	43.674	38.752
总方差解释量(%)	82.426	

第二，主体层面的探索性因子分析。其操作的逻辑思路与对环境层面所开展的因子分析是一样的。因子分析前同样要对主体层面的题项进行 KMO 与 Bartlett 检验。KMO 与 Bartlett 检验后发现，主体层面的因素适合做因子分析，其 KMO 的值为 0.763，Bartlett 检验的显著性水平也几乎为 0。依据"特征值 >1"的原则提取公因子，共提取 3 个公因子。从表 5-9 中可知，3 个公因子的总方差解释量达到 87.375%，而且每个公因子内部各项目的因子载荷值也在 0.5 以上。故表明主体层面的各项目也具有较好的结构效度，即存在较高的内部一致性。

表 5-9　　　　　　　　　　　**主体探索性因子分析**

项目描述	因子1	因子2	因子3
因子1：企业服务			
企业具备了履行服务合同的技术资源，并且为客户企业提供技术服务的团队知识结构完备、能力胜任。	0.698		
企业的组织结构合理，组织模式适应高技术服务项目的顺利实施，尤其是项目组织模式的采用为服务创新提供了强有力的保障。	0.735		
企业提供的服务具有显著的新颖性。	0.781		
企业在提供服务方面已经积累了丰富的经验。	0.691		
因子2：顾客参与			
客户企业具备良好的知识与技术基础，这种基础有利于参与活动的展开。		0.746	

续表

项目描述	因子 1	因子 2	因子 3
客户企业参与创新产品设计及应用的意愿十分强烈。		0.682	
顾客企业在需求主张、方案框架、细节设计等阶段都积极参与到服务产品的制造中来。		0.761	
因子 3：政府与中介支持			
企业所在地政府积极出台促进本企业所在行业发展的各类政策，在税收减免或优惠、投融资支持、政府采购方面发挥了重要作用。			0.646
高校或科研院所为企业的高技术服务研发提供了有力的支持，能帮助企业解决其关键性技术难题。			0.714
中介服务体系完善，科技中介组织在高技术服务项目的启动和推进中起到了积极作用。			0.726
具有便捷高效的筹资渠道或平台为高技术服务项目的开展提供资金融通的服务与支持。			0.708
方差解释量(%)	38.361	28.546	20.468
总方差解释量(%)	87.375		

第三，其他层面的探索性因子分析。通过 KMO 与 Bartlett 检验，KMO 的值为 0.864，Bartlett 检验的显著性水平也几乎为 0，这表明其他层面的因素适合做因子分析。在采用主成分分析法按照"特征值大于 1"的原则提取公因子时，可获得 3 个公因子。从表 5-10 中可知，3 个公因子的总方差解释量达到 82.519%，而且每个公因子内部各项目的因子载荷值也在 0.5 以上。故表明这些项目结构效度较好，内部一致性较高。

表 5-10 　　　　　　　　　　**其他项目探索性因子分析**

项目描述	因子 1	因子 2	因子 3
因子 1：合作关系			
顾客企业在与服务企业的合作创新中能够做到充分的交流，为合作中所存在的问题的及时解决建立了有效的交流机制。	0.697		
顾客企业与服务企业相互之间已经形成了良好的信任，并构建了完善的信任机制。	0.731		

项目描述	因子 1	因子 2	因子 3
服务企业与客户企业之间的地理距离很近，很方便进行往来合作。	0.804		
顾客企业与服务企业对合作的目标、任务结构等事项有一致性的理解，合作目标对各方都产生了激励功能。	0.764		
因子 2：知识共享与管理			
企业具备获取外部合作伙伴或竞争对手新知识的能力，具有洞察新知识的敏锐性；尤其善于从顾客处获取知识。		0.754	
企业能对获取的知识在内部开展充分交流，就其中的一些技术诀窍反复磋商，以便于消化相关技术知识，进而转化为自身的应用性技术手段。		0.816	
企业能通过整合各方知识将其很好地加以应用，最终创造出顾客所需求的服务产品或方案。		0.826	
企业有足够的意愿向客户企业转移知识，有能力将具有一定缄默性的技术知识显化，以便于客户企业接受相关技术知识。		0.801	
因子 3：创新绩效			
新服务项目的营业收入得到了显著增加。			0.804
服务市场份额得到了有效扩大。			0.753
专利申请授权数。			0.658
新开发的服务创新项目数。			0.724
客户的满意度得到明显提高。			0.751
创新有效地促进了服务企业自身及客户企业节能减排目标的实现。			0.698
方差解释量(%)。	36.245	26.687	19.587
总方差解释量(%)。		82.519	

第四节 模型构建与验证

首先，在确立了理论模型并提出相关研究假设、实施问卷调查并对数据进行信度和效度检验之后，就可以构建其初始的结构方程模型。其次，可以借助软件对模型进行拟合、估计，并对估计的结果从模型整体以及参数的显著性水平进行评价，删除一些不合理的变量或调整某些路径，以获得最终优化后的结构方程模型。

一、初始模型的设定

初始模型的构建是采用 SEM 进行实证研究的基础的而关键性的步骤。在构建初始模型的过程中，需要明确好两类关系，首先是潜变量（又可称为隐变量）之间的关系，其次是潜变量与外显变量（或称为可观测变量）之间的关系。潜变量之间的关系又可分为因果关系与共变关系两种。某一潜变量对另一潜变量产生直接的影响，则这种关系称为因果作用关系。而两个潜变量之间所存在的相互影响关系可称为共变关系。①

在前述研究的基础上，本章确立了创新基础与动力、创新风险与障碍、企业服务、顾客参与、政府与中介支持、合作关系为外因潜变量。首先，假设它们都对知识共享与管理及创新绩效两个内因潜变量产生直接的影响，因此这种关系就是因果作用关系。其次，假设知识共享与管理对创新绩效产生直接的影响，这也是一种因果作用关系，因果作用关系用单向箭头表示。另外，创新基础与动力、创新风险与障碍、企业服务、顾客参与、政府与中介支持、合作关系这几个外因潜变量也并非彼此孤立，它们两两之间存在着共变关系，这种共变关系需要用双向箭头表示。在构建初始模型的时候还需要注意，所有的测量误差变量的初始取值都要设为1，并且在同一个潜变量所包含的若干个与可观测变量对应的负荷系数值中将其中的一个值设为1。另外，在知识共享与管理及创新绩效两个内因潜变量上增加残差项。由此，构建出包括8个潜变量，其中6个是外因潜变量，2个是内因潜变量，以及34个可观测变量的初始结构模型与测量模型（如图5-6所示）。

二、模型拟合与评价

在构建了初始的模型后，借助 AMOS7.0 软件拟合模型。在模型的拟合过程中经过多次迭代，最终收敛，得到初始模型的拟合结果。图5-7展示了模型经过第一次拟合之后所得到的拟合结果，其中主要列出了第一次拟合的路径系数。我们不能马上就直接接受初始的拟合结果，还必须先对初始模型的拟合情

---

① 王红卫. 服务评价与服务创新对策实证研究[J]. 技术经济, 2010, 29(8): 6-13.

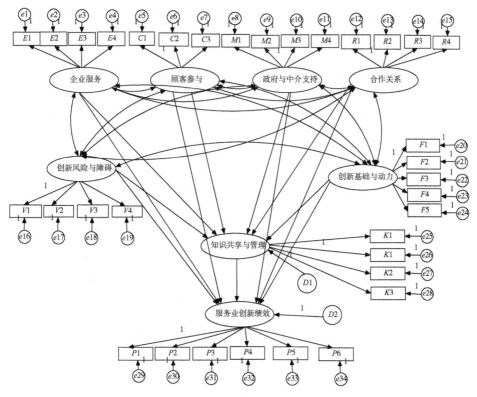

图 5-6 初始结构模型与测量模型

况进行评价。需要从宏观与微观两个相对的角度来考察和评价模型估计的情况。从宏观角度考察，就是要从整体的角度来评价拟合质量的高低，通常采用专门用于评价模型拟合质量优良程度的指标来实现这一目的。从相对微观的角度考察，主要检验路径系数和负荷系数的显著性水平。

(一) 模型拟合整体评价

在对模型进行整体性拟合优度评价时，所采用的综合性评价指标可以分为三类：绝对拟合优度指标、相对拟合优度指标和信息指标，但一般而言采用的最多的是前两类指标。其中绝对拟合指标包括 x^2/df、GFI、RMR、RMSEA 等，相对拟合指标主要有 NFI、TLI、CFI 等，相对拟合指数需要大于 0.9 才算是效果良好。通过对初始模型的估计可知，x^2/df、GFI、RMR、RMSEA 的值分别为 2.961、0.911、0.046、0.074；NFI、TLI、CFI 的值分别为 0.921、0.946、

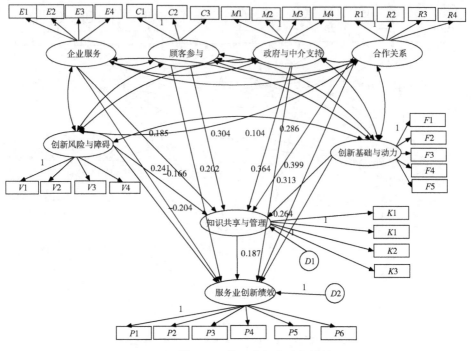

图 5-7 模型经过第一次拟合后的结果

0.957(如表 5-11 所示)。以上指标除了 RMSEA = 0.074>0.05 外,其他指标都是达到要求的。但根据学者们的研究,RMSEA 值虽然大于 0.05,但只要它小于 0.08 也可以接受。因此,可以得出结论,从整体的角度来考察模型的拟合符合要求。

表 5-11 拟合优度统计表

指标值	χ^2/df	GFI	RMR	RMSEA	NFI	TLI	CFI
数值	2.961	0.911	0.046	0.074	0.921	0.946	0.957

(二) 参数显著性评价

对模型进行估计后,模型中的待估计参数总会获得一个估计值。某一个参数估计值到底具有多大程度的可信度,或者说它所发挥的作用是否显著,这就需要进一步展开参数的显著性检验。在结构方程模型中，主要有两类参数最值得关注，一是刻画潜变量之间作用关系的路径系数，二是体现观测变量与潜变量之间关系的负荷系数。表 5-12 汇总了对初始模型估计后所得到的这两类参数的估计值及其显著性检验结果。

表 5-12　　　　　　　　　　　初始模型参数估计结果

路径或项目	系数估计	C. R.	P	Label
知识共享<---创新基础与动力	0.313	4.605	***	Par_27
创新绩效<---创新基础与动力	0.264	1.968	0.048	Par_28
知识共享<---创新风险与障碍	−0.166	1.973	0.047	Par_29
创新绩效<---创新风险与障碍	−0.204	3.478	***	Par_30
知识共享<---企业服务	0.185	3.810	***	Par_31
创新绩效<---企业服务	0.241	4.763	***	Par_32
知识共享<---顾客参与	0.304	3.572	***	Par_33
创新绩效<---顾客参与	0.202	5.431	***	Par_34
知识共享<---政府与中介支持	0.104	1.321	0.134	Par_35
创新绩效<---政府与中介支持	0.364	4.0.1	***	Par_36
知识共享<---合作关系	0.286	3.607	***	Par_37
创新绩效<---合作关系	0.399	5.246	***	Par_38
创新绩效<---知识共享	0.187	3.665	***	Par_39
$F1$<---创新基础与动力	0.287	—	—	
$F2$<---创新基础与动力	0.146	3.614	***	Par_1
$F3$<---创新基础与动力	0.308	5.452	***	Par_2
$F4$<---创新基础与动力	0.208	4.057	***	Par_3
$F5$<---创新基础与动力	0.314	1.989	0.043	Par_4
$V1$<---创新风险与障碍	0.264	—	—	
$V2$<---创新风险与障碍	0.311	5.102	***	Par_5
$V3$<---创新风险与障碍	0.201	3.868	***	Par_6
$V4$<---创新风险与障碍	0.416	8.872	***	Par_7
$E1$<---企业服务	0.289	—	—	

路径或项目	系数估计	C. R.	P	Label
E2<---企业服务	0.306	9.604	***	Par_8
E3<---企业服务	0.325	8.526	***	Par_9
E4<---企业服务	0.247	11.787	***	Par_10
C1<---顾客参与	0.343	—	—	
C2<---顾客参与	0.206	13.621	***	Par_11
C3<---顾客参与	0.279	12.778	***	Par_12
M1<---政府与中介支持	0.316	—	—	
M2<---政府与中介支持	0.147	3.578	***	Par_13
M3<---政府与中介支持	0.412	8.607	***	Par_14
M4<---政府与中介支持	0.309	6.478	***	Par_15
R1<---合作关系	0.246	—	—	
R2<---合作关系	0.356	13.645	***	Par_16
R3<---合作关系	0.214	6.787	***	Par_17
R4<---合作关系	0.248	8.689	***	Par_18
K1<---知识共享	0.348	—	—	
K2<---知识共享	0.209	1.655	0.096	Par_19
K3<---知识共享	0.405	11.254	***	Par_20
K4<---知识共享	0.352	6.741	***	Par_21
P1<---服务创新绩效	0.305	—	—	
P2<---服务创新绩效	0.353	8.245	***	Par_22
P3<---服务创新绩效	0.369	10.145	***	Par_23
P4<---服务创新绩效	0.524	8.456	***	Par_24
P5<---服务创新绩效	0.379	9.601	***	Par_25
P6<---服务创新绩效	0.426	2.012	0.031	Par_26

表5-12中，潜变量之间除了"知识共享←政府与中介支持"的路径系数在10%的显著性水平上仍然没有通过检验外，其他的路径系数在1%或5%或10%的显著性水平上通过了检验。从统计角度分析，"政府与中介支持"潜变

量对服务创新过程中的知识共享没有起到显著的影响作用。当然，统计上不显著并不绝对意味着社会经济实践中"政府和中介支持"对创新中的知识共享就毫无意义。政府虽然不能直接干预服务企业的创新活动，但在促进服务企业与高校、客户相互间的合作方面是大有可为的。从理论上讲，中介组织更是应该在促进知识共享中发挥作用。实证的结果恰恰表明这种功能需要得到彰显。但鉴于实证结果，需要调整初始模型再重新拟合，因此删掉"知识共享←政府与中介支持"，并对调整后的模型重新进行估计和检验。图 5-8 是去掉路径"知识共享←政府与中介支持"、经过一次调整后的结构模型与测量模型。

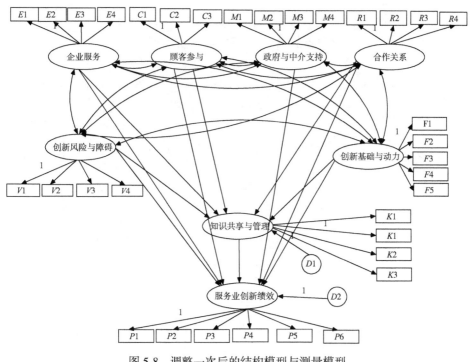

图 5-8　调整一次后的结构模型与测量模型

三、模型调整与修正

删掉"知识共享←政府与中介支持"路径并对图 5-8 所示的经过一次调整后的模型进行重新估计，得到相应的参数估计及其检验结果。绝对拟合指标 χ^2/df、GFI、RMR、RMSEA 的值分别为 2.76、0.923、0.042、0.061，可以看出这些结果比初始模型的相应评价指标值都有了较为明显的改善。另外，相对拟合指标 NFI、TLI、CFI 的值分别为 0.934、0.956、0.964，与初始模型的相应评价指标值相比也存在改善。因此，从模型的整体评价考察，模型的拟合是可以接受的。另一方面，从路径系数和负荷系数的显著性检验结果可知，所有参数估计值在 1%或 5%的水平上通过了显著性检验。因此，我们可以就此停止对模型的进一步调整和估计，将此时的模型视为最终或最优模型，如图 5-9 所示。

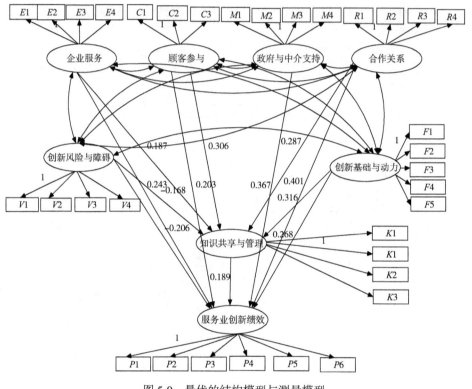

图 5-9　最优的结构模型与测量模型

　　进一步的，需要对潜变量之间的影响方式展开分析。一个潜变量对另外一个潜变量可能产生直接性的影响，也就是说这种作用力的发挥不需要再借助第三方变量作为桥梁，这里的第三方变量就是中间变量。同时，一个潜变量也可能通过第三变量(即中间变量)对另外一个潜变量施加影响。比如"创新基础→创新绩效"之间既存在着前者对后者的直接作用力，又因为创新基础作用于知识共享，而知识共享又作用于创新绩效，因此存在着这样一种关系"创新基础→知识共享→创新绩效"，即创新基础通过知识共享间接性地对创新绩效产生了影响。表 5-13 将潜变量之间的这种直接或间接性的作用关系进行了汇总。

表 5-13 **各解释变量对服务创新绩效的作用效应分析**

直接效应分析		间接效应分析		总效应
变量关系	效应值	变量关系	效应值	
创新基础→创新绩效	0.268 **	创新基础→知识共享	0.316 ***	0.328
		知识共享→创新绩效	0.189	
		创新基础→知识共享→创新绩效	0.060	
创新风险→创新绩效	-0.206 ***	创新风险→知识共享	-0.168 **	-0.238
		知识共享→创新绩效	0.189	
		创新风险→知识共享→创新绩效	-0.032	
企业服务→创新绩效	0.243 **	企业服务→知识共享	0.187 ***	0.278
		知识共享→创新绩效	0.189	
		企业服务→知识共享→创新绩效	0.035	
顾客参与→创新绩效	0.203 ***	顾客参与→知识共享	0.306 ***	0.261
		知识共享→创新绩效	0.189	
		顾客参与→知识共享→创新绩效	0.058	
政府与中介支持→创新绩效	0.367 **	政府与中介支持→知识共享	0.106 不显著	0.367
		知识共享→创新绩效	0.189	
		政府与中介支持→知识共享→创新绩效	—	
合作关系→创新绩效	0.401 **	合作关系→知识共享	0.287 ***	0.455
		知识共享→创新绩效	0.189	
		合作关系→知识共享→创新绩效	0.054	
知识共享→创新绩效	0.189 **	知识共享→知识共享	0	0.189
		知识共享→创新绩效	0.189	
		知识共享→知识共享→创新绩效	0	

四、假设验证与解释

实证研究表明，创新基础与动力、创新风险与障碍、企业服务、顾客参与、合作关系对知识共享和服务创新绩效都产生了不同程度的直接影响，而且知识共享也对服务创新绩效产生了直接影响。创新基础与动力、创新风险与障碍、企业服务、顾客参与、合作关系对服务创新绩效还存在间接性的影响作用，这种间接作用的发挥是通过第三方变量（即中间变量）"知识共享"来实现的。通过以上的实证分析，获得最初所构建的待检验假设的具体验证情况。

得到支持的理论假设如下：

假设 1：创新基础与动力有利于知识共享的进程和质量改善。

假设 2：改善创新基础与动力对于创新绩效的获取是有利的。

假设 4：创新风险与障碍不利于知识共享的进程和质量。

假设 5：创新风险与障碍对于创新绩效的获取是不利的。

假设 7：增强高技术服务企业的服务能力有利于企业知识管理水平的提升。

假设 8：提高企业的服务能力有利于创新绩效的改善。

假设 10：顾客参与能力的提升对于知识共享的进程与质量是有利的。

假设 11：顾客参与能力的提升对于服务创新绩效的获得是有利的。

假设 14：政府与中介的支持对于服务创新绩效的获得是有利的。

假设 16：服务企业与客户之间合作关系的改善有助于创新中知识共享的进程与质量。

假设 17：服务企业与客户之间的合作关系改善有利于服务创新绩效的提升。

假设 19：改善知识共享的进程和质量将有利于服务创新绩效的提升。

得到基本支持的理论假设如下：

假设 3：创新基础与动力会通过影响知识共享间接性地对创新绩效产生积极作用。

假设 6：创新风险与障碍会通过影响知识共享间接性地对创新绩效产生消极作用。

假设 9：企业服务能力通过知识共享对服务创新绩效产生间接影响。

假设 12：顾客参与会通过知识共享间接性地对服务创新绩效产生积极的作用。

假设 15：政府与中介的支持会通过知识共享间接性地对服务创新绩效产

生积极的作用。

假设 18：合作关系会通过知识共享对服务创新绩效产生间接性的正面影响。

没有得到支持的理论假设是：

假设 13：政府与中介的支持有利于服务业创新中的知识共享的进程与质量改善。

高技术服务业创新中知识共享的中介效应也得到了验证。中介效应的验证结果如下：创新基础与动力通过知识共享对服务创新绩效产生间接性影响；创新风险与障碍通过知识共享对服务创新绩效产生间接性影响；企业服务能力通过知识共享对服务创新绩效产生间接性影响；顾客参与能力通过知识共享对服务创新绩效产生间接性影响；政府与中介支持通过知识共享对服务创新绩效产生间接性影响；合作关系通过知识共享对服务创新绩效产生间接性影响。这些间接效应或中介效应的理论假设只是得到了基本支持。

第五节　实证启示与建议

通过构建高技术服务业创新绩效影响机制的概念模型，提出研究假设、收集基础性数据并基于结构方程模型对假设进行验证，获得了相关研究结论和启示。

总体而言，创新基础与动力、创新风险与障碍、企业服务、顾客参与、合作关系对知识共享和服务创新绩效都产生了程度各异的直接影响，知识共享也对创新绩效产生直接的积极作用。从对绩效的作用强度考察，合作关系的影响系数相对最强。需要指出的是，创新风险和障碍的增加对创新绩效不利；政府与中介支持对知识共享的影响不显著；知识共享在除政府与中介支持外的其他解释变量对绩效的影响中发挥着一定程度的中间作用。实证结果能够为管理改善措施的出台提供可靠的依据。

一、从创新环境角度考察

从环境角度考察，创新的风险与障碍不利于创新绩效的获取，创新基础的改善和创新动力的提升有利于创新绩效的改善。

创新的风险与障碍主要表现在技术、成果保护、市场及成本等方面。研究表明，技术越是复杂、特殊，或者越是难以将其显性化表达，则技术方面的风险就越大，这对于创新的目标的实现不利。如果创新活动的开展需要企业付出难以承受的成本代价，则企业会望而却步。创新的成果如果得不到应有的保护，则会挫伤员工与企业的创新热情。如果服务产品的的市场需求不旺盛，则会影响到服务产品的商业价值获取。因此，企业应该建立和完善创新风险的规避和化解机制。

针对技术性风险，企业一方面应该加强对新技术知识的学习积累，紧跟高技术发展的前沿。这样就能提升对从内外部所获新知识的消化吸收能力，无疑会加快某些隐性知识的显性化。[1] 另一方面，企业应该建立和完善内部的交流机制，促使与创新相关的新技术知识在内部的流动，从而提高员工对关键性技术诀窍的领悟程度，这样便能有效降低技术的风险。企业要善于拓宽融资渠道，每年要从利润中留存一定比例的资金用于创新，在积极争取政府对创新资金支持的同时，还要善于利用社会资金，尤其要在时机成熟时积极引入风险投资，为企业减少创新的资金压力。在成果保护方面，企业内部要建立和健全保密制度，尤其要对一些可申请专利的成果采用正式的法律手段加以保护。[2] 另外，企业应该充分发挥营销部门的职责，深入调查潜在和现实的客户对新的服务产品的需求特征，以便有效降低服务产品所面临的市场风险。总之，企业应该采取有效措施防范和化解创新的潜在和现实风险。

创新的基础和动力对于服务业创新绩效的获取具有积极的意义，其影响系数在5%的水平上是显著的。从宏观角度分析，在创新基础的建设中应该完成一项至关重要的任务，即促进产业或区域内信息与通信基础设施的完善。另外，也应为创新营造良好的金融、人力资源等环境。从微观角度分析，企业应该为创新提供有力的保障和基础，发挥企业战略对创新的引领和激励功能，设计出有效的激励机制激发企业员工的创新积极性，提高关键性业务部门如研发和营销部门的创新意愿和倾向。[3]

二、从创新主体角度考察

企业的服务能力和顾客参与能力也对创新绩效产生正面的影响。其中，企

① Lu Penghu, Li Xu. The study of service enterprise knowledge search absorption effect on product innovation performance after service failure［J］. Journal of Chemical & Pharmaceutical Research，2014，6（3）：424-429.

② 赵弘，赵凯. 我国高技术服务业发展中的知识产权战略研究［J］. 经济问题探讨，2008（2）：23-26.

③ 张玉强，宁凌. 科技服务业激励政策的多元分析框架［J］. 科技进步与对策，2011（6）：106-111.

业参与对创新绩效的影响系数为 0.243，而且在 5% 的水平上显著。顾客参与的影响系数为 0.203，其显著性水平为 1%。研究表明，提高高技术服务企业的服务能力对于创新绩效的提升有显著意义。就企业而言，应该重点从三个方面来提升其服务能力和水平。首先要善于在日常经营活动中储备技术资源，既要对曾经完成的技术服务项目资源进行有效的管理，也要积极把握高新技术及服务的发展前沿，通过建立各类技术资源收集机制获取到前沿性的关键性技术知识，以此形成企业的技术资源积累。其次，企业应该根据环境的易变性适时变革内部组织结构，促使企业组织结构具有足够的柔性。这对有效降低内部交易成本、快速响应客户需求相当重要。最后，企业在提供服务时要善于总结经验。服务经验属于一种隐性知识，它可以构建起企业在技术服务方面难以复制和模仿的竞争优势，同时也要勇于开展服务创新以便积累经验。[①]

就客户而言，在服务企业所提供的创新性技术服务中绝不是处于被动的地位。首先，客户需要拥有较强的参与创新的意愿。[②] 这就需要客户树立起正确的理念，对服务领域的创新价值有深刻的认识。其次，客户应该努力提升自身的基础性技术知识水平，在服务提供的各个阶段实现有效参与。比如为技术服务方案和系统的设计提出恰当的意见，在技术服务产品提交给客户之后，才能更快地对新的技术服务成果进行消化吸收，进而以此为自身增加更大的技术经济价值。

政府与中介支持对创新绩效的影响强度仅次于合作关系，其影响系数为0.367，而且显著性水平达到了 5%。实证结果与社会经济实践情况相符。在我国，各级地方政府部门在推动战略性产业发展、促进产业结构调整和升级的过程中始终是一种重要的推动性力量。从政府的产业发展规划考察，由于高技术服务业在优化服务业产业结构、提升地方经济增长质量中发挥着至关重要的功能，该产业属于政府部门积极鼓励和推动发展的对象。政府部门应该进一步明确自身职能，重点从软硬件两个方面为高技术服务产业及企业的发展创新营造良好的环境。首先，政府部门应该尽力地完善地方的信息基础设施建设，为高技术服务企业提供基础性技术支持。[③] 其次，政府应该积极设计出有利于高

①　Rao L V. Innovation and new service development in select private life insurance companies in India［J］. Communications of the IBIMA, 2008(1)：128-135.

②　Miozzo M, Grimshaw D. Modularity and innovation in knowledge-intensive business services：IT outsourcing in Germany and the UK［J］. Research Policy, 2005, 34(9)：1419-1439.

③　原小能. 推进我国服务创新的政策体系研究［J］. 科技进步与对策, 2011, 28(2)：109-113.

技术服务企业创新的政策和措施，包括对企业创新活动给予税收减免；积极出台激励企业创新的政府采购政策，加大对企业创新性服务产品的购买力度；积极引导成立支持企业创新的各类基金，以便为中小微企业的创新提供研发资金的扶持。

然而，政府与中介支持对知识共享与管理的影响不显著。知识共享与管理活动是微观企业自身的工作，政府不便于也不适合直接干预企业内部的经营管理活动，因此政府对企业知识管理方面的作用力是非常有限的。另外，中介组织本应该是促进知识共享的关键性力量，但实证结果却恰好相反。这说明目前在高技术服务业领域需要亟待加强中介组织的建设。为此，政府有关部门和行业协会组织应该采取联合行动，科学地设置中介组织行业准入门槛。规范行业运营标准，加强对中介组织从业人员的培训力度。通过合理的制度设计，有效监督中介组织的服务活动，从而有效推动新技术知识在服务企业内部及企业与客户之间的转移。

三、从合作关系角度考察

对绩效的直接影响中，合作关系的影响系数相对最强，达到了 0.401，而且影响系数在5%的水平上是显著的。这一实证结果与高技术服务业创新的实践情况相符。"合作创造机会，交流提升价值"，这是服务企业与客户合作时应该始终秉承的理念。服务业创新的显著特点就是无形性。虽然在高技术服务业创新的若干维度中技术维度的创新非常重要，但这并非意味着其他的维度就可以被忽视。事实上服务企业与客户在创新的整个过程中，包括前期对客户需求的把握、初期对服务整体性技术方案的设计、中期对系统细节问题的处理等，都离不开与客户的合作交流。因此，服务企业在体现合作关系潜变量的主要观测指标方面应该尽力加以改进。具体地讲，服务企业应该与客户之间建立起良好的信任机制，以便提升相互之间的信任度；通过定期举行交流会，适当提升交流频率，以便促使双方对合作目标的一致性理解。①

四、从知识共享与管理角度考察

研究表明，知识共享与管理对创新绩效存在积极的影响，但其影响系数在所有对绩效产生影响的解释变量系数中相对最小，仅为 0.189，显著性水平达

---

① 田宇，杨艳玲. 互动导向、新服务开发与服务创新绩效之实证研究[J]. 中山大学学报(社会科学版)，2014，54(6)：202-208.

到了5%。这一较小的影响系数也从某一侧面说明了在创新过程中知识共享与管理的职能强化还存在较大的改进空间。企业应该将知识管理融入高技术服务业创新的全过程，通过有效的知识管理来实现创新效率的提高。

在知识共享与管理方面，高技术服务企业应该首先树立其高屋建瓴的观念。那就是企业的知识管理不仅包括站在自身角度获取新技术知识、吸收整合并应用其创造出新的技术服务产品，更为关键的是要善于将创造出的新技术服务产品所包含的知识向客户企业实现有效的转移。那些不能被用户利用，进而提升其企业运营效率的服务产品，是经不起市场检验的。

在具体的管理措施方面，首先，要对企业曾经完成的技术项目资源合理收集及整理归档，这属于重要的企业内部知识来源。对外部的技术知识要通过建立相应的机制及时获取和归档。其次，要建立在企业内部分享共同技术知识的机制，成立专门的知识管理机构，将技术知识分配给需要它的部门或个人。当然内部对知识的获取也要形成相应的权限制度，确保知识在内部流动到最需要它的部门或个人，以促进其创新效率的提升。再次，在促使技术服务知识向客户转移的过程中，关键的前提是要建立企业与客户间的信任感，并且构建正式的交流机制，如定期交流会等。最后，在适当时候还要对客户进行必要的培训，促使其更快地理解服务企业所提供的技术方案或系统。①

进一步的研究表明，知识共享与管理的改善不仅直接地作用于创新绩效，而且除"政府与中介等支持"外的其他解释变量也会通过知识共享与管理对创新绩效间接性地产生程度各异的影响。总而言之，实证的结果可以为高技术服务业创新的相关主体作出科学合理的管理决策提供有价值的参考和借鉴。

本章验证了高技术服务业创新绩效的影响因素及其对绩效的作用方式。首先，从"环境—主体—关系—过程—绩效"整体性框架角度构建了创新绩效影响因素的概念模型，并且提出若干待验证的假设。其次，通过问卷调查获得相关一手数据，再采用结构方程模型及其实现软件 AMOS 对先前假设进行验证，实证得出影响创新绩效的关键性因素。实证的结果能够为旨在提升创新绩效的对策措施的出台提供可靠的依据。

---

① 卢俊义，王永贵. 顾客参与服务创新与创新绩效的关系研究：基于顾客知识转移视角的理论综述与模型构建［J］. 管理学报，2011，8(10)：1566-1574.

第六章　高技术服务业创新绩效的提升策略

创新的目标在于绩效获取，而绩效相对其影响因素而言属于被解释变量（或称为因变量）。在创新实践中我们可能直接控制因变量的取值。为了促使因变量的取值朝着预期的方向发展，只能采取针对性措施对解释变量（或称自变量）施加影响。在验证了创新绩效的关键性影响因素之后，明确了相关因素对创新绩效的影响强度和显著性水平。进而，将基于验证的结果用来改善管理决策，提升管理绩效。

本章在前文的实证结果、发达国家的实践经验基础上旨在从"环境—主体—关系—过程"整合性框架的角度，并结合湖南省的实际情况，设计出提升高技术服务业创新绩效的对策措施。总体而言，从环境角度考察，主要涉及创新基础的完善（包括信息与通信技术）、知识产权的保护、资金的投入、政府的政策支持等。从主体角度考察，企业应当加强研发力度，持续积累技术资源和服务经验以便提升其服务能力；顾客应当增强自主参与意识，同时也要积极构建自身的知识基础从而增强对来自服务提供商的新技术知识的接受能力。从关系的角度考察，各类主体应当形成良好的互动合作关系，尤其是服务提供商与客户间要建立良好的信任和学习机制。从过程的角度考察，服务企业应当将知识共享与管理融入创新的全过程，并采用有力措施保障创新过程的顺利实施，确保知识获取、吸收、应用等各环节的顺畅。

第一节　发达国家推进高端服务业创新的政策及启示

发达国家为了促进本国经济的发展，将服务业特别是高端服务业当作重要的经济增长引擎，给予高度的关注。

一、发达国家推进高端服务业创新的政策

高端服务业往往具有技术密集、高智力资本和高附加值的特点，这种高端服务业态的发展有其自身的特殊性。不能用推进普通服务业的产业政策来对待

高端服务业。欧美的发达国家在推动高端服务业发展的实践中，主要突出五个方面的工作。

(一) 制定服务创新战略

欧美一些发达国家充分认识到服务业尤其是知识型、技术型高端服务业发展与创新对于国家经济发展的重要价值。进入 21 世纪以来，各个国家或经济体开始将高端服务业的发展与创新提到了国家或经济体的发展战略高度。① 如2006 年欧盟在制定其整个经济体的创新战略中就特别强调了要大力发展服务业创新，尤其是知识型、技术型服务业创新，将其当作一项重要的战略任务。在德国，为了推动高端生产性服务业的发展，政府特别制定了高技术战略，将信息通信技术、软件开发等高端技术服务的发展当作关键性的服务行业发展领域。另外，芬兰政府也出台了一系列旨在支持服务业，尤其技术含量高的服务业创新发展，鼓励服务企业积极开展服务界面、服务产品及运营方式的创新活动。英国政府制定了明确的政策，重点扶持具有高附加值和高技术含量的高端服务业态，并且对其给予直接的资助，其中一些知识型服务业如金融和创意产业是政府尤为支持和鼓励发展的领域。

(二) 加强知识产权保护

服务业的知识产权保护是相当重要的，同时对服务业的创新成果进行保护又比较难。制造业的技术创新成果方便采用一些正式的保护手段，如通过申请专利来对其加以有效的保护。然而，服务业的创新成果通常具有无形性的特征，其他的竞争者易于对其模仿，而这些创新成果通过申请对商业方法的保护实际上又存在一些制度方面的障碍。因此，在服务业中的侵权行为时有发生。为了加强对服务业尤其是高端服务业中创新成果的保护力度，很多欧美国家出台了有效的保护措施，如欧盟将知识产权的保护对象进一步拓展，将一些文学艺术作品、软件开发设计等创新产品作为重点的保护对象。韩国、美国等国进一步优化了专利制度，将服务业中的一些商业方法也作为专利保护的对象，而之前专利的申请主要是针对制造业中的技术创新成果而言。日本也对本国的专利申请制度进行了改革，简化了专利申请的程序，这样就有效地激励了创新者的积极性，使得创新成果的产出水平更高。

---

① Ander R M. Match your innovation strategy to your innovation system [J]. Harvard Business Review, 2006, 84(4)：98-107.

(三) 注重人才培养

人力资源是产业发展与创新的基础条件，对于高端服务业态的发展而言更是如此。人才的培养有很多种方式，最基础也是最重要的是学校的教育。另外，通过岗位培训获得知识也是相当重要的途径。在欧美发达国家，很多的国家或政府都通过政策的制定来推动人才的培养，积极为国家产业或经济的发展储备人力资本。① 尤其是进入 21 世纪以来，发达国家充分意识到了服务业尤其是高端服务业态在拉动经济发展中的关键性作用。因此，各国相继出台了旨在促进人才培养的政策措施。例如，德国在学生进入大学之前就对其进行考察，以尽早地发现在服务领域具有潜质的学生，并对其加强开发和扶持，以便为本国知识型、技术型服务业的发展储备重要的人才力量。而英国非常重视职业教育，采取了一系列旨在促进服务业技能提升的措施，鼓励学校在专业设置、课程建设等方面持续改善，关注与服务业技能、知识相关的创新性课程的建设，鼓励针对学生的高端服务业技能或知识的培训。而欧盟也出台相应的政策，旨在推动对高端生产性服务人才的培养，以便为相关产业的发展提供支持。

(四) 支持中小企业服务创新

对高技术中小服务企业的扶持是发达国家在推动本国服务业发展中的政策重点。中小服务企业的规模较小，资金实力不足，而服务创新所需要的资金通常是比较多的，仅凭企业一己之力很难满足大量的创新资金需求。另外，中小企业的研发实力通常也有限，一些关键性的技术也难以凭借自身条件获得突破，因此需要合作伙伴联合攻关。② 日本政府积极支持本国中小企业的创新活动，在政府的研发资助领域，将资金向中小企业倾斜，并且出台了一系列减免中小企业税收的政策，扶持中小型新企业的成立；对服务业领域的创新活动采取财政补贴和税收优惠的措施，以调动企业的创新积极性。而德国政府设立专项基金，用来专门扶持科技型中小服务企业的创新活动，并且通过政府引导、

---

① Beugelsdijk S. Strategic human resource practices and product innovation [J]. Organization Studies，2008，29(6)：821-847.

② Rammer C，Czarnitzki D，Spielkamp A. Innovation success of non-R&D- performers：substituting technology by management in SMEs[J]. Small Business Economics，2009，33(5)：35-58.

社会资本引入，采取多渠道筹资的方式为科技型中小服务企业的发展提供支持。

(五) 推动高端服务业乃至整体服务业的竞争

有序的竞争对于推动产业的发展与创新将起到重要的促进作用。发达国家秉承市场经济体制，在经济体内发挥市场配置资源的基础性功能。在服务业中私有产权往往占主导地位。政府通过强化市场竞争机制，在包括高端服务业在内的整个服务行业促进创新资源合理流动，以此提高服务业的创新效率。日本、韩国都出台了旨在推动服务业有序竞争的法律法规，如日本废止了《大店法》，推动了零售服务业的创新。美国早就制定了《反托拉斯法》，以此打破包括服务业在内的各行业的垄断，推动市场的有序竞争和发展。另外，荷兰和英国也出台了旨在促进服务业市场竞争、提高服务业生产效率的法案。这些措施不仅对高技术服务业的生产效率会产生积极的影响，对传统服务业生产效率的提高同样也产生不可忽略的作用。

二、发达国家相关政策的启示

发达国家在推动服务业尤其是高端生产性服务业发展的过程中，所采取的一系列措施都是根据相关服务行业的特点及本国的实际情况而制定的。各国的侧重点各有不同，但总体而言都是围绕着创新的战略、人力资源、对中小型企业的关注、对市场竞争的推动几个方面而展开。发达国家的高端服务业的发展程度相比我国而言要深入得多，其在创新的观念、战略导向、具体的相关策略或政策的制定方面的表现对我国各级政府部门及其他服务创新相关主体在改善管理决策上具有有益的参考，并从中可以获得有益启示。

第一，发达国家的实践表明，创新不是仅存在于制造业中，服务业尤其是高端生产性服务业中同样存在着创新的行为。这些创新行为需要理论作为指导，同时也需要相关的创新主体积极投身于服务创新之中，从中发掘管理的潜在效益。因此，我国各级地方政府、高技术服务企业及相关组织应该树立起正确的创新观念，高技术服务业的创新大有潜力可挖，要通过创新项目的实施来推动服务效率的提高，以及服务企业竞争优势的获取。

第二，发达国家在创新人才的培养方面做了大量工作，这为知识型、技术型服务业的创新与发展提供了重要的支撑。任何创新活动都离不开人才的支持，没有合适的、高素质的人才队伍，要想实现创新的目标、推动服务产业结构的优化升级是不可能的。① 欧美国家在学校人才培养和岗位培训方面都做了很多卓有成效的工作，其方式方法对于我国各级地方政府及高技术服务企业具有很强的参考价值。我国的高校要将深化人才培养体制改革，适当调整学科专业设置，促使学校教学和社会需求相结合。另外，服务企业自身要承担起员工的在岗培训职责，努力促使员工在干中学、在实践中学。通过各种方式增强高技术服务业人才队伍的素质和水平，以便为高技术服务业的创新提供重要的人才支持。

第三，通过法律法规的制定和完善为技术型、知识型服务业的创新营造良好环境。产业的创新需要政策的支持，政府作为创新的相关主体在政策的制定和优化方面承担着重要职责。发达国家的政府一方面通过出台一系列直接激励知识型服务业创新的政策，如税收优惠、政府资金支持、政府采购等，来推动服务企业的创新。另一方面也采取一些措施提高市场的竞争程度，以此给服务企业施加创新的压力。特别值得指出的是，发达国家在保护知识产权方面采取了有效的措施，这对于规范市场秩序、保护创新者积极性起到了重要作用。发达国家的政府也充分认识到市场失灵的存在，因此积极地通过政策引导、行业监督来促进知识型服务业的有序健康发展。

第四，将推动服务业的创新提高到国家战略的高度，这对于服务业尤其是知识型和技术型服务业的发展起到了根本性的方向引导和推动作用。创新的资源在市场机制和国家产业发展战略的双重作用下合理地在各区域间流动，这样便能有效地提高创新资源的配置效率，从而获得技术型服务业的竞争优势。②

第二节　策略框架设计的基础性理论依据

高技术服务业绩效创新策略的制定需遵从市场失灵和系统失灵两个方面的理论基础。

一、市场失灵

第一，不确定性和风险。创新具有较强的风险性，风险涵盖创新的过程及

---

① Gebauer H, Krempl R, Fleisch E. Innovation of product-related services [J]. Management Service Quality, 2008, 18(4): 387-404.

② Malleret V. Value creation through service offers [J]. European Management Journal, 2004, 24(1): 106-116.

创新成果产出的各个方面。创新的风险和障碍在前述章节中进行了较为深入的探讨。信息的不对称也是造成创新风险的重要原因。在创新过程中,高技术服务企业和客户企业间的充分交流和沟通对创新的成功至关重要。然而,服务企业和客户之间总是存在着某种程度的信息不对称现象,双方在对创新目标的理解、对创新进程的把握、对创新关键性环节的认识等诸多方面存在着差异。这无疑会增加彼此在合作创新中的矛盾和摩擦,降低信息感,从而为创新的实施设置了更多的障碍。因此,信息和知识在不同创新主体间的共享和交流相当重要,应该采用适当的措施来促进不同主体间的互动沟通,最大限度地降低信息的不对称。

第二,外部性问题。外部性是指经济主体的行为对外部环境所产生的正面或负面影响,如果其行为对外部产生了正面的影响,而行为者自身从中获得的收益小于社会利益,那么这种行为就具有正的外部性;反之,如果行为者自身因此而付出的代价或成本小于社会为此付出的代价,则这种行为具有负的外部性。高技术服务企业的创新行为具有明显的正的外部性特征。当某一服务企业开发出新的技术服务成果,这种技术成果很容易在同行业其他企业间扩散,因此其他企业在创新方面存在不同程度的搭便车现象,这很容易挫伤原创者的创新积极性。因此,如果解决高技术服务企业创新所存在的正的外部性问题,这对于调动服务企业的创新热情、推动全行业创新成果的涌现是相当重要的。

第三,公共物品属性所产生的问题。高技术服务业具有高技术含量、高智力资本的特征。行业发展中涉及某些基础性技术及关键共性技术,基础性科学研究与实验发展、信息通信技术、计算机及软件服务技术领域都存在这类技术。而基础性及关键共性技术具有较大程度的公共物品属性,即这类技术服务开发出来后,易于为其他企业提供便利,而其他企业无须为此付出太大的成本。技术服务的创新和开发一旦具有这种属性,社会所期望的创新成果数量就会少于实际发生的数量,从而导致社会范围内创新效率的低下。因此,如何解决这一市场机制所不能解决的问题对于推动全行业的创新具有重要的意义。

然而,市场失灵只是为包括政府部门在内的第三方采取市场以外的手段来解决问题提供了理由,市场失灵的理论并没有为具体措施的制定提供可行的途径。

二、系统失灵

第一,创新主体失灵。从系统的视角来考察高技术服务业,其创新的直接关键性主体是服务企业,客户也是重要的参与主体。另外,高校、科研院所及中介组织等也是不可或缺的参与性主体。创新主体失灵主要是指服务企业等主体自身能力有限、素质较低，不具备创新所需的条件。如服务企业提供技术开发服务的经验不足，所储备的技术资源欠丰富，缺乏对内外部新知识获取的能力。[①] 有些服务企业的组织结构不完善，缺乏足够的柔性，难以满足易变的市场环境。相关高校在专业设置、学科建设中存在问题，在人才培养方面很少考虑到社会的需求。技术成果交易中介机构缺乏完善的运行机制，在促进成果转化的过程中效率缺失。另外，客户企业自身的素质降低往往也是主体失灵的重要表现，低素质的客户企业很难消化吸收来自高技术服务企业的创新成果。

第二，主体间关系失灵。主体间的关系涉及双边与多边关系两类。其中服务企业与客户、服务企业与供应商、服务企业与高校之间的关系属于双边关系。创新过程中也存在多边关系，多边关系的协调是实现协同创新的重要前提。[②] 关系失灵集中体现在服务企业与客户间互动或交流的缺失或低效率。客户与服务企业间如果没有建立起足够的信任，就会影响到彼此间的合作，创新过程中客户便没有强烈的意愿将自己的关键性知识与服务企业分享，这就会阻碍创新的进程。另外，如果服务企业与客户间缺乏互动沟通，则必然会导致创新中很多矛盾和摩擦的产生，从而降低创新的效率。高校和科研院所与服务企业间如果缺乏足够的交流和互动，服务企业也就不能从高校获得其想要的新的技术知识。总之，主体间互动关系的缺失会导致创新系统失灵。因此，创新各方主体应该协调配合，致力于克服交流和沟通的障碍，最大限度地减少主体关系失灵现象。

第三，制度失灵。高技术服务创新需要一个良好的制度环境。这里的制度既包括硬性的规章制度，比如政府有关部门所制定的旨在激励、规范、引导该产业发展的政策，服务企业与客户、服务企业与高校或科研院所之间订立的契约条款，等等；也包括软性制度，主要是指创新中所形成的价值观念和行为习惯，这些软性的制度对处于其中的全体成员都有无形的约束力量。如果硬性制度缺失，那么某类创新主体就会缺乏对对方主体行为的预期，主体间的信任度也会受到影响。总之，硬性制度的缺失会增加创新的交易费用。同样，如果软性制度缺失，也会增加创新的潜在风险和成本。因此，应该采取有效措施设计

---

① 孙友霞，熊励，韩昌玲. 我国知识密集型服务业创新能力实证研究[J]. 科技进步与对策，2010，27(12)：67-72.

② 林德昌，廖蓓秋，陆强. 科技企业孵化器服务创新影响因素研究[J]. 科学学研究，2010，28(6)：920-925.

出合理的硬性制度并且持续地改善创新主体软文化，以便为创新的实施尽可能地消除制度失灵的现象。

第三节　高技术服务业创新绩效提升的具体策略

基于前述章节对高技术服务业创新绩效影响因素的实证结果、国外在推动高端服务业创新及发展方面的政策实践以及创新策略框架构建的理论依据，以下从创新环境、创新主体、主体间关系、知识共享与管理视角四个创新过程提出旨在提升高技术服务业创新绩效的具体策略。

一、创新基础与环境角度的策略

通过前文的实证研究，可以发现创新的基础与动力解释变量对服务业创新绩效存在积极的影响，其作用力强度为 0.268，而且在 5% 的水平下显著。该潜变量的五个外在显指标的负荷系数在统计上是显著的。这些实证的结果具有重要的经济意义，它给高技术服务业创新的参与主体，尤其是政府和服务企业提供了有价值的启示，为相关管理决策者设计管理、改善措施提供了重要实证依据。创新环境的营造是一个复杂的系统工程，它主要包括基础设施环境、金融环境和文化环境等几个构成部分，而且创新环境的营造不是一蹴而就的，它需要经历一个持续积累和改善的过程。另外，在创新环境的营造中政府固然应该发挥重要的作用，但绝不意味着仅凭政府的职能发挥就能得到满意的创新环境，各方主体的协同配合是优化创新环境的关键。本书结合实证结果，从创新基础与环境角度提出了改善策略。

(一)加大信息基础设施的建设力度

任何产业的发展与创新需要基础设施的支撑。[①] 实证研究表明，外在显指标"信息与通信技术、交通等基础设施"的负荷系数在统计上是显著的。它是构成创新基础与动力潜变量的重要因素。这表明信息与通信技术、交通等基础设施对于高技术服务业创新是不可或缺的因素，应该引起关注。信息通信业属于高技术服务业，其发展本身就构成了高技术服务业发展的重要组成部分。同时它的发展又会有利于带动整个高技术服务业乃至其他产业的发展。

---

① Bygstad B, Lanestedt G. ICT based service innovation: a challenge for project management[J]. International Journal of Project Management, 2009, 27(3): 234-242.

在推动区域的信息化建设方面可以从硬件和软件两个角度着手。在硬件方面，要着力提高区域范围内的信息传播能力，这就应该持续地加强服务于区域生产的信息网络建设，尤其在互联网的发展方面给予大量的政策支持。互联网服务业本身就属于高技术服务业的范畴。同时，互联网建设也属于信息化基础设施建设的内容，互联网的建设要注重网络本身和接入两个方面。只有方便接入，才能支撑高技术服务（比如电子商务服务）的发展。在软件建设方面，主要是要加大信息通信技术方面的专门性人才培养的力度。要通过企业内部培养、企业与高校及科研院所联合培养等多种方式增加人才储备。①

另外，信息基础设施的建设不能仅依赖于政府的力量，企业加强自身的信息化建设本身就是对整个区域信息化建设的贡献。企业在信息化建设方面首先要制定出科学合理的发展规划，信息化的实施需要分步骤分阶段开展。通过科学规划、合理推进，将先进的计算机网络技术系统导入企业的运营服务过程，最大限度地发挥信息技术辅助企业决策的功能，从而有效地提升企业的核心竞争力。

(二) 营造良好的金融环境

高技术服务企业往往资金实力有限，在面对巨额的创新资金投入时资金瓶颈问题突显。此时，企业通常会向银行贷款，引进风险资金，甚至通过上市融资的方式来获得资金。融资渠道的畅通性成为决定高技术服务企业创新成败的关键性因素。政府、企业、金融机构及中介组织应当通力协作为确保企业融资渠道的畅通贡献力量。政府有关部门应该牵头成立旨在支持高技术服务企业创新的专项资金，并且积极鼓励社会资本的参与，从而促使基金的规模不断地发展壮大。在政府的倡导下成立支持高技术服务创新的融资平台，这对于缓解企业资金短缺，化解创新风险是十分有利的。银行等金融机构应该积极组织金融产品创新。通过金融创新为高技术服务企业提供更加便捷、高效的融资服务，在确保自身获得合理利润空间的同时，尽量降低高技术服务企业的融资成本。这便是对企业创新行为的一种有效促进。对于符合条件的高技术服务企业应该积极寻求上市融资，通过这种方式一方面可以获得企业创新所需的资金，另一方面可以加速企业建立和完善现代企业制度的步伐。这对于增强企业发展和创新的后劲，从而获得持续的竞争优势，是非常有利的。

---

① Tether B. Do services innovate differently: insights from the European innobarometer survey[J]. Industry and Innovation, 2005, 12(2): 153-184.

(三) 加强人文环境的建设

高技术服务业的发展与创新离不开氛围的营造、人才的培养、诚信体系的建设，这些都是创新的必要条件。人文环境的建设主要围绕以下三个方面而展开：

第一，调动企业的创新意愿和创新积极性，使企业成为名副其实的创新主体。

第二，加大区域内高校人才培养工作的力度，为区域内高技术服务业的创新培养出专业基础扎实、富有创新精神的高层次人才，从而加快区域内积极创新氛围的形成。区域范围内的创新文化建设的重要抓手在企业创新文化的建设上，当然区域的创新文化并不等于企业文化的简单加总。从政府的角度考察，应该尽可能出台一些对企业创新具有激励作用的政策或措施，这样对培育企业积极学习、勇于创新的良好的文化十分有利。而企业层面的文化培育和积累对于整个区域形成热衷于创新的社会文化氛围又会起到有力的推动作用。政府和高校、科研院所应该加强合作，为区域内高技术服务业的发展和创新培育出优秀的人才，高校在专业设置、学科建设过程中就要将人才的培养和市场的需求结合起来，避免人才培养模式和方法与企业需求脱节。区域内的优秀人才对于社会创新文化氛围的营造将发挥主心骨的作用。

第三，加强社会范围内的诚信体系建设。诚信体系的构建和完善是创新文化营造的重点，在这方面政府和各类中介组织责无旁贷。在电子支付平台的运营方面，诚信是确保其可持续运作的重要因素。一个良好的诚信体系将会吸引更多的客户加入到支付平台中来，从而最大限度地降低各种交易费用，提高市场效率。另外，在高技术服务企业与客户之间的合作中，诚信也是相当重要的，可以说没有诚信就没有合作。整个区域范围内的诚信体系建设一方面有赖于政府的主导，另一方面社会范围内创新主体的共同努力也是十分必要的。政府和高技术服务行业协会应该通过制度的建设来规范区域内各类创新主体的运营，尤其应该设置惩罚措施，对那些道德败坏的相关主体给予严厉的惩罚，加大其失信的成本和代价，净化整个社会的人文环境。

二、创新主体行为角度的策略

通过实证研究，创新主体角度的三类主体，即政府与中介、服务企业和客户企业对服务业创新绩效产生积极的影响，其影响系数分别为 0.367、0.243、0.203，而且都能通过显著性检验。这表明重视创新主体自身的建设，并促使其自觉采取相应措施，积极参与到高技术服务业创新进程中来，是确保服务创新目标实现和绩效提升的关键。以下从创新主体角度提出旨在改善服务创新绩效的策略。

（一）合理定位政府职能，为创新营造良好氛围

实证研究表明，政府与中介的支持对于服务创新绩效的取得有正向的影响，其影响系数分别为 0.367，而且通过显著性检验。这说明在高技术服务业创新与发展过程中，政府的作用不容忽视。政府的作用在整个产业结构调整与升级中都是非常重要的。总体而言，政府在高技术服务业发展及创新中的定位应该是规划者、引导者、监督者和协调者。政府的职能应该主要体现在宏观层面创新文化营造，推动创新所需信息与研发平台的建设、对优秀重点服务企业的培育、为企业创新的资金融通提供支持等方面。只有政府合理定位好自身职能，才不至于在实践中出现缺位或越位的情况，政府看得见的手才能最大限度地发挥其功效，从而推动高技术服务业创新效率或绩效的改善。

第一，营造有利于服务创新的文化环境。创新属于技术经济行为，而要促成这种行为的产生则需要相应的土壤，这种土壤就是创新的文化。创新文化又可以分为若干个层次。从微观角度考察，它指的是高技术服务企业中的创新文化。一个企业培育了积极的创新文化，则对创新行为的鼓励将大有裨益。高技术服务企业创新文化营造的主体当然就是企业本身。从宏观角度考察，创新文化是社会文化的一个组成部分。在全社会只有营造出积极的鼓励创新、宽容失败的创新文化，才能为微观企业的创新行为营造出一个良好的社会土壤，微观企业的创新成果才能层出不穷地产生和生长。

政府部门应该利用其优越的行政资源优势在全社会营造出崇尚创新的氛围。具体地讲，应该积极地利用一些大众媒体，比如广播、电视、网络等广泛宣传创新的事迹，以此增强社会民众的创新意识。尤其是要采取有力的措施鼓励高校、科研院所积极开展创新活动，因为高校和科研院所是全社会科研创新的前沿阵地和高地。政府部门应该积极推进产学研的合作进程，为整个社会创新文化的营造构建起切实的抓手。通过推动高校或科研院所与高技术服务企业的合作，能够促进新的技术和知识在全社会不同创新主体间的流动与共享，促进创新成果的扩散，最终在社会范围内营造出一种崇尚合作、鼓励创新的积极的社会环境。

另外，营造创新型社会文化的一项重要措施就是政府部门要善于积极出台鼓励高技术服务企业，尤其是中小微企业创新的政策。如依据创新成果给予企

业奖励，依据企业开展创新的费用在税收方面给予优惠，由政府牵头成立旨在支持高技术中小服务企业创新的专项基金等。这些体现在具体行动上的措施本身就体现出一种积极的创新文化，同时它和创新文化之间又会呈现出互动的状态。总之，营造创新的社会文化是政府职能中的必要项目。文化的营造能够为微观企业创新活动的开展提供源源不断的精神营养。

第二，加强公共研发与信息平台建设。高技术服务企业自身的研发实力有限，很多情形下需要借助外部的研发力量。而公共研发平台可以为区域内的高技术服务企业或机构提供研发技术、设备等资源，它是对高技术服务企业技术资源的有益补充。公共研发平台的建设具有明显的正的外部性特征，即提供平台建设的主体自身从中获得的利益往往小于社会其他主体从中获得的收益。[①]这种具有正的外部性的平台建设任务很难交由私人组织来完成。因此，只能由政府相关部门为主导推动这类平台的建设，以此弥补高技术服务企业技术资源的不足。另外，对于公共信息平台的建设亦是如此，公共信息平台发挥着技术服务信息的传播与扩散功能，能够提高技术信息在区域内不同创新主体间转移的效率，从而起到有效降低创新交易费用的作用。公共信息平台的建设同样具有正的外部性特征，也需要政府的干预。地方政府应该联合高等院校、科研院所及区域内的高技术服务企业及客户企业、中介组织共同构建公共信息平台，以此促进区域内高技术服务业创新绩效的改善。

第三，积极实施主体培育工程。主体培育工程对于高技术服务业创新来说是一项相当关键的工作。因为高技术服务企业始终是行业创新的最直接关键的主体。而要服务创新工作顺利开展，首先就必须具备合格的创新主体。服务企业主体的培育可分为企业自我培育与外部力量培育两类。从政府的角度考察，政府有关部门在对企业主体培育方面责无旁贷。政府自始至终可以通过政策和行政资源为企业主体的培育创造条件。[②]

政府对服务企业主体的培育方式分为两种，一是积极扶持大型服务企业集团的组建，这需要政府通过引导支持企业通过兼并收购等方式来实现；二是支持中小型服务企业的发展，尤其是要对微型企业给予重点关注。通过培育大型骨干高技术服务企业或集团，能够实现规模经济效应。企业规模的扩大对于企业的创新也是有利的，因为企业拥有足够的资金和实力来开展创新活动。而对

① 侯亮，周寄中，尤安军. 电信产业"研发—服务"联动创新模式研究[J]. 科学学与科学技术管理，2009(5)：73-78.

② 王仰东，谢明林. 服务创新与高技术服务业[M]. 北京：科学出版社，2011：78.

于小微型企业的培育，政府有关部门应该采取有力措施鼓励依托重点高校、重点园区建立小微企业创业孵化中心，对小微型高技术服务企业进行创业和发展的咨询和辅导，帮助其顺利度过创业期。另外，政府有关部门还应该善于树立典范，鼓励众多的高技术服务企业向少数业绩优良的标杆性、示范性服务企业学习。通过典型示范发挥榜样的力量，从而逐步带动全体高技术服务企业的创新与发展，最终提升高技术服务业的创新绩效。总之，通过政府部门对包括大型骨干企业和小微型企业等高技术服务企业的培育，将为高技术服务业创新提供最为关键的主体性支持。

第四，加强对服务企业创新资金的扶持。研究表明，湖南省高技术服务企业用于研发的资金相对不足，这种状况不利于该产业的可持续发展。解决资金的困难，除了企业自身努力之外，政府也应该在此方面有所作为。政府对高技术服务企业创新资金的扶持措施可以用"多予、少取、撮合"来概括。

"多予"指的是政府要积极从财政账户中划出专项资金专门用于对符合条件的高技术服务企业创新的扶持。其专项资金的数额应该确保占到当地政府财政收入的相应比例，其增长速度应该不低于政府财政收入的增长速度。国家科技部有专门针对科技型中小服务企业创新的专项基金，地方政府也应该设立类似基金与国家此类基金对接。特别要指出的是，专项资金要积极用于扶持一批重点高技术服务业创新与发展项目。除了专项资金支持外，政府还应该灵活采用其他方式来给予企业资金支持，比如贷款贴息、经费补助和奖励等形式。对一些战略性新兴服务业态，政府应该重点支持，对其给予的资金支持力度应该参照对高新技术企业的支持力度。

"少取"指的是政府应该尽可能地给予高技术服务企业税收方面的优惠。具体讲，就是要切实落实国家税收优惠政策，确保有条件享受高新技术企业、小微企业、现代服务业各项税收优惠政策的高技术服务企业，按规定享受相应优惠政策。

数字内容服务企业可申请享受国家现行鼓励软件产业发展的所得税优惠政策。相关高技术服务业领域事业单位转制为企业的，经有关部门认定，按规定减免企业所得税。政府应积极推进营业税改增值税，促进高技术服务业发展。提高纳税服务质量，开辟税收服务绿色通道，开展"送税法进企业"活动，使高技术服务企业实时享受国家相关税收优惠政策，为其健康发展提供有效的税收政策支撑。

"撮合"指的是政府应该充分发挥桥梁和纽带作用，为服务企业吸收社会资金和风险投资牵线搭桥。政府直接扶持的资金毕竟有限，事实上政府也不能无止境地直接给予企业资金的支持。企业自身始终是创新投资的主体。而企业自身资金又往往有限。而且，社会闲置资金又往往忙于寻找投资的领域。此时，政府部门可以利用自身优越的行政资源和社会信息优势为社会资金与服务企业之间架起合作的桥梁。在条件成熟时政府部门还可以成立投资风险补偿基金或融资担保基金，用于降低社会资金持有者或风险投资家的投资风险，促进服务企业吸引外部资金的力度和速度。

(二)确立企业的创新主体地位，提升其服务能力

实证研究表明，服务企业自身建设的水平对服务创新绩效的影响系数为0.243，而且在统计上是显著的。另外，潜变量"创新基础与动力"中从企业内部出发的若干动力因素，如创新资源投入、领导战略、营销与研发职能发挥、员工的支持等，在该潜变量上的负荷系数值都通过了显著性检验。这表明做好服务企业自身的建设对于服务创新有着重要的意义。总体而言，湖南省的高技术服务企业应该从体制机制创新、人力资本积累、融资渠道拓展、深化对外交流等方面来加强自身建设，提升其服务能力和水平。

第一，加强体制机制创新力度，激发企业创新潜力。体制机制的创新是一个比较宽泛的概念。企业的产权制度变革、内部激励机制的改善都属于体制机制创新的范畴。产权制度通常指经济主体中所有权结构的安排。国内外学者普遍认为，国有经济适合在关系到国计民生的战略性行业中发展，而一般竞争性领域应当尽量实现国退民进。现代西方产权理论中的代表人物科斯认为产权制度的安排与经济效率之间存在着某种关系，这种关系的正负方向及其强弱在不同行业中存在差异。国外一些学者就产权制度对经济效率的影响机理进行过一定的研究。比较普遍的观点认为，经济主体中的私有产权比重越大，经济主体运营的自主权程度就越高，最终的经济效率也就可能越高。

目前，湖南省范围内大多数国有资产控股的高技术服务企业在陆续实行转制重组，推行产权方面的"国退民进"战略。但还有少数企业并非独立运行，有的企业甚至还依赖于其主管部门，自身缺乏足够的独立性。对于这部分企业而言，体制的创新重点应该放在获得经营的自主性上，加快产权制度改革的步伐，只有这样才能让企业获得更多的创新机会和动力。至于高技术服务企业内部的机制创新，应该将重点放在激励机制的建立和完善方面。比如，通过建立对关键性技术开发人才的激励制度，让其才能得到充分的发挥，这将有利于企业创新产出的获得，最终将提升企业的市场竞争优势。

第二，优化人力资源管理，为创新提供智力支持。人才始终是企业核心竞

争力的关键性来源。① 从对湖南省高技术服务企业的调研来看，高技术服务企业在创新过程中普遍缺乏两种关键性要素，一是创新资金不够充裕，二是高层次创新科研人才缺乏。实际上，湖南省高技术服务业从业人员以及高校每年培养的毕业生数量都是比较多的，这其中就存在着一个结构性的问题，也就是在总体中急需的一些高层次人才缺乏。而从企业内部来考察，高技术服务企业要解决创新人才缺乏的问题，就要加强企业的人力资源管理。② 首先企业要根据自身的发展战略，并结合企业创新的维度，制订对创新人才的需求计划。高技术服务企业所开展的创新活动除了纯技术性的创新外，还包括组织创新、市场创新和企业文化创新等，因此高技术服务企业首先要明确除了对技术型创新人才的需求外，还需要具备懂得现代经营管理模式的创新型人才。

要获得这些人才可以通过两种途径，一是采用直接引进的方式，二是加强企业内部的培训与开发工作。在引进人才的过程中要重点处理好一些关键性的问题，比如为其解决住房问题，妥善解决其子女的入学事宜，妥善安排其家属的就业问题等。这些问题的解决，能为高端人才全身心地开展工作营造良好的环境，消除其后顾之忧。从外部获得人才的另外一种方法就是与高校签订合作协议，订单式地为企业培养出所需要的毕业生。高校订单式的人才培养模式能够提高毕业生的实践能力，并缩短其在工作中的磨合期。获得高层次创新人才的另外一条途径就是内部培养，高技术服务企业应该将培训工作制度化，促使在职员工不断"从干中学""从实践中学"，通过积极举行研讨会、交流会和培训班等种种形式促进新知识在组织内部的流动与共享，最终促使组织知识存量的不断积累与丰富，在持续的学习中造就出符合要求的创新人才。内部培训人才的一种可行方式就是企业与高校或科研院所签订合作培养，将企业的在职员工输送到高校机构委托其对人才进行培训。

在对创新型人才的管理中，对人才的激励也是不可或缺的。当然，要做好对创新型人才的激励工作，首先就要合理地评价人才的价值，即建立一套科学合理的高技术服务创新人才评价体系，然后根据评价结果再构建完善的激励制度。最为关键的一点就是要建立起创新要素参与分配的机制，不仅要在创新型

① 林德昌，陆强，王红卫. 科技企业孵化器服务能力因素分析及服务创新对策：基于对全国百余名孵化器高层管理人员的调查[J]. 科学学与科学技术管理，2010(7)：146-153.

② 刘中艳. 产权制度、人力资本对服务业技术效率的影响：以湖南省为例[J]. 中南财经政法大学学报，2013(4)：63-69.

人才的晋升方面为其设计好发展的通道和路径，并且在条件成熟时要在合理界定其创新要素或成果价值的基础上给予其企业股权的激励，这样就能够长期地留住人才，促使其为服务企业的发展贡献出更多的力量。

第三，拓宽融资渠道，确保创新资金投入充分。前文的实证研究表明，服务企业的创新资源，尤其是研发资金的投入，在"创新基础与动力"潜变量上的负荷系数为正且通过了显著性检验。这表明企业在资金方面做到充分的投入是高技术服务业创新成功的必要条件。因此，对于服务企业而言，要确保服务创新过程中所需的研发资金充足。① 要想切实加大对服务研发资金的投入力度，一是企业要拥有足够的资金，二是企业要树立起重视服务创新的观念。只有满足这两个条件才能最终确保投入到服务创新中的资金数额符合要求。为了实现第一个条件，就要想方设法筹集资金，企业要完善经营管理，从管理中挖掘潜能，从而实现预期的盈利，最终便可从利润留存中划出一定比例的资金用于服务研发。

另外，当企业资金不够时要善于从外部渠道筹集，比如从银行等金融机构贷款。在条件成熟的时候，积极引进社会资金，比如引进风险投资，以解决企业创新资金缺乏的问题。当然，要想最终对服务研发投入足够的资金，还需要一个条件，那就是企业有创新的意识和积极性。这就需要企业改变传统守旧的观念，充分意识到服务领域的创新会给企业的经济效益带来正向的影响。只有充分关注服务领域的创新，才能采取切实的行动去确保创新所需资金的充足，从而为高技术服务业创新绩效的改善创造条件。

第四，积极开展与外部企业的合作交流，促进自身技术能力的提升。湖南省的高技术服务企业应该积极寻求与省外乃至国外同行中优秀企业的合作交流。"他山之石，可以攻玉"。湖南省内的企业应该清晰认识自身与优秀企业相比所存在的差距，虚心学习其他企业的技术服务开发经验及理念。通过与国内同行先进企业建立起战略性的合作伙伴关系，学习其在企业技术研发、服务流程改善、服务营销、组织管理、人力资源开发、创新投融资服务等方面的先进经验，再将其与自身企业的实践相结合，创造性地对企业经营及创新进行持续的改善。② 在学习先进企业经验的过程中，尤其要注重对北京、上海、广州等发达省份或地区的高技术服务企业的学习，在学习的方式上可以采用请相关

---

① 徐明，高顺成，赖然. 基于案例分析的企业服务创新流程研究［J］. 科技进步与对策，2013，30(24)：101-104.

② 杨广. 基于不同视角的服务创新研究述评［J］. 外国经济与管理，2009(7)：9-15.

企业的专家来讲学、开展研讨会或交流会等方式获得先进企业的隐性知识。这种合作交流能够在很大程度上增强湖南省内高技术服务企业的知识存量，快速地更新企业的技术知识，从而有效提高企业的技术服务开发能力和创新绩效。

(三)增强高校、行业协会及中介组织的创新参与功能

通过前文的实证研究表明，第三方主体在创新主体中的作用与分量不容忽视。这可以从潜变量"政府及中介支持"中的相关外在显指标，如"高校或科研院所提供知识和技术的能力""科技中介服务能力""融资及其他合作平台建设"等相应的负荷系数可以看出，并且相应负荷系数值都通过了显著性检验。高校、行业协会及中介组织不是服务创新的直接主体而是相关主体，然而它们对高技术服务业的创新却发挥着不可或缺的作用。相关创新主体在改善自身行为方面应该重点努力的方向如下：

第一，高校教育要服务社会，优化专业设置，推动产学研合作，促进技术成果转化。一般而言，高校和科研院所在制造业技术创新中所发挥的作用要大于其在服务业中的作用。然而，服务业内部是存在很大差异的，随着制造业服务化及服务技术化的相互融合，高技术服务业创新中技术维度的创新越来越重要，份量也越来越大。[①] 高校和科研院所在整个社会范围内占据着技术的制高点，其对高技术服务业创新的影响自然也就很大；即使是在非技术维度的创新方面，高校也能对其起到重要的智力支持作用。

具体地分析，高校首先要优化专业设置，改善人才培养模式。在专业的设置方面不仅要注重专业本身的理论和学术高度，还要兼顾社会对相关人才的特定需求。高校要努力培养出既具有扎实理论功底，又适应岗位工作需求的人才。这样才能为高技术服务业的发展与创新提供重要的智力支持。在教学方式、教学内容上要积极探讨改革方案，尽力地提高人才培养的数量和质量。尤其是要推动产学研合作进程，订单式培养企业所需人才，以让学生毕业之后最大限度地减少岗位的磨合期。另外，要注重复合型人才的培养，很多高技术服务企业缺乏既懂管理又懂技术的复合型人才。在优化人才培养模式基础上加大对复合型人才的培养力度具有重要的社会价值。

第二，建立和健全行业协会，加强对行业内企业的引导和监督。成立和完善高技术服务业协会组织，对于协调成员企业间的关系，促进成员的学习，规

---

① 包国宪，王学军，柯卉. 服务科学：概念架构、研究范式与未来主题[J]. 科学学研究，2011，29(1)：18-24.

范行业运营具有重要意义。行业协会的突出功能在于促进行业内的信息交流和共享，降低企业间合作的交易费用，减少各种潜在的矛盾和摩擦。另外，协会组织要积极制定或协助政府有关部门制定行业的运行标准，以确保行业内服务企业所提供的技术服务产品的质量。

第三，促进中介组织的健康发展。中介组织本身属于服务性机构，这类组织对高技术服务企业的创新提供辅助性服务。比如，管理咨询公司能够为服务企业的管理运营提供咨询服务，专业性市场调研机构可以帮助服务企业获得其所需的市场需求信息。此类服务对于高技术服务企业的创新十分有利。在促进中介组织的发展方面，政府的作用不容忽视，政府应该出台相应的鼓励和规范中介组织运营的政策来促进其健康发展，从而为本地区的高技术服务业发展及创新提供支持。

三、合作关系角度的策略

通过前文的实证研究表明，服务企业与客户企业之间的合作关系对创新绩效会产生较大的积极影响，其影响系数为 0.401，在全体影响创新绩效的解释变量系数中最大。这表明在设计旨在提升服务创新绩效的策略时，应该重点关注合作关系的改善。合作关系中所包含的关系层次是多元化的。高技术服务企业与客户之间的合作关系是整个关系集里最为重要的关系表现形式。另外，高技术服务企业间的合作关系也是重要的一种。总体而言，对于第一种关系的营造、维持和巩固需要高技术服务企业与客户展开良好的互动交流；对于第二种关系的营造和维护，通过企业集群的形式来实现是一种有效的方法。以下对这两个层面的合作关系营造和维护展开具体的分析和探讨。

(一)维系企业与顾客间的良好关系

要维系企业与顾客间的良好关系，就需要建立和完善客户参与决策的机制。客户参与创新决策对于推动高技术服务项目的开发进程及提高客户对技术服务产品的满意度具有重要的意义。在创新过程中应该鼓励客户分阶段参与，并且在不同阶段的参与程度和方式也应该有所差异。总体而言，一个创新型的高技术服务项目的整个项目可以分为五个阶段：客户需求了解阶段、创意构思阶段、方案初步成形阶段、方案的具体化及实施阶段、应用反馈阶段。在第一阶段，客户充分表达自身对高技术服务的需求特征及关键点，以便服务企业对其深入理解并构思出技术服务方案的轮廓。在之后的各个阶段尤其是方案的具体化及实施阶段，客户应该深入地参与项目的开发，以便及时发现正在开发的技术服务项目与客户自身企业运营不相匹配及瑕疵之处，从而对实施中的技术开发项目作出及时的修正和完善。在项目的应用阶段，整个技术服务项目正式导入客户企业，此时客户企业应该将项目应用的效果及其对某些不足之处的意见及时反馈给服务提供商，以便高技术服务企业总结项目实施的经验及存在的教训。这对于服务企业开展下一轮创新至关重要，它是有价值的创新知识源。总之，在创新的每一个阶段，客户应该以适当的方式参与决策，这样便能够有效提高客户对过程感知的满意度。

（二）培养企业集群创新能力

除了高技术服务企业与客户间的合作关系需要得到维护以外，服务企业与互补或竞争企业以及上游企业间的合作关系也应该持续地加强。当前，企业集群的发展方式是推动企业间合作关系发展的一种有效手段。所谓企业集群就是某一地区范围内围绕主导产业而形成的具有大量支持机构、辅助机构集聚的一种产业组织模式。企业集群的目标通常有两种，其一是通过集群降低生产成本或交易费用，其二是通过集群推动产业的创新。降低成本属于基础层目标，而推动创新才是集群的高级目标。① 而无论是成本的降低还是创新的推动都需要以企业间合作关系的营造为基础。

高技术服务企业与集群内的供应商企业或互补企业通过构建战略伙伴的关系，在企业间形成相互信任的机制。一方面，由于上游供应商企业的集聚促使了高技术服务企业原材料采购成本的下降，另一方面，由于相互间良好合作关系的构建使得彼此的交易成本大幅度降低。上游供应商与高技术服务企业通过集群模式可以有效提高资源共享的效率，实现合理的分工协作，在资金、技术、信息等资源方面达到互通有无的目的。② 同时，高技术服务企业与互补或竞争企业的集聚式发展能够有效促进彼此间的相互学习，分散创新中的风险，降低单个服务企业的创新成本支出，从而提高创新成功的概率。因此，为了增强高技术服务企业与其他企业间的合作关系，需要各方共同努力推动区域内以高技术服务业为核心的产业集群的持续发展。

对于湖南省而言，在当前要重点建设好两大高技术服务产业基地，要尽力

---

① 刘中艳，李明生. 旅游产业集群竞争力测度的 GEMS 模型构建及应用[J]. 经济地理，2013(11)：187-192.

② 魏江，陶颜，陈俊青. 服务创新的实施框架及其实证[J]. 科研管理，2008, 29 (6)：52-58.

地促进这两个基地内的众多高技术服务企业集群式发展，从而形成集群创新的模式，有效地提高集群内的创新绩效。首先是要采取有力措施推动长株潭（国家）高技术服务产业基地的建设。以重大项目为抓手，产学研用相结合，加速形成高技术服务业集群，推动高技术服务业与高技术产业互动、协调发展，扩大高技术服务业产业规模。大力发展信息服务、生物技术服务、研发设计服务、技术创新服务4个重点领域，重点建设数字文化产业、新材料研发服务产业、工程机械服务产业等10个具有鲜明特色的高技术服务产业集群，着力推进国家超算长沙中心、中国移动电子商务基地建设等100个重点高技术服务项目。其次，要大力推进郴州（国家）高技术服务产业基地建设。根据资源型城市的产业特征，围绕产业转型升级和发展方式转变，加大"引智"和"引资"力度，以信息服务、研发设计、知识产权服务、科技成果转化服务和数字内容服务为重点，以有色金属产业、高新技术产业和湘南承接产业转移示范区等重点产业和园区服务为核心，建设辐射湘粤赣周边的特色高技术服务产业基地。

四、知识共享与管理角度的策略

实证结果表明，知识共享与管理对创新绩效也存在满足显著性要求的积极影响，其影响系数为0.189。因此，在推动高技术服务企业创新的过程中应该对各个层次的技术及知识展开有效的管理。

对于高技术服务企业而言，整个创新的过程实际上就是对高新技术或新的服务知识的获取、吸收、整合、创造性地加以应用，最终将其转移给被服务的客户企业的过程。在对新的技术或知识的获取过程中，高技术服务企业首先应该具备获取的意愿。而这种意愿的强烈与否和企业高层领导的推动以及企业的文化是相关的。一方面，企业的高层领导应该对相关领域的高新技术具有敏锐的洞察力，采取有力措施确保企业对外部各种新的技术知识的识别能力，并且建立起知识获取的保障机制。[①] 另一方面，应该在高层领导的推动下，持续地培育对新知识技术的学习氛围。为了确保知识获取目标的实现，还需要企业具备相应的基础性技术手段，因此高技术服务企业自身的信息化建设也是不可或缺的。高技术服务企业应该建立起技术数据库，不断完善互联网技术、通信技术、多媒体技术等基础性技术手段。在知识获取的范围方面，不应该仅局限于企业内部，尽管企业员工、研发部门、营销部门也是企业获取内部知识的重要

①　段万春，郑静凯．创新视角下知识密集型服务业研究述评及展望[J]．经济问题探索，2013(2)：49-55.

来源。高技术服务企业应该特别重视从客户和竞争对手获得知识。由于高技术服务业的高技术、智力密集等特点，在知识获取方面，应该将高校和科研院所当作其重要的来源渠道。

高技术服务企业要将从外部或内部获取的技术图纸、程序及各类参数等显性知识规范地加以归类整理。采用适当的权限制度，供企业内部对新的或已有的知识有需求的部门使用，做到各类技术知识的充分共享。对于一些不能直接通过书面方式表达的隐性知识，企业要建立起有效的交流和沟通机制。如通过定期举办研讨会、交流会、报告会等方式来促进这些知识在企业内部的充分吸收和共享。各类知识只有做到充分的共享，才能最终被有效地应用于对客户所需求的技术服务问题的解决中，才能产生于个性化的、难以复制的技术服务方案，同时也才能实现知识的再创新。总之，高技术服务企业应该建立起有效的知识管理机制，实现自身与客户的双赢。

本章基于国外实践经验，理论研究，实证结果，并结合湖南省实际情况提出了改善高技术服务业创新绩效的策略。首先，在创新基础和环境营造方面，应该重点围绕信息与通信基础设施的建设、企业发展所需金融环境的营造、对企业创新资金的支持、政府政策倾斜的争取等方面展开。其次，服务企业应当建立和完善创新机制，大力引进高层次创新人才，确保创新资金的投入，加强与国内外先进服务企业或机构的交流合作，以便提升自身的服务能力。另外，顾客企业应当增强参与意识和参与能力，为服务企业创造重要的创新思想和来源。再次，各类创新主体应当营造和维持良好的合作关系，建立信任和学习机制。最后，服务企业应当采取有效措施确保创新过程中知识获取、吸收、共享及应用各环节的顺畅。

第七章 研究结论与展望

第一节 研 究 结 论

本书对高技术服务业创新的内在机理及创新绩效展开了较为深入的理论与实证研究。整个研究秉承了这样一条技术路线：文献回顾→理论铺垫→创新机理探讨→创新绩效测度→创新绩效影响因素验证→提升策略制定。通过理论与实证研究获得了一系列研究成果与结论，现将在研究过程中所从事的主要研究内容及相关结论进行总结。

第一，从理论角度探讨了高技术服务业创新的内在机理。内在机理的探讨主要围绕创新主体及其关系、创新驱动力机理、创新实现机理与创新支撑机制四个方面展开。所得结论如下：

各创新主体功能的发挥及主体间关系的协调是开展创新的基础。高技术服务业创新目标的实现首先应该加强创新主体的建设。高技术服务业创新不仅是服务企业单方面的工作，创新还需注重和被服务对象，即客户企业的互动合作。其次，政府部门应充分发挥自身职能，为创新的顺利开展提供有力的支持。再次，高校和科研院所要积极为创新提供人才资源和重要的源头性新知识新技术。最后，中介机构也应在促进知识的流动与共享方面发挥应有的作用。总之，创新的直接主体和相关主体应该协同配合为创新的顺利开展产生合力。

创新需要驱动力的作用。应尽可能地促成内外部动力的形成及强化，最大限度地规避或化解创新风险或障碍。研究认为，如果以企业为边界来剖析创新的动力，则可将动力分为来自企业内部与外部两种动力类型。内部动力主要来源于企业领导的支持、战略的引导和激励、员工的创新精神以及关键性业务部门如研发和营销部门的积极推动。而外部动力主要是社会、技术、制度、管理、专业等相关轨道。另外，客户、竞争者、供应商、行业协会组织都可能成为创新的推动力量。

创新过程体现出线性与非线性的辩证统一。总体而言，创新过程具有一定的线性特征，但各个环节间又存在某种反馈作用。

创新的维度包括技术和诸多非技术维度的创新。如战略的调整与选择、企业文化的创新、企业组织结构或传递系统的创新、客户接触界面的创新、服务理念或概念的创新等。这表明高技术服务业的创新是一个综合的概念，绝非简单的纯技术创新。

创新主体之间的合作是创新收益共生的前提。研究认为，单独开展创新活动所获得的收益经常存在"天花板"现象，仅凭一己之力很难有更大提升空间，而服务企业和客户间的良好合作能够突破这种天花板效应，获得创新收益的共生。

创新目标的实现需要相应的支撑机制，包括学习机制、信任机制、企业与客户互动机制、知识交流与共享机制等。个体间、集体间及整个企业层次都需要构建相互学习、互通有无的机制，以确保对新知识的获取、吸收、整合与再创造。同时，高技术服务企业内部、服务企业与客户之间应该建立起信任的机制，只有彼此信任才能最大限度地降低合作中潜在或显现出的矛盾和摩擦，减少合作中的交易费用，从而提高创新的效率和质量。另外，在整个创新过程中应该融入知识管理，服务企业应该有效地实现对外部知识的获取、吸收、整合、应用与再创新。在这四大支撑机制的作用下，创新的实现便有了保障。

第二，分析了湖南省高技术服务业及其子行业的发展与创新现状，并且从相对效率角度测度了该省高技术服务业及其子行业的创新绩效。所得结论如下：

产业发展方面表现不理想。固定资产投资不充分、行业规模偏小、高端高层次人才缺乏，这些都是制约产业发展的瓶颈且该行业在促进社会就业方面仍然存在很大提升空间。

创新绩效总体上呈现出改善的趋势。但也具有较为明显的波动特征。有些年份呈现 DEA 无效的状态。在 DEA 有效的年份，其效率值也存在反转现象，并非持续增长。

创新的环境绩效并不理想，创新过程应该追求"技术—经济—生态"的多赢，努力提高创新的生态效率。就整个高技术服务业而言，未考虑环境因素情况下所测得的整个产业的绩效要总体高于考虑环境因素下的绩效水平。在前者的情况下，整个考察期间只有 2014 年出现了 DEA 无效的情况。而在将环境残余当作投入时 2014 年和 2016 年都呈现出 DEA 无效的状态。

创新效率存在较为明显的行业差异性。其中，科学研究和技术服务业的创新效率要优于信息传输、软件和信息技术服务业，这与前者在专利获得、科研论文发表与课题项目立项等方面有相对更好的表现是分不开的。创新资源的配置要考虑行业间的协调性问题，在尊重市场机制配置资源的基础性地位之上，也应适当运用行政手段或政策引导，将资源向一些战略性新兴行业倾斜。在信息传输、软件和信息技术服务业领域，应该积极响应当前推行的"互联网+"行动计划，投入足够的创新资源促进移动互联网、云计算、大数据、物联网等与现代制造业结合，促进电子商务、工业互联网和互联网金融的持续健康发展，引导互联网企业拓展国际市场，从而有效提升信息传输、软件和信息技术服务业的创新效率。

第三，对高技术服务业创新绩效的影响因素及其作用于绩效的路径进行了验证。所得结论如下：

首先，从直接作用方式考察，创新基础与动力、创新风险与障碍、企业服务、顾客参与、政府与中介支持、合作关系、知识共享与管理对创新绩效都产生了不同程度的直接影响。另外，除"政府与中介支持"外，其余解释变量都对知识共享与管理产生了直接影响。需要指出的是，"创新风险与障碍"对知识共享和创新绩效的影响是负向的，其他都是正向的。

就"合作关系"而言，在众多的影响因素中该潜变量对创新绩效的影响相对最大，影响系数为 0.401，而且在 5% 的水平上是显著性。这说明在高技术服务业乃至整个服务业的创新中建立起服务企业与客户间的互动合作与信任是相当重要的。在实践中服务企业要注重与客户的合作。"合作创造机会，交流提升价值"应该成为产业发展与创新中始终秉承的理念。服务企业与客户应该建立起正式的交流沟通机制，这样才能最大限度地化解合作中存在的各种矛盾。

就"政府与中介支持"而言，该潜变量对创新绩效的获取具有重要的积极作用，在所有解释变量中其作用力仅次于合作关系。这一验证结果与社会经济实践情况是相吻合的。在我国，政府在促进产业创新、推动产业结构调整和升级的过程中自始至终处于重要的地位。这一实证结果为政府部门提供了重要的决策依据，那就是政府应该在推动服务业结构升级过程中尽力发挥自身功能。政府要利用财政支持、税收减免、政府采购、金融扶持等多种手段为本地区高技术服务业的发展与创新提供支撑，尤其要关注本地区信息、通信、交通基础设施的建设与投资力度，为高技术服务业的发展营造良好的基础环境。

就"创新风险与障碍"而言，它对创新绩效的影响方向是负的。鉴于这一实证结果，在实践中应该采取有效的措施尽量降低创新的风险或消除相关障碍。服务企业应该加强对服务创新知识产权的保护力度。同时要选择适当时机采取与其他企业合作创新的方式来降低创新的成本及分散创新的风险。服务企业应在创新前对市场需求有充分的调研与把握，避免承受过大的市场风险。在创新开展过程中，服务企业应加强个体间、部门间的沟通，促使新技术知识在各相关主体间的吸收与共享，从而有效降低技术风险。

其次，从间接作用方式考察，创新基础与动力、创新风险与障碍、企业服务、顾客参与、合作关系通过中间变量"知识共享与管理"对创新绩效产生了间接性的影响。

第四，从"创新基础与环境、创新主体、合作关系、政府与中介支持、知识共享与管理"整合性框架角度提出了改善高技术服务业创新绩效的若干策略。所得结论如下：

优化高技术服务业的创新基础与环境。首先，要加强信息、通信和交通基础设施的建设力度，为创新环境的优化提供最为基础性的支撑。另外，为了增强创新的动力，还需要从企业内部提升领导的有效性、战略的引导与激励性，激发营销和研发部门及员工的创新热情。

确立起企业的创新主体地位。应始终确立高技术服务企业的创新主体地位，服务企业应该是创新投资的主体、风险承担的主体、收益的受益主体。服务企业要勇于开展服务创新以积累相关经验，应持续地变革和完善企业的组织结构，以便快速响应客户的需求，从而提高服务效率。企业应积极地储备创新所需的各类技术资源，以便为服务创新提供基础性的准备。

明确定位和积极发挥政府部门的职能。政府始终是促进产业创新效率提升、推动产业结构升级的重要力量。高技术服务业的创新不仅关系到其本身的产业发展，而且对于整个服务业结构的优化起到至关重要的作用。政府应在高技术产业发展规划、财政支持、融资渠道疏通、政策采购政策倾斜、税收减免等方面发挥重要的作用。

营造与维护服务企业与客户间的合作关系。创新的过程从知识管理的角度考察也是一个对知识的获取、吸收与整合、应用的过程，因此服务企业要在创新过程中加强知识共享与管理，促进新知识新技术在服务企业内部以及服务企业与客户之间的流动与共享。

第二节　研究展望

通过对高技术服务业创新机理及绩效进行理论与实证研究，获得了一些研究成果，这些成果能为管理决策者提供有价值的参考。然而，学术界对服务业的研究远不及制造业那么深入，对服务业创新的研究更是如此，而对高技术服务业创新的研究甚至还只是刚起步。作者在研究过程中也遇到一些困难和问题，本书存在某些不足之处，对于相关问题只能留待在今后的研究中加以解决。

第一，创新绩效测度中主要采用了技术、经济类可直接量化的指标，存在一定的局限。在对高技术服务业创新效率进行测度时，本书采用了若干投入产出的指标。鉴于所采用的数量模型特点及数据的可获得性，所采用的指标都是可以直接量化的。从指标的属性考察，这些指标基本属于技术、经济类指标。高技术服务业具有高新技术制造业和知识型服务业的双重属性，因此采用一定比例的技术类指标也是合理的。而从服务业创新的维度考察，不仅涉及技术维度的创新，还包括组织结构变革与调整、创新文化的营造、服务理念或概念的创新等维度。故对创新效率评价时本应该将这些维度适当考虑。然而，考察这些非技术维度时所采用的指标很难量化，这又加大了研究的难度。在今后的研究中，作者将尝试加入一定数量的非技术或经济维度创新的指标，并尝试采用其他的研究方法来展开测度，使得对高技术服务业创新效率的评价更加完善。

第二，由于数据获得性方面的客观原因，调研的主要地区仅限于湖南省范围内，在研究的空间范围方面存在一定的局限性。创新绩效测度的对象是湖南省范围内的高技术服务业，而要进一步认清湖南省与其他省份（尤其是中部地区省份）在创新方面的差异，就需要将测度的空间范围扩大，并且收集到相应省份的指标数据。但实践中存在较大的困难，在服务业创新方面的统计体系尚不完善，这方面要远落后于对制造业创新情况的统计，且各个省份在服务业领域各指标的统计口径也存在很大差异，有的甚至大相径庭。因此，笔者没有进一步将湖南省与其他省份（如中部地区各省）的创新效率进行比较分析。但随着我国及各级地方政府对服务业统计工作的加强和完善，高技术服务业创新的指标数据必将更具有可获得性和可比性。笔者将在今后采用适当的方法进一步深化对创新测度的研究工作，以期得出更具有参考价值的结果。

参 考 文 献

[1]余伟．环境规制、技术创新与工业企业绩效［M］．北京：中国财政经济出版社，2018.

[2]赵莉．专利管理与技术创新绩效的关联研究［M］．北京：经济管理出版社，2014.

[3]王仰东，谢明林．服务创新与高技术服务业［M］．北京：科学出版社，2011.

[4]刘建兵，王立，张星．高技术服务业创新：模式与案例［M］．北京：科学出版社，2016.

[5]孔祥．中国知识密集型服务业创新能力研究：基于区域数据的分析［D］．大连：大连理工大学，2009.

[6]高文婷．高技术服务产业测评理论与方法研究［D］．上海：上海交通大学，2012.

[7]杜永飞．中国三大区域各省市高技术服务业竞争力研究［D］．合肥：安徽大学，2014.

[8]周景林．湖南省生产性服务业影响因素研究［D］．湘潭：湘潭大学，2013.

[9]吴莹．基于跨国战略联盟的高技术服务业自主创新能力提升机理研究［D］．武汉：武汉理工大学，2015.

[10]高婷婷．广东省科技服务业创新能力评价研究［D］．武汉：华中科技大学，2010.

[11]许陆军．高技术服务业FDI与技术创新能力对制造业效率的影响研究［D］．合肥：安徽大学，2016.

[12]严舒．财税政策对高技术服务业发展的影响研究［D］．苏州：苏州大学，2016.

[13]王仰东，杨跃承，赵志强．高技术服务业的内涵特征及成因分析［J］．科学学与科学技术管理，2007(11).

[14]高技术服务业服务质量评价指南［J］．中国质量与标准导报，2018(4).

[15]赵弘，谢倩．北京高技术服务业发展环境与比较优势分析[J]．中国科技论坛，2008(4)．

[16]王正新，朱洪涛，陈雁南．我国高技术服务业区域发展水平综合评价——基于因子分析与改进聚类分析的实证研究[J]．科技管理研究，2016，36(15)．

[17]史安娜，潘志慧．长江经济带核心城市高技术制造业与知识密集型服务业共生发展研究[J]．南京社会科学，2018(6)．

[18]高智，鲁志国．系统耦合理论下装备制造业与高技术服务业融合发展的实证研究[J]．系统科学学报，2019，27(2)．

[19]刘中艳．基于超效率DEA模型的我国酒店业经营效率的测度与评价研究[J]．湖南科技大学学报，2013，16(4)．

[20]颜建军，廖丹，谭伊舒．企业开放式创新资源配置的研究现状与展望[J]．世界科技研究与发展，2016，38(5)．

[21]张晓芬，刘强．外部知识源化战略、吸收能力对突破性创新绩效的影响[J]．首都经济贸易大学学报，2017，19(6)．

[22]屠兴勇，赵紫薇，王泽英．渐进式创新绩效的影响因素研究[J]．科研管理，2018，39(8)．

[23]张童．现代服务业顾客参与服务创新机制研究——基于感知利益与感知风险权衡视角[J]．财经问题研究，2013(9)．

[24]周恩德，刘国新．我国新型研发机构创新绩效影响因素实证研究——以广东省为例[J]．科技进步与对策，2018，35(9)．

[25]赵武，刘伟．服务企业关系管理对服务创新绩效的影响研究[J]．软科学，2019，33(1)．

[26]刘中艳，史鹏飞．高技术服务业创新绩效的影响因素研究[J]．企业技术开发，2019，38(5)．

[27]申静，孟越，杨保珠．中国高技术服务业服务创新能力评价[J]．技术经济，2014，33(1)．

[28]韩东林，云坡．中国高技术服务R&D资源配置效率的省际比较分析：基于2009年第二次全国R&D资源清查数据[J]．统计与信息论坛，2012，27(7)．

[29]周冬冬，韩东林，杜永飞．基于知识管理的中国高技术服务业研发机构技术创新能力评价[J]．中国科技论坛，2013(11)．

[30]韩东林，周冬冬，刘全清．我国高技术服务业研发机构科技创新效率评

价[J]．技术经济，2013，32（6）．

[31]王玉梅，罗公利，田恬．知识溢出对高技术服务业技术创新能力影响的
评价指标体系研究[J]．情报理论与实践，2013，36（2）．

[32]刘中艳，李明生．生产性服务业运营效率测度及其影响因素实证分析：
以湖南省为例[J]．求索，2013（6）．

[33]魏建良，梦非，纪浩，蒋芬．面向分类的科技创新服务平台绩效实证研
究——以浙江省为例[J]．科技进步与对策，2018，35（13）．

[34]周剑．我国高技术产业创新效率影响因素分析[J]．中国高新区，2018
（4）．

[35]刘中艳，李明生．旅游产业集群竞争力测度的 GEMS 模型构建及应用[J]．
经济地理，2013（11）．

[36]彭华涛，吴莹．高技术服务企业跨国战略联盟的研发创新能力、资源共
享与新产品市场绩效研究[J]．科研管理，2017，38（1）．

[37]张萃．高技术服务业与工业企业合作创新——成本收益、模式特征与动
态演进[J]．现代经济探讨，2017（8）．

[38]吕维霞，赵亮．我国高科技现代服务业集群创新优势的制约因素及提升
策略[J]．中国地质大学学报（社会科学版），2010，10（5）．

[39]梅强，傅金辉，李文元．高技术服务业开放式创新的价值链模型构建[J]．
科技进步与对策，2013，30（24）．

[40]韩东林，曹晓禹，周冬冬．中国高技术产业对高技术服务业拉动效应分
析[J]．科技进步与对策，2013，30（19）．

[41]李光，乔亚兰．高技术服务业：湖北跨越式发展的战略支撑[J]．科技进
步与对策，2011，28（15）．

[42]王玉梅，罗公利，田恬．知识溢出视角的高技术服务业技术创新能力评
价研究[J]．情报杂志，2012，31（7）．

[43]刘中艳．现代服务业技术效率区域差异及成因：基于省际面板数据的分
析[J]．江西社会科学，2013（8）．

[44]王仰东，安琴，窦君鸿．我国高技术服务业发展对策研究：基于2005—
2009 年创新基金的数据[J]．科技进步与对策，2010，27（20）．

[45]李春成，和金生．当代服务业创新特征初探：基于四大创新调查的综述
[J]．科学学与科学技术管理，2008（3）．

[46]白鸥．刘洋．服务业创新网络治理研究述评与展望[J]．外国经济与管理，
2012（7）．

[47] 孙耀吾, 贺石中. 高技术服务创新网络开放式集成模式及演化[J]. 科学学与科学技术管理, 2013, 34(1).

[48] 华广敏. 高技术服务业 FDI 对东道国制造业效率影响的研究: 基于中介效应分析[J]. 世界经济研究, 2012(12).

[49] 李春成, 和金生. 完善我国区域服务业创新的政策体系研究[J]. 科学学研究, 2009, 27(5).

[50] 张若勇, 刘新梅, 张永胜. 顾客参与和服务创新关系研究: 基于服务过程中知识转移的视角[J]. 科学学与科学技术管理, 2007(10).

[51] 田家林. 我国服务业的投入产出效率分析: 基于超效率 DEA 方法的实证研究[J]. 经济问题, 2010(10).

[52] 史一鸣, 包先建. 装备制造业与高技术服务业耦合发展评价指标体系研究[J]. 长春大学学报, 2013(7).

[53] 刘中艳, 罗琼. 省域城市旅游竞争力测度与评价: 以湖南省为例[J]. 经济地理, 2015(4).

[54] 吴磊, 吴启迪. 基于 SEM 的生产性服务质量关键影响因素[J]. 系统管理学报, 2011, 20(2).

[55] 熊焰, 李阳. 促进服务创新发展政策研究[J]. 科技管理研究, 2008(8).

[56] 郑浩, 赵翔, 陶虎. 高技术服务业顾客获取途径与关系粘性的实证[J]. 情报杂志, 2010, 29(8).

[57] 赵弘, 赵凯. 我国高技术服务业发展中的知识产权战略研究[J]. 经济问题探讨, 2008(2).

[58] 田宇, 杨艳玲. 互动导向、新服务开发与服务创新绩效之实证研究[J]. 中山大学学报(社会科学版), 2014, 54(6).

[59] 卢俊义, 王永贵. 顾客参与服务创新与创新绩效的关系研究: 基于顾客知识转移视角的理论综述与模型构建[J]. 管理学报, 2011, 8(10).

[60] 刘中艳. 产权制度、人力资本对服务业技术效率的影响: 以湖南省为例[J]. 中南财经政法大学学报, 2013(4).

[61] 杨广. 基于不同视角的服务创新研究述评[J]. 外国经济与管理, 2009(7).

[62] 段万春, 郑静凯. 创新视角下知识密集型服务业研究述评及展望[J]. 经济问题探索, 2013(2).

[63] 韩兵, 苏屹, 李彤, 万民. 基于两阶段 DEA 的高技术企业技术创新绩效研究[J]. 科研管理, 2018, 39(3).

［64］吴士健，张翼彤，周忠宝. 创新生态系统视阈下高技术企业创新效率测度与耦合协调分析［J］. 广东财经大学学报，2018，33(3).

［65］孙聪，魏江. 企业层创新生态系统结构与协同机制研究［J］. 科学学研究，2019，37(7).

［66］Paton R A, Mclaughlin S. The services science and innovation series［J］. European Management Journal, 2008, 26(2).

［67］Muller E, Doloreux D. What we should know about knowledge-intensive business services［J］. Technology in Society, 2009, 31(1).

［68］Metcalfe J S, Miles I. Innovation systems in the service economy: Measurement and case study analysis［M］. Dordrecht: Kluwer Academic Publishers, 2000.

［69］Ming-Chih Tsai, Chieh-Hua Wen, Chiang-Shin Chen. Demand choices of high-tech industry for logistics service providers-an empirical case of an offshore science park in Taiwan［J］. Industrial Marketing Management, 2006, 36(5).

［70］Hsin-I Wang, Der-Juinn Horng. Creative business model for high-tech industry-service driven style: An example of IC design service industry［J］. International Journal of Electronic Business Management, 2006, 4(3).

［71］Jose Albors, Jose Luis Hervas, Patrcia Marquez. Application of the KISA concept to innovation dynamics and its impact on firms performance［J］. Management Research News, 2008(31).

［72］Christiane Hipp, Hariolf Grupp. Innovation in the service sector: The demand for service-specific innovation measurement concepts and typologies［J］. Research Policy, 2005, 34(4).

［73］Triplett J E, Bosworth B P. Productivity measurement issues in services industries: Baumol's disease［J］. Economic Policy Review, 2003(2).

［74］Ina Drejer. Identifying innovation in surveys of services: A schumpeterian perspective［J］. Research Policy, 2004(33).

［75］Nabil A, Landr R, Traor N. Managing the protection of innovations in knowledge intensive Business services［J］. Research Policy, 2008(37).

［76］Huizingh EKRE. Open innovation: State of the art and future perspectives［J］. Technovation, 2011, 31(1).

［77］Daniel I. Prajogo. The relationship between innovation and business performance——A comparative study between manufacturing and service firms［J］. Knowledge and Process Management, 2006, 13(3).

［78］Daniel I. Prajogo, Christopher M. McDermott, Margaret A. McDermott. Innovation orientations and their effects on business performance: Contrasting small-and medium-sized service firms［J］. R&D Management, 2013, 43(5).

［79］Kashif Hussain, Rupam Konar, Faizan Ali. Measuring service innovation performance through team culture and knowledge sharing behaviour in hotel services: APLS approach［J］. Procedia-Social and Behavioral Sciences, 2016, 224(5).

［80］Sarvnaz Baradarani, Hasan Kilic. Service innovation in the hotel industry: Culture, behavior, performance［J］. The Service Industries Journal, 2018, 38(13-14).

［81］Bang Nguyen, Xiaoyu Yu, T. C. Melewar, Suraksha Gupta. Critical brand innovation factors(CBIF): Understanding innovation and market performance in the Chinese high-tech service industry［J］. Journal of Business Research, 2016, 69(7).

［82］Oscar F. Bustinza, Emanuel Gomes, Ferran Vendrell-Herrero, Tim Baines. Product-service innovation and performance: The role of collaborative partnerships and R&D intensity［J］. R&D Management, 2019, 49(1).

［83］Yu-Shan Chen, Yu-Hsien Lin, Ching-Ying Lin, Chih-Wei Chang. Enhancing green absorptive capacity, green dynamic capacities and green service innovation to improve firm performance: An analysis of structural equation modeling(SEM)［J］. Sustainability, 2015, 7(11).

［84］Thomas Anning-Dorson. Customer involvement capability and service firm performance: The mediating role of innovation［J］. Journal of Business Research, 2018, 86(4).

［85］Yudi Fernando, Charbel Jose Chiappetta Jabbour, Wen-Xin Wah. Pursuing green growth in technology firms through the connections between environmental innovation and sustainable business performance: Does service capability matter［J］. Resources, Conservation & Recycling, 2019(141).

［86］Avlonitis G J, Salavou H. Entrepreneurial orientation of SMEs, product innovativeness, and performance［J］. Journal of Business Research, 2007, 60(5).

［87］Ramani G, Kumar V. Interaction orientation and firm performance［J］. Journal of Marketing, 2008, 72(1).

［88］Xue Tian, Chen Wang, Xiaoyi Li, Pengfei Niu, Weipeng Si. The Relationship among social capital, service types and service innovation performance in logistics enterprises ［J］. American Journal of Industrial and Business Management, 2016, 6(8).

［89］Markus Chiahan Tsai, Chunhsien Wang. Linking service innovation to firm performance［J］. Chinese Management Studies, 2017, 11(4).

［90］Zhaoquan Jian, Yun Ke, Guangfa Wang. The impacts of relationship property, co-production on service innovation performance ［J］. American Journal of Industrial and Business Management, 2016, 6(3).

［91］Ching-Hsun Chang. How to enhance green service and green product innovation performance? The roles of inward and outward capabilities ［J］. Corporate Social Responsibility and Environmental Management, 2018, 25(4).

［92］Muller E, Zenker A. Business services as actors of knowledge transformation the role of KIBS in regional and national innovation systems［J］. Research Policy, 2001(30).

［93］Czarnitzki D, Spielkamp A. Business services in germany: bridges for innovation ［J］. Service Industrial Journal, 2003, 23(2).

［94］De Jong J P, Vermeulen P A. Organizing successful new service development: a literature review［J］. Management Decision, 2003, 41(9).

［95］Leiponen A. Organization of knowledge and innovation: the case of finish business services［J］. Industry and Innovation, 2005, 12(2).

［96］Howells J, Roberts J. From innovation systems to knowledge systems ［J］. Prometheus, 2006(18).

［97］Jaw C. The determinants of new service development: Service characteristics, market orientation, and actualizing innovation effort［J］. Technovation, 2010, 30(1).

［98］CY Tseng, DC Pai. CH Hung. Knowledge absorptive capacity and innovation performance in KIBS［J］. Journal of Knowledge Management, 2011, 15(6).

［99］Kavoos Mohannak. Innovation networks and capability building in the Australian high-technology SMEs［J］. European Journal of Innovation Management, 2007, 10(2).

［100］Philipp Koellinger. The relationship between technology, innovation, and firm performance—Empirical evidence from e-business in Europe ［J］. Research

Policy, 2008, 37(8).

[101]Colin C. Cheng, Dennis Krumwiede. The effects of market orientation and service innovation on service industry performance: An empirical study[J]. Operations Management Research, 2010(3).

[102]Tor Helge Aas, Per Egil Pedersen. The impact of service innovation on firm-level financial performance[J]. The Service Industries Journal, 2011, 31 (13).

[103]Oswald Jones, Fiona Tilley. Competitive advantage in SMEs: Organizing for innovation and change[M]. New York: John Wiley & Sons, 2007.

[104]Cristina Chaminade, Jan Vang. Globalisation of knowledge production and regional innovation policy: Supporting specialized hubs in the Bangalore software industry[J]. Research Policy, 2008, 37(10).

[105]Daniel Berg, Norman G. Einspruch. Research note: intellectual property in the services sector: Innovation and technology management implications [J]. Technovation, 2009(29).

[106]Djellal F, Francoz D, Gallouj C, et al. R&D in services: Revising the definition of research and development in the light of the specificities[J]. Science and Public Policy, 2003, 30(6).

[107]Miles I. Patterns of innovation in service industries [J]. IBM Systems Journal, 2008, 47(1).

[108]Morten T Hansen, Marie Louise Mors, Bjorn Lovas. Knowledge sharing in organizations: Multiple networks, multiple phases [J]. Academy of Management Journal, 2005, 48(5).

[109]Sundbo J. Customer-based innovation of knowledge-services: The importance of after-innovation [J]. International Journal of Services Technology & Management, 2008, 9(3).

[110]Chang T J, Wang C. New product development team practices, market orientation and customer knowledge development [J]. African Journal of Business Management, 2011, 5(18).

[111]De Vries E J. Innovation in services in networks of organizations and in the distribution of Services[J]. Research Policy, 2006, 35(7).

[112]Liu S. Organizational culture and new service development performance: Insights from knowledge intensive business service[J]. International Journal

of Innovation Management, 2009, 13(3).

[113]Blazevic V, Lievens A. Managing innovation through customer coproduced knowledge in electronic services: an exploratory study[J]. Journal of the Academy of Marketing Science, 2008(36).

[114]Foss N J, Laursen K, Pedersen T. Linking customer interaction and innovation: the mediating role of new organizational practices [J]. Organization Science, 2011, 22(4).

[115]Stevens E, Dimitriadis S. Managing the new service development process: towards a systemic model[J]. European Journal of Marketing, 2005, 39 (2).

[116]Araujo L, Minetti R. Knowledge sharing and the dynamics of social capital [J]. European Economic Review, 2011(55).

[117]Kao C. Efficiency decomposition in network data envelopment analysis: a relational model[J]. European Journal of Operational Research, 2009, 192 (2).

[118]Bloch C. Assessing recent developments in innovation measurement: the third edition of the Oslo manual [J]. Science and Public Policy, 2007, 34(1).

[119]Wong, P K, He Z L. A Comparative study of innovation behavior in Singapore's KIBS and manufacturing firms [J]. The Service Industries Journal, 2005, 25(3).

[120]Tether B S. The sources and aims of innovation in services: variety between and within sectors[J]. Economics of Innovation and New Technology, 2003 (16).

[121]Alvano D L, Hidalgo A. Innovation management techniques and development degree of innovation process in service organizations[J]. R&D Management, 2012, 42(1).

[122]Camison C, Fores B. Knowledge creation and absorptive capacity: the effect of intra-district shared competences [J]. Scandinavian Journal of Management, 2011(27).

[123]Katja Rost. The strength of strong ties in the creation of innovation [J]. Research Policy, 2010, 40(4).

[124]Kranse, D R, Handfield, R. B. &Tyler, B. B. The relationships between supplier development, commitment, social capital accumulation and

performance improvement[J]. Journal of Operations Management, 2007, 25 (2).

[125] Froehle C M, Roth A V. A resource-process framework of new service development[J]. Production and Operations Management, 2007, 16(2).

[126] Lu Penghu, Li Xu. The study of service enterprise knowledge search absorption effect on product innovation performance after service failure[J]. Journal of Chemical & Pharmaceutical Research, 2014, 6(3).

[127] Rao L V. Innovation and new service development in select private life insurance companies in India[J]. Communications of the IBIMA, 2008(1).

[128] Miozzo M, Grimshaw D. Modularity and innovation in knowledge-intensive business services: IT outsourcing in Germany and the UK [J]. Research Policy, 2005, 34(9).

[129] Ander R M. Match your innovation strategy to your innovation system [J]. Harvard Business Review, 2006, 84(4).

[130] Beugelsdijk S. Strategic human resource practices and product innovation[J]. Organization Studies, 2008, 29(6).

[131] Rammer C, Czarnitzki D, Spielkamp A. Innovation success of non-R&D-performers: Substituting technology by management in SMEs [J]. Small Business Economics, 2009, 33(5).

[132] Gebauer H, Krempl R, Fleisch E. Innovation of product-related services[J]. Management Service Quality, 2008, 18(4).

[133] Malleret V. Value creation through service offers[J]. European Management Journal, 2004, 24(1).

[134] Bygstad B, Lanestedt G. ICT based service innovation: A challenge for project management[J]. International Journal of Project Management, 2009, 27(3).

[135] Tether B. Do services innovate differently: Insights from the European innobarometer survey[J]. Industry and Innovation, 2005, 12(2).

附 录

附录1 高技术服务业创新调查问卷

我们所开展的此次问卷调查旨在对影响高技术服务业创新绩效的各类因素进行了解，以大致掌握各类服务企业的基本运行情况，进而基于所获得的数据从事高技术服务业方面的专项研究。我们会对您所填的信息严格保密，请您在填写问卷时无需顾虑。非常感谢您对我们工作所给予的理解和支持！

一、个人和企业信息(请在符合的选项下划"√")

1. 您的职务：
   A. 企业高层领导　　B. 研发或设计部门负责人　C. 营销部门负责人
   D. 技术骨干　　　　E. 基层员工
2. 您的文化程度：
   A. 高中(中专)　　B. 专科　　　C. 本科
   D. 硕士　　　　　E. 博士
3. 您所在企业的行业性质：
   A. 电信、广播电视和卫星传输服务　B. 互联网和相关服务
   C. 软件和信息技术服务业　　　　　D. 研究和试验发展
   E. 专业技术服务业　　　　　　　　F. 科技推广和应用服务业
4. 您所在企业的投资属性：
   A. 国有独资　　　　　　　　　　　B. 国有控股
   C. 民营企业　　　　　　　　　　　D. 三资企业
5. 您所在企业的规模：
   A. 60人以下　　　　　　　　　　　B. 61—300人
   C. 301—600人　　　　　　　　　　D. 600人以上
6. 您所在企业成立的年限：

A. 3 年以下 　　　　　　　　　B. 3—5 年

C. 5—8 年 　　　　　　　　　D. 8 年以上

二、高技术服务业创新绩效影响因素评价

以下设置了可能对企业创新绩效造成影响的若干因素，共 28 个因素。请您结合企业的实际情况或知识和阅历就每一个项目进行打分。评分共分为 7 个等级，1 分代表您最不同意该项目的说法，即表示您认为企业在这方面的表现最差；7 分为最高分，即表示您认为企业在这方面的表现最佳。每一个项目仅选择一个评分等级。

问　　项	完全不同意	很不同意	有点不同意	不确定	有点同意	很同意	完全同意
高技术服务业创新发展所需的信息技术、交通等基础设施完善，为该产业的发展提供了坚实的支撑。	1	2	3	4	5	6	7
企业为了保障创新过程的顺利实施，投入了足够的人力、物力和财力，在服务创新人才、创新设备手段和资金等方面给予了足够的关注。	1	2	3	4	5	6	7
企业的高层领导对创新工作给予了大力支持，并形成了明确而富有弹性的创新战略规划；营销部门也能积极收集市场信息供企业高层参考。	1	2	3	4	5	6	7
企业员工在创新中发挥了积极的推动作用，在与顾客企业的接触中善于掌握其需求而形成创新的来源。	1	2	3	4	5	6	7
企业的研发服务部门成为了创新的重要来源，能够主动与企业内各部门展开充分的交流，能把握住技术服务的前沿领域。	1	2	3	4	5	6	7
技术维度的创新存在困难，所需的技术较为复杂，需要一些特殊的技术手段支持，且关键性技术环节具有较强的缄默性，难以将其显性化。	1	2	3	4	5	6	7
创新的成果难以有效保护，被其他企业复制和模仿的可能性较大。	1	2	3	4	5	6	7

续表

问　项	完全不同意	很不同意	有点不同意	不确定	有点同意	很同意	完全同意
创新的成果被客户企业接受的程度存在很大的不确定性，市场前景不明朗。	1	2	3	4	5	6	7
创新的成本很高，而且创新收益的可持续性难以保障。	1	2	3	4	5	6	7
企业具备了履行服务合同的技术资源，并且为客户企业提供技术服务的团队知识结构完备、能力胜任。	1	2	3	4	5	6	7
企业的组织结构合理，组织模式适应高技术服务项目的顺利实施，尤其是项目组织模式的采用为服务创新提供了强有力的保障。	1	2	3	4	5	6	7
企业提供的服务具有显著的新颖性。	1	2	3	4	5	6	7
企业在提供服务方面已经积累了丰富的经验。	1	2	3	4	5	6	7
客户企业具备良好的知识与技术基础，这种基础有利于参与活动的展开。	1	2	3	4	5	6	7
客户企业参与创新产品设计及应用的意愿十分强烈。	1	2	3	4	5	6	7
顾客企业在需求主张、方案框架、细节设计等阶段都积极参与到服务产品的制造中来。	1	2	3	4	5	6	7
企业所在地政府积极出台促进本企业所在行业发展的各类政策，在税收减免或优惠、投融资支持、政府采购方面发展了重要作用。	1	2	3	4	5	6	7
高校或科研院所为企业的高技术服务研发提供了有力的支持，能帮助企业解决其关键性技术难题。	1	2	3	4	5	6	7
中介服务体系完善，科技中介组织在高技术服务项目的启动和推进中起到了积极作用。	1	2	3	4	5	6	7
具有便捷高效的筹资渠道或平台为高技术服务项目的开展提供资金融通的服务与支持。	1	2	3	4	5	6	7
顾客企业与服务企业的合作创新中能够做到充分的交流，为合作中所存在的问题的及时解决建立了有效的交流机制。	1	2	3	4	5	6	7
顾客企业与服务企业相互之间已经形成了良好的信任，并构建了完善的信任机制。	1	2	3	4	5	6	7

问　　项	完全不同意	很不同意	有点不同意	不确定	有点同意	很同意	完全同意
服务企业与客户企业之间的地理距离很近，很方便进行往来合作。	1	2	3	4	5	6	7
顾客企业与服务企业对合作的目标、任务结构等事项有一致性的理解，合作目标对各方都产生了激励功能。	1	2	3	4	5	6	7
企业具备获取外部合作伙伴或竞争对手新知识的能力，具有洞察新知识的敏锐性，尤其善于从顾客处获取知识。	1	2	3	4	5	6	7
企业能对获取的知识在内部开展充分交流，就其中的一些技术诀窍反复磋商，以便于消化相关技术知识，进而转化为自身的应用性技术手段。	1	2	3	4	5	6	7
企业能通过整合各方知识将其很好地加以应用，最终创造出顾客所需求的服务产品或方案	1	2	3	4	5	6	7
企业有足够的意愿向客户企业转移知识，有能力将具有一定缄默性的技术知识显化，以便于客户企业接受相关技术知识。	1	2	3	4	5	6	7

三、创新绩效

以下设置了体现企业创新绩效的 6 个方面表现情况。请您结合企业的实际情况就每一个项目进行打分。评分共分为 7 个等级，1 分代表您最不同意该项目的说法，即表示您认为企业在这方面的表现最差；7 分为最高分，即表示您认为企业在这方面的表现最佳。每一个项目仅选择一个评分等级。

问　　项	完全不同意	很不同意	有点不同意	不确定	有点同意	很同意	完全同意
新服务项目的营业收入得到了显著增加	1	2	3	4	5	6	7
服务市场份额得到了有效扩大	1	2	3	4	5	6	7

续表

问　　项	完全不同意	很不同意	有点不同意	不确定	有点同意	很同意	完全同意
专利申请授权数	1	2	3	4	5	6	7
新开发的服务创新项目数	1	2	3	4	5	6	7
客户的满意度得到明显提高	1	2	3	4	5	6	7
创新有效地促进了服务企业自身及客户企业节能减排目标的实现	1	2	3	4	5	6	7

　　我们的问卷题项到此结束了。您的合作对此项研究具有重要价值，衷心感谢您对我们研究工作的大力支持！祝您万事如意！

附录 2　CBLZ 公司调研访谈提纲

（1）您认为在推动创新中公司采用了哪些有效的组织方式？请您具体谈谈公司所采用的项目组织对于行业解决方案、产品和技术服务开发的积极意义，并且请谈一下项目团队组织在具体实施过程中所遇到的问题。

（2）请您谈谈公司在为客户提供行业解决方案、产品和技术服务过程中，公司注重与客户间的互动吗？客户参与程度对创新会具体产生什么样的影响？客户参与的能力和意愿又对创新会产生什么样的影响？

（3）目前，贵公司面向企业开发的商务管理软件系统涵盖标准离散制造、机械、电子、化工、商业流通、分销等多个领域，请问为了支撑如此众多的业务发展，企业在创新人才的保障方面做了哪些具体的努力？当下企业在高端技术人才方面是否存在欠缺？如果有欠缺，企业将打算采用何种办法来解决这些问题？

（4）目前贵公司在技术开发方面的资金投入力度如何？创新的资金来源有没有保障？具体的资金来源渠道有哪些？政府相关部门对公司的创新有没有直接的资助或以其他方式的资金扶持？

（5）我们了解到贵公司在政府部门、制造、烟草、房地产、电力和流通等领域的信息化建设中多有建树，专注为客户提供行业解决方案、产品和技术服务。请问公司要在这么多行业领域提供技术服务，是如何在服务产品提供的效率与服务产品的个性化之间进行权衡的？

（6）请您谈一下公司目前在创新中所遇到的主要风险或障碍有哪些？公司在控制这些风险或化解障碍过程中采取了哪些有效的措施？还有那些风险或障碍仅凭公司一己之力是难以化解的？公司又如何解决这些困难？

（7）请您谈一下贵公司在创新方面所做的战略选择。在成本竞争战略、差异化战略、集中化战略、国际化战略、服务产品多元化战略这几种典型的创新战略中，公司常采用的战略类型或战略组合是什么？为什么要采用相应的战略，公司制定这相应战略的依据有哪些？

（8）请您谈谈公司与客户企业之间是如何建立起信任关系的，信任关系的建立对创新项目的开发会产生什么样的影响？

（9）请您谈谈公司对创新中的知识技术是如何具体管理的？知识管理在行业解决方案及技术服务开发中是否产生了显著的积极作用？

后　记

　　本书是在博士论文和 3 项省级项目主持研究的基础上几经修改和整理而完成的，集研究生家族成员的研究成果和才华智慧之大成。研究生团队在本书写作过程中作出了很大的贡献，其中蒋昭群优化了第一章，史鹏飞校订了第四章，曹鹏鹏完善了第三章，聂慧敏校改了第二章，李沐芸修订了第五章，柴斌和罗琼补充了第六章。

　　在博士论文撰写和项目主持研究中，深感学术研究和科研创作的艰辛和快乐，这种磨练和成长，将成为我人生中最宝贵的财富。时光如水，岁月如梭，岁月的年轮倏忽而逝。在书稿付梓之际，百感交集，思绪万千！谨借此机会，由衷地感谢在峥嵘岁月里给予我锤炼、鞭策、关心、支持、鼓励和帮助的所有领导、老师、同学、朋友和亲人！

　　首先对中南大学的博士生导师李明生教授致以最诚挚的敬意和最衷心的感谢！在博士求学道路上，每前进一步都倾注了导师的良苦用心和大量心血。感谢导师的包容理解，在我学习、选题、写作过程中，始终严格要求，热情鼓励，使我增添了勇气，坚定了信心，强化了动力！导师高屋建瓴的学识水平、求真务实的治学理念、勤奋敬业的工作作风、忘我敬业的精神、克己复礼的风范不仅激励和督促着我努力探索，更是我今后工作和学习中的动力和楷模！

　　非常感激的是中南大学商学院党委书记游达明教授！游教授从论文开题，到预答辩和正式答辩，都给予了悉心指导和精心点拨，这是一种胜似导师的鼎力帮助！游教授笃定、超脱的处世态度，敏捷、踏实的治学风格，都将是我今生学习的榜样！感谢游教授的严谨认真，督促我领会顶天立地的研究范式！感谢游教授的人生教诲，帮助我树立独立理性的价值观念！

　　衷心感谢湖南第一师范学院副校长、中南大学商学院博士导师曹兴教授对我学习和工作的鞭策、帮助和指引！曹教授的博学睿智令我景仰，谦逊严谨令我敬佩，对师生的关爱负责让我感动。曹教授谆谆教诲，孜孜不倦，提点我做大学问，研究真问题，鼓励我在喧嚣浮躁中脚踏实地，但问耕耘，不问收获。曹教授的为人、为事、为学、为师、为政，都是我学海生涯的灯塔，更是漫漫人生长路的路标。

　　衷心感谢湖南工商大学校长、中南大学商学院名誉院长、博士导师陈晓红教授的教诲与开导！感谢中南大学商学院院长刘咏梅教授的启发和指点！感谢中南大学商学院颜爱民教授、洪开荣教授、熊勇清教授、张根明教授、曾江洪教授、张颖教授、易经章副教授等对我课程学习与学术研究等方面的热情帮助！感谢中南大学发展与联络办主任胡振华教授的悉心关怀！

　　衷心感谢湖南大学工商管理学院院长马超群教授在博士论文答辩中提出的宝贵意见与人生忠告！感谢湖南大学工商管理学院王道平教授的平易近人和无私建议！

　　衷心感谢中南林业科技大学的王捷二、彭学强2位硕士导师！导师踏踏实实做事，潇潇洒洒做人的处世理念使我坚定信念，在未来的工作和生活中，为生活而奋斗，但不为生活所屈服，感谢导师20年来如父母般的关爱和勉励！

　　衷心感谢湖南工业大学党委委员易棉阳教授；商学院党委书记刘宏教授、院长王欢芳教授、副院长邹筱教授、副院长陈建设博士；经济与贸易学院党委书记李晓翼教授、院长欧绍华教授；社科处处长田定湘教授；国家级名师胡立和教授对我的关怀和爱护！感谢湖南工业大学所有领导和老师们的关心和帮助！

　　衷心感谢中南大学商学院2009级博士班的全体班委和所有同学！精彩不断、回味无穷的博士班集体生活令我记忆犹新，终身难忘！班级如此温暖而朝气蓬勃，同学如此亲情而富有爱心，活动如此丰富而乐此不疲！感谢博士同学李恒毅、王欢芳、刘晓霞、汤勇、刘川、刘卫柏、姜江、张鼎祖、谢雄军、王建新、罗黎平、徐志耀、杨明秀、周韶峰等的深厚情谊！

　　衷心感谢师兄师姐的关切和照顾！作为导师的关门弟子，我曾感觉孤单、困苦和迷茫，但是师兄师姐给予了我众多帮助和关照，为我树立了标杆，鼓励我前行。感谢袁莉和李炳秀2位师姐！感谢张然斌、张四龙和曾建中3位师兄！

　　衷心感谢父亲和母亲几十年如一日地对我求学道路的倾囊培育、殷殷期盼与怜爱疼惜！伟大的慈父不幸身患重症抢救无效于2019年9月仙逝，悲痛欲绝，沉痛悼念。女儿谨以此书献给一辈子为儿女呕心沥血、为家庭殚精竭虑、为事业鞠躬尽瘁、与病痛折磨和摧残奋力抗争30年的父亲，祝愿父亲在天堂幸福安康！

　　衷心感谢爱人多年的默默支持和辛勤付出！感谢女儿的茁壮成长和相依陪伴，女儿是激励我前行的精神支柱和无限动力，给予了我无穷无尽的憧憬和无限美好的向往！

衷心感谢武汉大学出版社的胡荣编辑，胡老师为本书的出版给予了热情支持和大力帮助！

衷心感谢在本书撰写过程中所参考和借鉴其研究成果的所有专家和学者们，是他们前瞻性的研究为我的专著撰写提供了更多的思路和启发！

谨以本书献给所有我爱的人和所有爱我的人！

刘中艳

2019 年 9 月 26 日